Léon AUBINEAU

LE SAINT HOMME
DE TOURS

NOUVELLE ÉDITION

PARIS
LIBRAIRIE VICTOR PALMÉ
(SOCIÉTÉ GÉNÉRALE DE LIBRAIRIE CATHOLIQUE)
76, rue des Saints-Pères, 76

BRUXELLES	GENÈVE
SOCIÉTÉ BELGE DE LIBRAIRIE	H. TREMBLEY, ÉDITEUR
8, Rue du Treurenberg, 8.	4, Rue Corraterie, 4.

1889

Droits de traduction et de reproduction réservés.

LE SAINT HOMME

DE TOURS

OUVRAGES DU MÊME AUTEUR

La Vie admirable du saint Mendiant et Pèlerin Benoît-Joseph Labre. *Onzième édition,* avec portrait par M. CLAUDIUS LAVERGNE. 1 vol. in-18. . . . . . . 3 fr. 50
— Le même ouvrage, format in-8º . . . . 6 fr.

Les Serviteurs de Dieu. *Sixième édition.* 2 vol. in-18. 6 fr.

Les Serviteurs de Dieu au XIXº siècle (*extrait de l'ouvrage précédent*). Édition de luxe. Illustrations de M. GEORGES LAVERGNE. 1 vol. grand in-8º. . . . . 8 fr.

Vie de la vénérable Mère Émilie de Rodat, fondatrice des Sœurs de la Sainte-Famille de Villefranche-de-Rouergue. — Ouvrage approuvé par NN. SS. Croizier, Delalle et Bourret, évêques de Rodez et de Vabres. *Cinquième édition,* revue et augmentée. 1 vol. in-18. 3 fr. 50

Récits et Souvenirs. 4 vol. in-12, de 400 pages chacun, ensemble. 12 fr.
— Séparément . . . . 3 fr.

    Parmi les Lys et les Épines. Seconde édition. 1 vol. 3 fr.

    Au Soir. 1 vol. . . . . 3 fr.

    Épaves. 1 vol. . . . . 3 fr.

    Regard en arrière. 1 vol . . . . 3 fr.

La R. M. Javouhey, fondatrice de la congrégation de Saint-Joseph de Cluny. 1 vol. in-12 de 150 pages. 1 fr. 25

Augustin Thierry, son système historique et ses erreurs. Nouvelle édition. 1 vol. in-12. . . . . 3 fr.

De la Révocation de l'Édit de Nantes. 1 vol. in-12. 3 fr.

Notices du XVIIº siècle (librairie Gaume). 1 volume in-8º . . . . 6 fr.

Paray-le-Monial et son Monastère de la Visitation. La B. Marguerite-Marie du Sacré-Cœur. *Cinquième édition* (librairie Gervais) 1 vol. in-12. . . . . . . 0 fr. 75

Les Jésuites au bagne (*épuisé*).

Mémoires du P. Rapin, de la Compagnie de Jésus, sur l'Église et la société, la cour, la ville et le jansénisme (1644-1669) ; publiés pour la première fois d'après les manuscrits autographes, avec notes et introduction. 8 vol. in-8º . . . . 13 fr.

Léon AUBINEAU

LE SAINT HOMME

DE TOURS

NOUVELLE ÉDITION

PARIS
LIBRAIRIE VICTOR PALMÉ
(SOCIÉTÉ GÉNÉRALE DE LIBRAIRIE CATHOLIQUE)
76, rue des Saints-Pères, 76

BRUXELLES	GENÈVE
Société belge de Librairie	H. Trembley, Éditeur
8, Rue du Treurenberg, 8.	4, Rue Corraterie, 4.

1889

Droits de traduction et de reproduction réservés.

LETTRE DE S. ÉM. LE CARDINAL GUIBERT

Paris, 5 octobre 1878.

Mon cher Monsieur Aubineau,

Je vous remercie de m'avoir envoyé la vie du *Saint Homme*, et surtout de la bonne pensée que vous avez eue de l'écrire. J'ai eu sous les yeux pendant quinze ans cet excellent chrétien. Il ne tenait au monde que par les pieds, qui touchaient à la terre ; il vivait uniquement dans la sphère des choses surnaturelles ; il voyait Dieu partout, comme il est réellement, avec les saints anges, les saints et tout ce qui est au ciel. J'étais toujours édifié quand il venait me voir ; ce qu'il faisait avec beaucoup de discrétion. Votre livre sera lu avec le plus grand plaisir dans la Touraine, et partout avec beaucoup de fruit.

Veuillez agréer mes meilleurs remerciements et l'assurance de mon dévouement affectueux.

Hipp., cardinal Guibert,
Archevêque de Paris.

PRÉFACE

J'ai déclaré en publiant ce livre que je ne prétendais pas écrire la vie de M. Dupont ; je voulais simplement apporter un témoignage à sa cause, et j'ai essayé en même temps d'esquisser un profil du saint homme d'après les documents que je tenais en main, en me bornant à raconter ce que j'avais vu de mes yeux et appris de mon expérience.

Si je donne aujourd'hui une nouvelle édition de ce travail, c'est un peu, sans doute, à cause de l'approbation que S. Ém. le cardinal Guibert a voulu faire de mon dessein, à cause aussi de l'accueil que le livre a reçu du public : je me persuade, en effet, que les huit mille exemplaires qui ont fait leur chemin entre les mains des catholiques, me donnent à augurer encore de la bonne volonté de quelques lecteurs.

Mais ces motifs sont de ceux auxquels un écrivain est sensible, et dont par conséquent il doit un peu se défier : aussi bien ai-je une autre raison pour m'enhardir à provoquer de nouveau l'attention publique.

Feu M. l'abbé Janvier, l'auteur de la Vie de M. Dupont (2 vol. in-8°), pendant qu'il était appliqué à ce grand labeur, que lui avait confié l'archevêque de Tours, Mgr Collet; feu M. l'abbé Janvier, après avoir lu mon petit volume, qu'il a, naturellement et comme je le souhaitais, mis à contribution, m'écrivit pour me remercier des divers documents que je lui avais apportés et de ceux que mon « bienveillant appel, » disait-il, « en faveur de son ouvrage », devait lui procurer. Il me félicitait en outre de contribuer pour ma part à faire connaître une des gloires contemporaines de l'Église et à favoriser « l'œuvre particulière (la Sainte-Face) qui lui était confiée ». Il ajoutait enfin : « Vous dites les choses autrement que moi, *et vous en dites que je ne pourrais pas dire.* » *Je ne sais si je m'abuse, mais j'ai conclu que mon témoignage, qui ne demandait qu'à être résumé et englobé dans la* **Vie de M. Dupont,** *pouvait garder encore aujourd'hui une certaine valeur historique.*

J'ai préparé cette nouvelle édition avec soin : j'ai revu l'ensemble et les détails de l'ouvrage; j'ai scruté de nouveau et scrupuleusement interrogé mes premières impressions; j'ai ajouté certains faits, j'en ai éclairé quelques autres; j'ai aussi redressé de petites erreurs; je me suis enfin appliqué à mieux saisir et à mieux exprimer la vérité, non pas seulement dans le désir de perfectionner mon travail, mais bien plutôt de rendre un témoignage mieux approprié à la grande cause du Serviteur de Dieu et au profond et affectueux respect que je professe pour sa mémoire.

Soumis aux décrets de l'Église ma mère, je n'entends rien décider du caractère des événements extraordinaires que j'ai eu à raconter; je les donne comme simplement appuyés sur des témoignages humains. Si, au cours du récit et au frontispice de ces pages, je me sers de termes que la sainte Église a consacrés et qu'elle décerne à quelques-uns de ses enfants, je ne les emploie pas dans le sens déterminé qu'Elle attache à ces expressions des divers degrés du culte qu'elle encourage, autorise et sanctionne ; je me sers de ces mots uniquement selon l'usage vulgaire, qui attribue ces qualificatifs aux âmes douées de vertus éminentes.

En faisant cette déclaration, j'entends me conformer aux décrets de N. S.-Père le pape Urbain VIII, de sainte et vénérée mémoire.

La Felonnière, en la fête de la Nativité, 1888.

LE SAINT HOMME DE TOURS

I

PREMIÈRES ANNÉES

M. Léon Papin-Dupont sortait d'une race de gentilshommes bretons, transportée aux Antilles. Il était né à la Martinique, le 24 janvier 1797 [1], dans un moment où les effervescences révolu-

---

(1) Extrait des registres de la paroisse de Saint-Laurent du Lamentin (Martinique) :

« Le 6 mars 1797, j'ai baptisé Léon, né le 24 janvier, en légitime mariage de M. Nicolas-Léon Papin-Dupont et de dame Marie-Louise-Philippine Gaigneron-Jolimont des Maroles, habitants de cette paroisse ;

« Lequel a eu pour parrain M. Jean-Baptiste Papin, chevalier de l'ordre royal et militaire de Saint-Louis, émigré de la Guadeloupe, aïeul de l'enfant, et pour marraine Mme Marie-Rose des Vergers de Maupertuis, veuve de feu M. Joseph de Baussancourt, chevalier de l'ordre royal et militaire de

tionnaires, sans se calmer en France, tendaient à se discipliner et à se légaliser.

Sa première éducation aux îles, au sein de la famille, avait été chrétienne, fortement chrétienne. Selon l'usage des colonies, on l'amena encore bien jeune en Europe commencer ses études. Il avait alors l'esprit tout à la fois assez enfantin et assez ouvert pour avoir conservé le souvenir de l'impression d'étonnement et de curiosité que lui avait fait éprouver le premier aspect de la neige.

Sa famille, qui, comme on disait au dix-septième siècle, était fort accommodée des biens de ce monde, n'épargna rien pour son instruction. Elle choisit une maison chrétienne, le collège de Pontlevoy, où il fit toutes ses classes. Faut-il accuser l'éducation commune, les fâcheux systèmes universitaires déjà en vigueur, ou simplement les bruits de la jeunesse et le malheur des temps? Aux premières années de la Restauration, l'élève de Pontlevoy faisait son droit à Paris, et, sans donner dans les derniers écarts, menait une vie facile, où le souci des devoirs de la religion ne pesait guère.

Saint-Louis, ancien lieutenant-colonel, tante maternelle de l'enfant.

« Ont signé : Maupertuis de Baussancourt, Papin, Maroles-Dupont, Papin-Dupont, Varicourt, Devilliers, G. Montoux.

« F. THÉODOSE, *curé.* »

Si la vigueur des enseignements maternels semblait émoussée, ils n'étaient cependant pas détruits. Notre étudiant se prêtait à procurer aux autres le bien dont, pour lui, il négligeait de cueillir les fruits. Il avait à son service un jeune garçon, un *groom*, comme on dit maintenant, qui n'avait pas fait sa première communion. Fut-ce le maître, fut-ce le serviteur qui s'inquiéta de cette situation ? Toujours est-il que, par l'intermédiaire d'un petit ramoneur, qu'il ne dédaigna pas de faire babiller, un jour où cet enfant venait rendre service à sa cheminée, M. Dupont comprit qu'en ne se gênant pas beaucoup, il pouvait faire donner à son domestique l'instruction religieuse qui lui était nécessaire. L'œuvre des petits Savoyards, en effet, était unie à d'autres entreprises de charité et de catéchisme, toutes dirigées par la Congrégation, dont le ramoneur connaissait quelques-uns des membres. Ces renseignements n'effrayèrent pas M. Dupont, qui se mit en rapport avec l'un des congréganistes, non des plus jeunes, mais des plus influents, dont le souvenir n'est pas encore perdu. M. Bordier accueillit avec une charitable affabilité le maître et le serviteur, qui avaient besoin l'un et l'autre des leçons qu'ils souhaitaient pour un seul d'entre eux. Il fit admettre le domestique au catéchisme, et se garda de laisser deviner au gentilhomme qu'on eût pu l'instruire aussi de bien des choses. M. Dupont, de son côté, ne se borna pas à exprimer sa demande. Quand elle eut été accueillie, il se tint pour obligé; et de temps en temps il allait saluer M. Bordier, le remercier, et s'enquérir des progrès et de la conduite du catéchumène. Dans l'accomplissement d'un devoir fort simple sans aucun doute, mais dont beaucoup à sa place se seraient affranchis, l'élégant jeune homme montrait de la politesse et du savoir-vivre, et manifestait ainsi, sans s'en douter, que l'enseignement catholique n'avait pas été stérile dans son âme. Il y était bien méconnu toutefois.

Un jour d'été, notre étudiant, en compagnie de camarades de même âge et de pareille sagesse, avait fait une partie de plaisir à Montmorency. Montmorency, dans ce temps-là, était une excursion fameuse au gré des jeunes Parisiens. L'agrément principal consistait dans une cavalcade à ânes. Je ne sais s'il y a encore des ânes dans la vallée de Montmorency et si l'on y conserve les anciens usages. M. Dupont et ses amis accomplirent toutes les clauses du programme traditionnel, et les ânes virent beau jeu. Les rires ne manquèrent point à la fête. Un orage se mit de la partie. Toute la chevalerie, bêtes et gens, fut trempée jusqu'aux os. Ce n'était pas pour arrêter la joie. Le souvenir de cette équipée devait rester charmant. A quelques jours de là, M. Dupont était chez M. Bordier ; et — la jeunesse est communicative — il racontait sa dernière prouesse, l'agrément qu'y avaient ajouté la musique et la surprise de l'orage, et toutes les drôleries imprévues qui en étaient résultées. Par manière de conversation, il demanda à son interlocuteur où il était au moment du déluge, et s'il n'en avait pas été, lui aussi, quelque peu victime.

— Non, dit M. Bordier : j'étais à vêpres.

— A vêpres! se récrie M. Dupont, à vêpres ! et pourquoi? ce n'était pas dimanche.

— Non, répond doucement M. Bordier; c'était jeudi... le jeudi de l'Ascension [1].

Cette parole entra comme une flèche. Ce fut un éclair. M. Dupont balbutia. Il vit, comprit, et se sentit confondu. Il méconnaissait les plus grandes fêtes de l'Église; il n'était plus chrétien : il eut comme honte de lui-même. En un instant, en un clin d'œil, son âme se trouva transformée. Elle envisageait les fins dernières, le jugement, l'éternité. Elle se tourna vers la miséricorde divine, et suivit docilement son impulsion. M. Bordier procura un confesseur, — je

---

[1] M. l'abbé Janvier a donné le récit de ce fait avec quelques divergences. J'ai dû rappeler mes souvenirs; je les ai confrontés avec ceux de feu Mgr l'évêque du Mans, Hector d'Outremont, et je crois devoir maintenir les termes de mon témoignage.

crois que ce fut M. Borderies [1], — et engagea incontinent le jeune homme dans la Congrégation.

Il faut avoir entendu M. Dupont parler de M. Bordier pour comprendre la reconnaissance et la vénération. Il faut aussi avoir vu, dans son extrême vieillesse, M. Bordier recevoir les devoirs de M. Dupont, je ne dis pas pour comprendre, mais pour entrevoir la puissance du lien spirituel et constater la confiance et l'affection qu'il peut former entre deux âmes.

Membre de la Congrégation, M. Dupont entra du premier pas dans toutes les saintes entreprises; son âme généreuse et résolue ne s'amusa pas à contester. Il croyait tout, il pratiquait tout, il respectait tout ce que l'Église enseigne et recommande. Rien dans la vérité ne pouvait l'étonner ni le scandaliser. Il ne savait pas rougir de ce qu'il aimait. Loin de là, dans l'ardeur de la bouillante jeunesse, il voulait pro-

---

[1] Étienne-Jean-François, né à Montauban, le 24 janvier 1764, professait à Sainte-Barbe, en 1789, à Paris; il refusa les serments révolutionnaires et émigra. Il rentra en France en 1795, et s'associa aussitôt à M. de Lalande pour faire des catéchismes à la Sainte-Chapelle, qui eurent alors, un très grand retentissement. Après le Concordat, il suivit encore, à titre de vicaire de la paroisse, l'abbé de Lalande devenu curé de Saint-Thomas d'Aquin. L'abbé Borderies jeta beaucoup d'éclat par sa parole et ses œuvres; en 1819, il devint vicaire général du diocèse de Paris, et au mois de mars 1827, il fut nommé évêque de Versailles. Il est mort sur son siège, le 4 août 1832.

clamer et confesser sa foi partout. C'était l'esprit de la Congrégation. C'est bien l'esprit de l'Église, c'est le besoin des âmes qui goûtent l'amour de Dieu. M. Dupont était de celles-là. Il savait animer de ce sentiment les moindres détails de sa vie. Il n'était pas seul parmi les membres de la Congrégation à avoir cette science. Outre les bonnes œuvres réglementaires, pour ainsi dire, que M. de Bonald a énumérées dans sa lettre à M. de Maistre (15 décembre 1817), il y avait de la part de ces jeunes gens des démarches spontanées, inspirées par leur zèle et souvent provoquées par l'indifférence et l'ignorance qui les entouraient. Quelques-unes de ces pratiques de zèle feraient sourire. Le vendredi, on allait dans les restaurants les plus fréquentés réclamer à haute voix des aliments maigres. M. Dupont était de ces parties et de toutes celles analogues, où l'on prêchait à la mode de saint François promenant son froc et ses pieds nus dans la ville. C'était braver le respect humain, ce qui n'est jamais un mal. On était jeune d'ailleurs, et l'on répondait comme on pouvait aux rebuts et à la répulsion du monde. Si on ne pouvait toujours lui dire son fait, on lui donnait au moins quelques exemples. Il n'y avait pas grand mal à les souligner. La vanité n'y était pour rien.

Nous n'entendons pas faire ici l'histoire de

notre saint ami ; nous rassemblons quelques souvenirs personnels, dans l'espérance que d'autres en feront autant, et que l'ensemble de cette vie, qui, depuis cette semaine de l'octave de l'Ascension, dont nous venons de parler, jusqu'à son déclin, a été une véritable et constante confession de foi, pourra être un jour offert au public. Nous sommes contraint d'être bref, particulièrement sur tout ce qui concerne la jeunesse. On y reconnaissait sans aucun doute les linéaments des belles vertus dont nous avons pu contempler le complet épanouissement, mais les détails des faits nous échappent. Nous savons que l'âme dont nous parlons a été généreuse dès le commencement. La Congrégation manifestait ses croyances par les œuvres, et M. Dupont n'était pas en reste : un détail suffira à le démontrer.

Nous avons indiqué la vie facile et large qu'il menait à Paris. Ses relations étaient du meilleur et du plus grand monde. Sa famille lui faisait une pension de dix mille francs par an. C'était plus que de l'aisance. Il avait son appartement, son cheval, son tilbury. Il ne changea rien à son mode de vie, et on ne le lui demanda pas.

Un jour, il était à une réunion de membres de la Congrégation, et l'on s'occupait de charité. La Congrégation n'en repoussait aucune, et ne prétendait pas se borner à soulager des pauvres avérés, constatés et hors d'état de vivre sans des secours réguliers plus ou moins publics. Les ressources dont disposaient les congréganistes étaient assez abondantes; mais les besoins aussi sont souvent extrêmes, et, s'ils n'outrepassent jamais la puissance de la miséricorde, ils constatent cruellement souventes fois l'exiguïté des aumônes matérielles les plus généreuses. On s'occupait donc un jour, entre membres de la Congrégation, d'œuvres de charité. On était arrêté devant une misère poignante, à laquelle on ne savait comment subvenir. Il s'agissait d'un négoce sur le point de tarir et d'un crédit que la faillite allait dévorer. La faillite n'était peut-être pas des plus considérables, toutefois elle réclamait encore plusieurs billets de mille francs; et, bien qu'à la Congrégation l'on procédât parfois assez largement, on se trouvait, ce jour-là, tout à fait à court. Les bourses s'étaient tâtées, ouvertes, vidées, et l'on n'arrivait pas à former la petite somme indispensable pour arrêter la ruine de toute une famille. La chose était urgente et les perplexités fort vives. Tout à coup M. Dupont a une idée :

— Je vends mon cheval et mon tilbury! s'écrie-t-il.

Cela se fit comme il l'avait dit, simplement, promptement, sans surprise, et avec résolution.

Le cheval et le tilbury de notre jeune homme remontèrent le crédit d'un pauvre papetier, firent honneur à ses affaires et soutinrent toute une famille.

Il n'est don que de Roi, dit le proverbe. Le bon Dieu est le vrai Roi; et les dons faits à la charité sont les vrais dons de Dieu. Ils sont sans retour. Je ne crois pas que M. Dupont, durant le reste de son séjour à Paris, ait jamais acheté cheval ou phaéton. En échange, il avait pour toujours acquis l'amour des pauvres.

Quand les études juridiques furent achevées et les divers stages remplis, il retourna aux îles, où il occupa bientôt un poste à la cour royale de la Martinique. Après avoir été conseiller auditeur, il fut nommé conseiller, le 1er avril 1830 [1]. Il était marié depuis environ trois ans [2]. Toutes les grâces paraissent avoir été prodi-

---

[1] Les dates consignées à la chancellerie portent conseiller auditeur le 10 octobre 1828, conseiller le 1er avril 1830. Dès 1827, M. Dupont faisait fonction de conseiller. Son acte de mariage (mai 1827) lui donne le titre de conseiller à la cour royale. Les notables de l'île reçus avocats remplissaient encore alors ces fonctions à titre gratuit. Ce ne fut que plus tard que l'administration organisa la hiérarchie en rétribuant les fonctions.

[2] L'acte de mariage est du 27 mai 1827. M. Dupont avait 30 ans.

On a assuré que sa piété avait aspiré à un autre état de vie, et que l'énergique résistance de sa mère l'avait seule retenu au seuil du sanctuaire. Je ne sais pas trop sur quoi aurait pu s'étayer le refus maternel, d'autant que M. Dupont avait un frère. La connaissance que nous avons eue de leur mère, durant son extrême vieillesse, ne nous per-

guées à son union. Elle fut de courte durée [1]. On devine le brisement du cœur de l'homme de Dieu. Jamais il ne s'en est ouvert à personne, du moins à personne de ceux qui, comme moi, ne l'ont connu que dans sa maturité. Il était avenant, affable, disposé à répondre à toutes les confidences qu'il pouvait tourner vers Dieu ; mais il imposait le respect, et on ne l'eût pas interrogé légèrement ou curieusement. Je doute même qu'il se soit épanché beaucoup avec ceux

mettrait pas, d'ailleurs, d'accueillir aisément la pensée d'une résistance de sa part, autre que celle autorisée par la Providence dans le but d'éprouver la solidité des vocations.

Il y a néanmoins une manière de légende que je puis noter. Le frère de Léon Dupont, Théobald, son cadet de quelques années, mourut le 18 novembre 1826 ; la mère, épanchant sa douleur devant Dieu, aurait été entendue de son fils aîné, lorsque, envisageant cette vocation sacerdotale à laquelle elle savait ne pouvoir toujours résister, elle se serait écriée : — « Mon Dieu, ne me condamnez pas à n'avoir jamais de petits-enfants ! » Ce cri aurait triomphé de la vocation de M. Dupont, et il se serait marié à l'expiration du deuil de son frère.

J'avoue que, pour ma part, je ne reconnais dans ce récit ni les traits de la mère ni ceux du fils. Plus tard, à Tours, M. Dupont examina sérieusement et devant Dieu la pensée du sacerdoce. Il y renonça. Cette pensée a pu et a dû même se présenter à son esprit durant sa jeunesse ; il a dû y renoncer comme dans son âge mûr, sous la seule impression de la volonté de Dieu, qui le voulait dans la voie commune et... extraordinaire qu'il a parcourue.

(1) Mme Marie-Caroline-Joseph d'Audiffredi, native de la paroisse des Trois-Îlets, épouse de M. Léon Papin-Dupont, conseiller à la cour royale de la Martinique, est décédée le 2 août 1833, à Saint-Pierre (Martinique). L'hôtel qu'ils habitaient à Saint-Pierre est devenu le siège du séminaire colonial, dirigé par les Pères du Saint-Esprit.

qui l'avaient connu intimement dans sa jeunesse, avec M. Bordier, par exemple, ou avec tout autre membre de la Congrégation qui n'avait pas vu son bonheur. Les profondes douleurs gardent le silence. Les grands chrétiens, sous les coups les plus cruels, ne s'amusent pas à mettre leurs épanchements ailleurs qu'au sein divin. C'est du moins ainsi que j'ai vu le chrétien admirable dont je parle, dans les épreuves dont je puis rendre témoignage. Il était alors dans la plénitude de son intimité avec Dieu. Au temps de sa jeunesse, l'intimité était-elle moins profonde? Le secours divin ne fit toujours pas défaut, au moment de cette ruine des plus justes et plus chères espérances où pût se complaire un couple heureux, à qui tout souriait sur la terre. Les déchirements de la nature furent dominés, on n'en saurait douter; ils restèrent sensibles, et le silence de M. Dupont sur ce point, son soin scrupuleux à dérober à tous les regards les petits souvenirs qu'il gardait précieusement, seraient peut-être des indices. L'union conjugale est sainte; elle est pour l'éternité; la mort ne la dissout pas. La constante sérénité où nous avons connu M. Dupont ne fut pas une de ses moindres vertus.

II

RETOUR EN FRANCE. — INSTALLATION A TOURS

Privé de sa compagne, M. Dupont était en présence d'un berceau. Il craignait pour la santé de sa fille [1] le climat qui venait, croyait-on, de dévorer la mère. S'il avait eu naguère de l'ambition, je l'ignore : le veuvage, au moins, semble l'en avoir dépouillé. La révolution de Juillet l'encourageait-elle, de son côté, à renoncer à tout lien avec la magistrature ? Il repassa l'Océan, et bientôt après donna sa démission [2]. Il avait d'abord séjourné quelques mois à Bordeaux, et ensuite dans la famille de sa mère.

Diverses circonstances le déterminèrent à se fixer à Tours : la douceur du climat, la tranquillité de la ville, d'anciens rapports de diverses sortes entre la Touraine et les Antilles, quelques relations de sang, la recommandation de sa femme, qui, élevée elle-même à Tours, dans une célèbre maison d'Ursulines, avait manifesté le désir d'assurer, s'il était possible, à sa fille l'éducation de ce couvent, et enfin l'attrait

[1] Marie-Caroline-Henriette Papin-Dupont, née le 4 décembre 1832, à Saint-Pierre (Martinique).
[2] Elle est datée de Tours, du 13 mai 1835 seulement.

du nom de saint Martin, patron de l'île natale.

Ce fut vers 1834 que M. Dupont s'installa définitivement à Tours, et y commença, entre sa mère [1] et sa fille, la vie austère, charitable et pieuse que nous avons connue et que nous voudrions décrire.

Il conserva les relations indispensables du sang ou des affaires; il entretint et rechercha toujours celles qui pouvaient prêter à exercer quelque vertu. A ce point de vue, il ne fuyait pas les hommes. Loin de là. Il était d'un commerce agréable et plaisant, enjoué même dans sa réserve. Tous les ans, tant que vécut sa fille, il allait passer une partie de l'été dans les châteaux de la Touraine et du Maine qu'habitaient ses parents. Il se prêtait aux usages et même aux plaisirs de la bonne compagnie. L'assistance quotidienne à la messe ne l'empêchait pas de prendre part aux promenades, aux pêches, aux chasses surtout. Il était dans toute la vigueur de l'âge, et avait conservé des habitudes de sa jeunesse le goût des exercices du corps. Marcheur déterminé, il ne craignait aucune fatigue. Il s'en est fort bien trouvé pour effectuer ses divers pèlerinages. Dans sa maison, qui fut toujours de tenue modeste, plusieurs chambres étaient dis-

---

[1] Née en 1779, veuve en 1803 de Nicolas-Léon Papin-Dupont, décédé à Brest, et en 1829 de son second mari, Pierre-Grégoire d'Arnaud, âgé alors de soixante ans.

posées pour l'hospitalité, et sa table frugale était d'habitude assez abondamment fournie pour faire honneur aux survenants. La discrétion et la bonne grâce du maître du logis étaient exquises ; la sérénité de son âme s'épanouissait dans la meilleure et la plus juste politesse. Mais aucune compagnie ne lui était agréable qu'autant qu'elle n'écartait pas et qu'elle provoquait, au contraire, la pensée de Dieu. Tout le commerce de M. Dupont, en effet, était avec Dieu. Il ne voulait pas s'en détourner, et il était heureux d'y attirer les autres. Sa discrétion néanmoins était extrême; elle était innée chez lui; il n'eût pas voulu susciter le moindre outrage d'impatience ou d'indifférence à la gloire de Dieu. Son cœur débordait sans cesse de gratitude, d'amour, d'orgueil, si on pouvait prendre ce mot en bonne part. M. Dupont était fier d'être enfant de Dieu. Cette seule pensée était pour lui une occupation et une fête.

Être de Dieu ! se peut-il rien de plus glorieux ni de plus doux ? mais aussi quelle folie, quelle aberration, quelle sottise, de la part de ceux qui oublient de se prévaloir de ce titre et en laissent tomber la gloire avec insouciance! C'était là, comme dit Pascal, un monstre que M. Dupont ne pouvait envisager de sang-froid. Son indignation n'avait pas de bornes, quand cette insouciance venait se manifester en face de Dieu.

Il reconnaît dans son testament que « sa vie s'est passée à gémir du scandale causé dans les églises par les foules que la piété n'y attire pas ». Les cérémonies officielles, les enterrements des personnages considérables étaient pour lui de véritables supplices. « Il est inutile de déranger de leurs occupations », dit-il encore, « ceux qui à l'église ne savent pas prier. A quoi bon tant de bruit, pour un moment, autour d'un cadavre, alors que l'oubli doit infailliblement et si promptement être son partage parmi les survivants privés du don de la foi ? »

Il ne veut pas que sa mort soit l'occasion de ce scandale ; il conjure ses héritiers de ne pas se donner l'embarras de convoquer une nombreuse assistance pour son enterrement; il demande avec instance qu'il n'y ait rien de plus simple. Le scandale qu'il craint ainsi de provoquer après sa mort, l'avait vraiment et cruellement fait souffrir. Tous ses amis le savent bien: ils l'ont entendu gémir de ces outrages prodigués à Dieu, sous prétexte d'honorer les hommes.

Une année (1847), il y eut à Tours un congrès de savants. De bons archéologues visitaient les églises ; mais beaucoup d'entre eux, fort empressés à étudier les chapiteaux, relever les inscriptions, admirer les voûtes et s'extasier devant les verrières, oubliaient et négligeaient de saluer le Dieu de l'Eucharistie, enfermé dans son tabernacle. Ils montraient une certaine naïveté à admirer les délicatesses du temple et à ignorer la présence du Dieu. M. Dupont souffrait de cette sottise. Il n'avait pas d'autre mot pour la désigner : il la trouvait prodigieuse ; elle était à ses yeux un sujet d'étonnement et de douleur. Il ne comprenait pas comment les hommes pouvaient passer légèrement et indifféremment devant les merveilles de l'amour de Dieu. Il sentait si bien que l'homme est fait pour Dieu, et que Dieu seul peut satisfaire et remplir le cœur de l'homme ! Il avait une grande pitié pour ceux qui essayaient de mettre l'emploi de leur vie et l'amour de leur cœur en dehors de la lumière divine. Tout lui semblait triste, ennuyeux, fade, désolé, en dehors de Dieu. Il voyait cette vérité comme une évidence ; il la sentait, il la palpait. Il ne comprenait pas qu'il y eût au monde des créatures censément raisonnables qui pussent vivre et agir sans se heurter et se réveiller à cet incessant contact de la vérité. Dieu, la vie et la lumière, n'est-il pas, en effet, la joie des âmes ?

Dans les mois qui suivirent la révolution de 1848, quand on avait relevé les cadres de la garde nationale et qu'on lui faisait faire certains services de concert avec l'armée, M. Dupont passait, une fois, la nuit au corps de garde. Ceux de nos lecteurs qui ont connu ces bizarres services, savent comment s'y employait le temps, la futilité et la monotonie du désœuvrement à y subir, l'ennui des discours à y braver. Il y avait, cette nuit-là, des cavaliers mêlés aux bourgeois chargés de veiller pendant que dormaient leurs concitoyens. Un groupe de ces bourgeois causait à haute voix des diverses banalités dont on pouvait s'entretenir dans un corps de garde. M. Dupont était sur une chaise, aussi loin que possible des discoureurs, qu'il entendait néanmoins, et un cavalier était auprès de lui. Cet homme se prit à bâiller.

— Vous vous ennuyez? lui dit M. Dupont. Et, montrant de la main le groupe des causeurs : Ils ne parlent pas de Dieu! ajouta-t-il.

Le cavalier, bon paysan de je ne sais quelle province, ne fut pas sans être un peu surpris de la question et de l'explication.

— C'est tout simple, continua M. Dupont : on s'ennuie toujours quand on ne s'occupe pas de Dieu, quand on ne parle pas de Dieu. Que disent-ils? des futilités, des niaiseries! quel intérêt leurs paroles peuvent-elles avoir? Il n'y a que Dieu pour intéresser l'âme, toucher et saisir le cœur. Tout ce qui n'est pas Dieu, tout ce qui ne peut être reporté à Dieu, n'est que vanité, c'est-à-dire, rien : c'est le vide et l'ennui.

Je ne reproduis pas les paroles; je ne puis qu'en donner le sens. M. Dupont les prononçait avec un calme, une conviction, une grâce, une autorité qui firent entrer tout de suite son interlocuteur dans ce sentiment si juste et si vrai de la grandeur humaine. Le cavalier interpellé ne fut pas seul d'ailleurs à goûter ce langage de l'homme de Dieu. Il y avait dans son accent une telle simplicité et une telle vertu que les camarades de la cavalerie en subirent bientôt l'ascendant; les bourgeois péroreurs eux-mêmes n'y restèrent pas indifférents, et se mêlèrent bientôt à la conversation. M. Dupont se laissait aller volontiers à causer, bien qu'il n'aimât pas à faire des discours. La conversation se maintint sur le point où il l'avait élevée. Elle fut pleine de charme, elle ne resta pas sans fruits. Elle ne se termina pas, en effet, sans que M. Dupont distribuât des petites fioles d'eau de la Salette, qu'il avait, à cette époque, toujours dans ses poches. Il n'en eut pas, cette nuit-là, pour tout le monde. Il servit les plus pressés, les pauvres soldats de préférence, qu'il avait émerveillés en leur parlant de la sainte Vierge, et il dut promettre aux autres de leur donner plus tard de cette eau précieuse, s'ils voulaient en venir chercher. Je crois bien que les gardes nationaux ne laissèrent pas tous tomber cette promesse.

Je n'ai pas à insister sur la vérité de la thèse développée ainsi par M. Dupont, dans l'intérieur d'un corps de garde, sur le malheur et l'ennui de l'homme qui ne s'occupe pas de Dieu. Ce n'était pas une thèse pour lui; c'était le pur et vrai sentiment de son âme, l'expression simple de la nécessité et des besoins de son cœur. Il avait besoin du commerce de Dieu, besoin absolu. Tout ce qui tendait à le distraire de cet aimable et fortifiant commerce, lui était à charge. En ce sens, il évitait les salons tout autant que les corps de garde. Mais il aimait, recherchait, goûtait le commerce des hommes, et s'y prêtait avec une aménité et une grâce parfaites, quand il pouvait, au milieu d'eux et de concert avec eux, s'occuper des intérêts de Dieu. Le service de la gloire de Dieu réglait toutes ses relations, et la charité était la raison de ses rapports avec les hommes. Les pauvres étaient donc aisément en grande familiarité avec lui. Ils connaissaient le chemin de sa maison, et lui n'ignorait pas non plus celui de leurs demeures. Il pouvait faire de larges aumônes, et il les répandait avec profusion. Toutefois l'aumône, à ses yeux, n'était que la moindre partie de la charité; c'en était le témoignage extérieur, la prière en était l'essence. La charité vient de Dieu sans doute, et elle retourne à Dieu : elle est ainsi une prière. Si on pouvait séparer la charité de la prière, on aurait tout au plus la bienfaisance. C'est la prière qui féconde l'aumône, la transforme et en fait l'encens agréable au Seigneur, cet encens qui couvre et efface même l'abondance des péchés.

Les aumônes aux pauvres ne suffisaient pas à M. Dupont. Sans parler de ses aumônes aux riches, de ses exemples et de ses conseils, des confidences qu'il recevait de toutes parts, de tant de consolations généreuses ou de ferventes résolutions qu'il sut inspirer et dicter à ceux que sa vertu attirait, toutes les bonnes œuvres, toutes les œuvres chrétiennes, celles de prière que le monde ne comprend pas, et aussi celles de charité que le monde applaudit parfois, toutes les bonnes œuvres qui se trouvaient à sa portée recevaient des marques de sa munificence. Sa portée allait loin. La prière ne connaît pas de distance; elle était le lien, la source, le prétexte, la voie et la fin de toutes les générosités et de toutes les démarches de M. Dupont. La charité se borne-t-elle jamais à répandre l'argent, même à profusion? Dans les embarras et les vicissitudes de la terre, elle se plie et se transforme de mille manières. M. Dupont se prêtait à tout, par charité. A vrai dire, c'était surtout par la prière qu'il agissait. Il n'eût pas reculé, il n'a jamais reculé devant un voyage ni devant une démarche; il ne se refusait pas à payer de sa personne, mais la prière était son arme principale, son moyen d'action privilégié, le principe de son courage, la source de sa lumière.

Dans la lumière, dans la prière, dans la charité, les âmes se cherchent et se trouvent. La petite maison de la rue Saint-Étienne à Tours devint un centre où se répercutaient les moindres événements du monde spirituel. Les grâces particulières, les dévotions, les aspirations, en même temps aussi les douleurs de toutes les âmes privilégiées y étaient connues, partagées, consolées, fomentées. Les relations de ce commerce admirable s'étendaient chaque jour. La prière de M. Dupont attirait évidemment. Elle était constante. Sitôt que les visites, reçues parfois de toutes les parties du monde, et celles faites aux pauvres étaient terminées, — sans parler ici de la visite quotidienne au saint Sacrement ni de l'assistance à la messe, — sitôt que M. Dupont était chez lui et comme rendu à lui-même, il se mettait en prière. Sa prière se nourrissait de tout: elle avait toutes les audaces et toutes les simplicités. Il avait dans sa chambre un grand pupitre où était ouverte une Bible. En dehors de la lecture qu'il y faisait chaque matin, le plus rapide coup d'œil sur la page eût suffi à réveiller l'élan de sa prière, si jamais cet élan se fût ralenti. Il recevait en outre toutes les impulsions. Un jour, un de ses amis, le fondateur d'une des plus grandes œuvres de ce temps, dans les vives et extrêmes difficultés des commencements, lui avait écrit pour lui signaler le petit progrès d'une incroyable entreprise. Dans sa reconnaissance, le bon prêtre terminait sa lettre en disant : « Redisons mille et dix mille fois : Dieu est bon! » M. Dupont d'obéir aussitôt à cette invitation, et, prenant son chapelet, de redire sur chaque grain : « Dieu est bon! » Le pourrait-on trop redire? Dix mille fois cependant demandent du temps. Un ami survint. La porte n'était jamais fermée. — « N'interrompez pas, » dit M. Dupont; « il s'agit de dire dix mille fois : « Dieu est bon! » Unissez-vous à moi. » L'ami d'obéir à son tour, de prendre son chapelet et de redire avec le saint homme : « Dieu est bon! Dieu est bon! » jusqu'à ce que le nombre de dix mille soit parfait.

Qui eût osé résister à M. Dupont? Il avait, quand il parlait de la prière, quand il y invitait, une autorité souveraine, sans apparat, pénétrante, qui déliait les lèvres et faisait fléchir les genoux. Quelle joie aussi, quelle consolation de prier avec lui! Ah! la foi est communicative et la charité entraîne tout; la prière est une puissance. J'ai connu des catholiques ingénieux qui, le matin, guettaient M. Dupont au sortir de la cathédrale et avaient soin de se trouver sur son passage. Il assistait à la messe, en effet, tous les jours, communiait, faisait son action de grâces, et rentrait ponctuellement chez lui. Il allait simplement par les rues, le plus souvent les mains croisées sur la poitrine et cachées dans ses manches, les yeux baissés ; mais il se laissait toujours aborder, et au sortir de la sainte communion son abord était particulièrement gracieux. On n'avait pas besoin d'ouvrir le discours : en trois ou quatre paroles, il expliquait quelque texte de l'évangile du jour, qu'il venait de lire et de goûter pendant la messe et de sceller dans son cœur du sang même de Jésus-Christ. On tirait ainsi un mot de vie, et on emportait un sentiment d'union avec l'Église. Car ce qu'il faut remarquer dans le saint homme dont nous parlons, c'est l'union constante de sa prière avec la prière de l'Église. Il suivait sa divine mère pas à pas, et parcourait chaque année tout son cycle liturgique ; il connaissait chaque jour le saint dont elle fait mémoire, et méditait ses exemples ; il participait aux moindres solennités qu'elle célèbre, et en goûtait l'esprit ; il redisait dans son cœur les invocations qu'elle met sur les lèvres du prêtre, et se nourrissait des paroles et des sentiments qu'elle propose chaque jour aux fidèles. C'est cette union intime et constante de sa prière à celle même de l'Église, à la prière des prêtres, des évêques et du Pape, en communion avec tous les saints ; c'est cette union qui donnait à la prière de M. Dupont tant de vertu et tant de ferveur, qui remplissait son esprit d'une multitude de textes saints dont se vivifiait sans cesse sa parole, dont se nourrissait dans son âme cet amour de Dieu et de son Église qui en était l'unique pensée et l'unique vie. Il puisait dans la prière liturgique toute son érudition, toute sa perspicacité : sa perspicacité spirituelle, qui était exquise ; son érudition hagiographique, qui semblait infinie.

Il n'aimait pas seulement les offices de l'Église pour les repasser et les savourer dans l'intime de son cœur ; il en aimait les cérémonies et les pompes. Après ces messes où il communiait le matin, il assistait, les dimanches et jours de fête, aux offices solennels à la cathédrale. Je me souviens d'une nuit de Noël. De la place que j'occupais sur une chaise dans le chœur, je le voyais au banc de la fabrique, contre une des grilles du contour de l'abside. L'église était pleine de peuple ; elle était brillamment illuminée ; ses nombreuses et immenses verrières laissaient constater les ténèbres extérieures. Les chants se succédaient, ces beaux chants des matines de Noël, les invitatoires, les psaumes et les leçons prophétiques, les sermons de saint Léon, les paroles de l'Évangile et leurs commentaires ineffables des grands docteurs, saint Grégoire, saint Ambroise, saint Augustin : toutes ces richesses d'harmonie, de piété, de doctrine, de poésie et de beautés de toute sorte que l'Église, en cette grande nuit, a voulu prodiguer aux sens et aux sentiments de ses enfants !

Hélas ! faut-il remarquer qu'aujourd'hui ces enfants ignorent, pour la plupart, les splendeurs ineffables de cette nuit plus brillante que le jour, et qu'ils goûtent à peine le saint sacrifice, dont parfois ils trouvent la répétition accablante !

Le froid de la saison, dur et intense, ajoutait je ne sais quoi à la richesse de la fête ; et pas une âme tant soit peu désireuse de s'unir aux prières de l'Église ne serait restée indifférente à cet ensemble magnifique. Il fallait voir M. Dupont. Tout était simple dans sa personne et son attitude : il suivait humblement, sur son livre, les mystérieux et profonds enseignements dont les paroles éclataient sous la voûte ; il se levait, s'asseyait ou s'agenouillait selon l'usage. Rien en lui ne pouvait attirer le regard. Quelque chose le retenait. La ferveur et le recueillement de l'âme resplendissaient, je ne sais comment, dans la gravité de son maintien. Il priait comme savent prier les saints. Il était occupé de Dieu, oublieux du monde et séparé des soucis de la terre. Cela était sensible, cela pénétrait le cœur, faisait monter les larmes aux yeux et ajoutait même à la sublimité des offices. Quand on a vu prier de la sorte, on comprend les sentiments d'admiration, d'affection et de respect que la piété du bienheureux pèlerin Benoît Labre suscitait dans le cœur de tous ceux qui en étaient les témoins attentifs. La prière est un grand acte; elle est un spectacle agréable à Dieu et aux anges, et les hommes eux-mêmes en sont touchés. L'histoire des saints le montre à chaque page.

III

LES PETITES DÉVOTIONS. — LA MÉDAILLE DE SAINT BENOÎT ET SES PRODIGES

Homme de prière, fervent pour Dieu et amoureux de son Église, M. Dupont ne repoussait aucune des pratiques qu'elle recommande et qu'elle autorise. Il ne craignait pas d'entrer dans ce que les beaux esprits appelleraient les petites dévotions. Il s'y complaisait même, à cause de leur prix et à cause aussi de leur humilité. Il savait que la foi donne de la valeur à tout, et qu'entre intelligents qui se comprennent, le moindre signe peut être un acte de confiance et de piété. Puisqu'il priait à peu près toujours, aucune prière ni aucune invocation ne lui était à charge.

Il goûtait tous les signes extérieurs de la dévotion, les scapulaires, les cordons, les médailles; il acceptait tout, il aimait tout, il portait tout. Il trouvait bien ridicules et bien sots les hommes qui auraient eu scrupule de s'affubler de ces brimborions qui ne sont rien en eux-mêmes, que la Providence veut bien accepter comme des témoignages de respect et de dévouement, et qu'elle couvre de sa protection. Après tout, ce sont les livrées des saints protecteurs que Dieu a voulu nous donner. Ces diverses livrées ne pouvaient être que fort précieuses à M. Dupont. Il se tenait pour le serviteur de Dieu, de la sainte Église et de tous les saints. Il eût été heureux de porter les marques de ce service, quand même elles eussent été stériles. Mais il en connaissait la puissance et la vertu. Il y avait foi; il les recommandait et les distribuait à profusion. Quand il rencontrait un chrétien qui ignorait ou surtout qui négligeait un de ces moyens de s'abriter sous la protection divine, il avait une manière de s'étonner si compatissante, si douloureuse et en même temps si respectueuse, — en relevant sa haute taille et jetant un regard vers le ciel, — qu'on ne savait lui résister et qu'on s'empressait d'ouvrir les mains pour recevoir la médaille, le chapelet particulier, l'objet quelconque de piété qu'il recommandait. Il n'y avait pas que les chrétiens pour accepter de lui, avec respect, ces divers objets de religion. Sa foi était vraiment imposante, et l'on était confondu des soumissions qu'elle arrachait aux âmes les plus vulgaires et les moins disposées en apparence à l'intelligence des choses célestes. L'anecdote du corps de garde et de l'eau de la Salette se reproduisait, pour ainsi dire, tous les jours.

La Providence s'est complue, en ces derniers temps, à donner à ces petits signes extérieurs une vertu extraordinaire ; et comme le saint Scapulaire avait été au treizième siècle un moyen d'action puissant, la médaille de l'Immaculée-Conception a été de nos jours un instrument de grâce prodigieux. L'inspiration de la médaille de l'Immaculée-Conception remonte à l'année 1830 : on en sait l'origine ; et personne n'ignore comment l'archiconfrérie du très saint Cœur de Marie l'a surtout victorieusement mise en œuvre et rendue populaire.

La dévotion aux médailles n'est pas nouvelle dans l'Église : les plus récentes ne peuvent faire méconnaître les anciennes. Il en est une, dont l'origine n'est pas bien éclaircie, qui paraît remonter aux plus anciens âges, et dont l'usage a été recommandé par saint Vincent de Paul à toutes ses filles. M. Dupont avait une particulière dévotion à cette médaille : c'est celle de saint Benoît[1]. Beaucoup de catholiques, à l'heure qu'il est, en ignorent encore l'existence ou en négligent la vertu. M. Dupont l'employait à tout. Il y mettait une confiance sans bornes. Pour la conversion des pécheurs, pour l'aplanis-

---

[1] Dom Prosper GUÉRANGER, abbé de Solesmes, a publié un petit travail d'érudition et d'édification sous le titre de : *Essai sur l'origine, la signification et les privilèges de la médaille ou croix de saint Benoît*. Paris, in-18. H. Oudin.

sement des obstacles, pour la délivrance de toutes sortes de tracas ; s'il s'agissait de débarrasser une communauté religieuse d'un voisinage importun, s'il était question de lui assurer une acquisition nécessaire à son établissement ou à son développement, il recommandait la médaille de saint Benoît, et il l'employait. Il n'est pas une seule communauté religieuse, à Tours, à qui il n'ait rendu des services signalés par ce moyen. Il est expressément dirigé contre le démon, ses embûches et ses poisons. La médaille reproduit, en effet, les paroles de Jésus-Christ à Satan ; elle proteste contre les suggestions démoniaques ; elle renvoie les poisons au dragon infernal ; elle confesse la lumière divine, guide unique des âmes. Elle place toutes ces objurgations sous le patronage de la croix du saint patriarche Benoît, cette croix puissante qui brisait les vases empoisonnés !

Les diverses et savantes combinaisons de lettres inscrites au revers de cette médaille en pourraient-elles indiquer ou démontrer l'antiquité ? M. Dupont en expliquait le sens ; et les exorcismes prononcés contre le démon, comme les anathèmes répétés contre l'enfer, n'étaient pas une des moindres causes de sa dévotion.

Les traits singuliers et merveilleux qu'il voyait chaque jour de la vertu de cette médaille, entretenaient d'ailleurs sa confiance. Les exemples, recueillis et publiés par dom Guéranger, des effets de la médaille au dix-neuvième siècle, sont en grand nombre empruntés à l'expérience personnelle de M. Dupont. Sous les divers titres où le R. P. Abbé a rangé ces faits : « guérisons, grâces spirituelles, protection contre les embûches du démon, préservation dans les dangers, secours aux animaux utiles à l'homme, influence sur les conditions naturelles », l'historien de M. Dupont trouvera des détails intéressants et curieux de la vie de son héros : des traits de simplicité ineffable, des preuves inouïes de la malice et de la défaite des esprits infernaux, des faits merveilleux et charmants de cette atmosphère surnaturelle où se tenait et respirait habituellement M. Dupont. Il n'est jamais nommé. C'est lui cependant que le savant bénédictin désigne le plus souvent par de vagues indications : tantôt, « un ami de la famille » du patient qu'il s'agit de guérir; tantôt, « quelqu'un qui possédait la médaille »; tantôt, le simple impersonnel *on;* quelquefois, l'événement rapporté se passe à T.; à d'autres pages, le nom de Tours est imprimé en toutes lettres; souvent, les faits s'accomplissent fort loin de cette ville; alors, c'est un voyageur qui intervient, et souvent aussi c'est un correspondant : car le saint homme n'est pas présent à tous les actes qu'il suscite et où il prend part. Les annales des merveilles de la médaille de saint Benoît seraient une preuve de l'activité et de l'étendue de son commerce épistolaire. Il faisait courir cette médaille bienfaisante dans toutes les parties du monde, aux Indes orientales et occidentales, en pays protestants, infidèles et catholiques. Il y a une histoire d'église dédiée à la sainte Vierge, profanée déjà et livrée par la municipalité pour l'élargissement d'une route, et que la médaille de saint Benoît arrache aux mains des ingénieurs. Cette histoire appartient à M. Dupont [1]. On devine sa belle humeur, on reconnaît sa gaieté, à travers le récit du narrateur, dans l'histoire de la guérison de la vache malade d'un asile de vieillards dirigé par des religieuses; dans celles de la fécondité rendue à des poules qui ne pondaient plus depuis plusieurs mois, de la fertilité recouvrée par des arbres frappés de stérilité depuis plusieurs années, de la délivrance du jardin et de la maison envahis par des insectes venimeux, nuisibles ou simplement incommodes et dégoûtants.

Je ne sais si je me trompe, mais je crois surtout reconnaître son joyeux accent de triomphe sur Satan dans plusieurs des anecdotes recueillies sous les titres de « protection contre les em-

---

[1] Il s'agissait de la célèbre chapelle de Notre-Dame des Ardilliers, près Saumur.

bûches du démon » ; « influence sur les conditions naturelles ».

Il y a là toute une série d'anecdotes qui témoignent d'une influence mystérieuse et éclatante sur les puissances intimes de la nature : c'est un ordre de circonstances plus ou moins merveilleuses et surnaturelles ; c'est l'ordre où vivait M. Dupont, où s'exerçait sa vertu et où se manifestait sa foi. Dans cet ordre aimable et charmant, il n'est pas toujours l'agent des merveilles de la médaille de saint Benoît ; il en est parfois l'objet. Il avait dans son jardin quelques espaliers. Un jour, un de ses bons amis, qui lui faisait de temps à autre visite à Tours, remarqua que les arbres du voisin, en dépassant le mur, nuisaient à ses fruits.

— Vous devriez bien demander au voisin d'élaguer ses arbres, disait-il au saint homme.

M. Dupont de répondre, en souriant, par un mouvement d'épaules. A vrai dire, il n'aurait pas eu un très grand souci de son jardin. Il le tenait convenablement, comme toute sa maison. Mais il s'amusait à y faire certaines expériences de culture potagère, où étaient intéressés les pauvres. Il faisait arroser et souvent il arrosait lui-même les divers carrés avec de l'eau ferrugineuse. Il avait, dans ce but, entassé de vieilles ferrailles dans ses réservoirs, et cet arrosage donnait les plus beaux résultats. Les haricots surtout devenaient superbes et étaient célèbres. M. Dupont en était fier. Hâtons-nous d'ajouter que ces haricots étaient portés bien exactement aux vieillards des Petites Sœurs. M. Dupont avait donc un véritable intérêt à maintenir la fertilité de son jardin ; toutefois ce souci n'allait pas jusqu'à le presser de molester le voisin, et il ne paraissait pas disposé à empêcher les arbres du prochain de s'étendre au delà de leur droit.

— Ah ! lui dit son ami, vous ne prenez pas les choses comme il faut les prendre ! à votre défaut, je vais charger saint Benoît de faire la police de votre jardin.

Ce disant, l'ami prend la médaille de saint Benoît, fait le signe de la croix dans la direction des arbres envahisseurs en prononçant les formules inscrites. Il ajoute une invocation au saint patriarche : « Vous savez bien », disait-il, « que ce qui vient dans ce jardin appartient aux pauvres : préservez-en les fruits de tout le dommage qu'y pourraient apporter ces arbres. »

On était à l'automne (1867) ; l'année suivante, à la même saison, l'ami constatait que plusieurs des arbres du prochain étaient morts ou paraissaient bien malades. Au printemps, les corbeaux, qui sont, on le sait, mêlés à l'histoire de saint Benoît et ont une place sur sa médaille, — les corbeaux qui hantent les clochers de Saint-Gatien, s'étaient abattus sur les arbres désignés à leur saint patriarche et s'étaient acharnés à en briser les bourgeons. L'ami de M. Dupont qui raconte ce fait [1], assure avoir interrogé des paysans qui lui ont déclaré n'avoir jamais remarqué les corbeaux à pareille besogne. Ces paysans n'avaient pas bien observé les mœurs de l'oiseau de saint Benoît. C'est un grand ouvrier. Tous les ans, à Paris, pendant quelques semaines des mois de mars et d'avril, on peut voir les corbeaux des tours de Saint-Sulpice travailler d'un ardent courage sur les platanes du Luxembourg, près la fontaine Médicis : ils en brisent les bourgeons, les gros bourgeons et les petites branches, pour construire leurs nids. Les corbeaux de Tours ne firent peut-être pas autre chose dans le voisinage de M. Dupont ; mais ils le firent d'une façon particulière cette année-là, et, tout en suivant leur instinct, ils parurent obéir à une force mystérieuse, s'acharnant sur

---

[1] M. d'Avrainville, mort le 3 mars 1877, était le compatriote et l'ami de M. Dupont. C'était un ardent dévot de la médaille de saint Benoît. Il a fait imprimer une traduction de l'opuscule du R. P. abbé de Saint-Paul sur la voie d'Ostie : *Origine et Effets admirables de la croix ou médaille de saint Benoît,* in-32. Paris, Ad. Leclère. — A la fin de cette traduction, M. d'Avrainville a ajouté sous le titre de : *Effets de la médaille de saint Benoît au dix-neuvième siècle,* plus de cent pages d'anecdotes, dont plusieurs ont été reproduites par dom Guéranger. Je possède un exemplaire de l'opuscule de M. d'Avrainville où il a pris soin de noter toutes celles de ces histoires où est intervenu M. Dupont.

les peupliers désignés à saint Benoît, de manière à faire remarquer leur manège, qu'on n'avait point observé les années précédentes. Ils se suspendaient par le bec aux lanières d'écorce dont ils dépouillaient les branches, et les arrachaient par grands lambeaux. D'ailleurs, après les ravages des corbeaux, les platanes du Luxembourg, à Paris, restent vigoureux, tandis que les peupliers bordant le jardin de M. Dupont furent atteints dans leur sève et leur vie. La Providence n'a pas besoin de renverser toutes ses lois pour arriver à des résultats singuliers qui doivent complaire à ses serviteurs. Les livres saints déclarent que les moindres désirs du cœur des amis de Dieu seront satisfaits. M. Dupont n'hésita pas à reconnaître l'influence de saint Benoît dans le fait des arbres de son voisin; d'autant que ceux dont les branches ne dépassaient pas son mur semblèrent épargnés, et restèrent florissants. On a rarement vu, en effet, des arbres de cette taille périr sous les attaques des corbeaux. Si singulier qu'il soit, nous ne donnons pas le fait pour miraculeux, et M. Dupont se serait bien gardé d'en prétendre décider. Il n'avait pas à se prononcer d'ailleurs; il riait et disait :

— D'Avrainville a présenté la médaille de saint Benoît,... et les corbeaux sont venus !

En sa conscience, par exemple, dans son for

intérieur, il se tenait désormais pour étroitement obligé de justice envers saint Benoît à donner aux pauvres tous les fruits et légumes de son jardin.

Cet exemple singulier des corbeaux fait bien comprendre l'ordre de sentiments où se tenait M. Dupont, et les facilités qu'il trouvait à entretenir les effusions de son commerce avec Dieu. Il n'avait rien à déterminer, en effet, sur la définition d'un pareil fait, ni de tant d'autres où il se complaisait. Il y admirait avec joie la main de la Providence. Manifestée naturellement ou surnaturellement, il était certain qu'elle s'étendait sur toute sa vie, comme sur les fruits et les semences de son jardin. Se peut-il rien de meilleur et de plus juste qu'une pareille conviction ? et la joie dont elle remplissait le cœur du saint homme n'était-elle pas de bon aloi ?

N'avait-il pas raison de dire que les païens et les mécréants étaient seuls à avoir le droit de s'ennuyer et de se désoler sur la terre ? Les chrétiens n'ont qu'à s'y réjouir : Dieu est avec eux et pour eux.

IV

SITUATION RELIGIEUSE APRÈS 1830

Il faudra de grandes recherches pour connaître une partie de ce que M. Dupont a fait pour les communautés religieuses. C'était sa joie de donner les légumes et les fruits de son jardin aux Petites Sœurs des Pauvres; mais l'idée qu'il avait de la mission de toute âme consacrée à Dieu le pressait de concourir à leur but de toutes ses forces. En ce point, l'imagination de nos lecteurs ne pourra pas même embrasser toute la vérité, quand nous aurons dit que le saint homme fit pour les communautés religieuses tout ce qu'il put, de sa bourse, de sa personne et de ses prières. Combien de vocations il a aidées! combien il a soutenu et suscité de fondations! Il ne faut pas se borner à considérer la ville de Tours. Les bienfaits de M. Dupont, comme ses lettres et ses prières, allaient au delà de la France, au delà même de l'Europe. Nous avons dit qu'on ne pouvait imaginer l'étendue de son commerce.

Cependant, aux premières années de son séjour en Touraine, la rapidité et les facilités des communications étaient loin d'être ce qu'elles sont aujourd'hui. En outre, il faut noter l'isolement où vivait le saint homme et l'espèce de dénûment où était l'Église en France.

En revenant des colonies, M. Dupont avait trouvé les anciennes œuvres catholiques, auxquelles il avait participé dans sa jeunesse, à peu près anéanties ou submergées, tout au moins, par l'esprit de 1830. La Congrégation n'existait plus que pour mémoire, dans certaines villes, à Lyon peut-être. Les diverses entreprises de zèle qui s'y rattachaient sous la Restauration, l'œuvre de Saint-Joseph pour les ouvriers, les réunions pour l'instruction et les catéchismes des enfants de divers âges, étaient éteintes. L'œuvre des bons livres expirait dans des procès et des embarras financiers de toute sorte. Les diverses œuvres nouvelles, qui devaient sortir des débris des anciennes et en rassembler les éléments, se nouaient à peine et s'essayaient timidement. La Propagation de la foi, à peu près seule, avait tenu bon et avait progressé ; mais elle était encore bien petite. Ses recettes, dans le diocèse de Tours, qui se montaient à peine à une centaine de francs avant la révolution de 1830, étaient descendues à 75 et 80 francs en 1831 et 1832. Elles atteignirent en 1833 et 1834 presque 3 et 4,000 francs. C'était encore bien chétif. L'archiconfrérie du saint Cœur de Marie n'était pas établie; la société de Saint-Vincent de Paul s'essayait à peine, et elle était contenue dans l'embryon d'une seule conférence; M. de Lamennais venait de rouler aux abîmes; l'abbé Lacordaire inaugurait ses éloquentes prédications; quelques jeunes prêtres, groupés autour de MM. Gerbet et de Salinis, protestaient obscurément pour l'intégrale vérité; dom Guéranger, avec quatre compagnons, était, le 11 juillet 1833, entré en possession du prieuré de Solesmes, et leur tentative semblait plus extravagante que redoutable. L'esprit bourgeois libéral se tenait pour triomphant partout.

Il s'était assis sur le trône de saint Louis; il avait pillé l'archevêché de Paris; il dominait et inspirait l'administration et tous les pouvoirs. Le gouvernement soutenait qu'il ne professait aucune religion et ne connaissait aucun sacrement; le législateur, par un crime de lèse-nation, déclarait la loi française athée, cette loi qui avait écrit sur ses anciens frontispices : « Vive le Christ qui aime les Francs! » Les municipalités, dans les principales villes, couraient sus, pour ainsi dire, aux prêtres et aux religieuses. Quant aux religieux, il ne fallait pas en parler. On laissait aux sœurs de la Charité, par tolérance, quelque liberté de se dévouer dans les hospices et aux visites des pauvres; mais on leur contestait partout la faculté de disposer des aumônes que les âmes charitables pouvaient confier à leurs mains. L'Université était toute-puissante : le réseau de son monopole enfermait toute la jeunesse. Jamais peut-être, à aucun temps, l'Église n'a paru plus dénuée aux yeux du monde; jamais elle n'avait semblé aussi éloignée de toute participation aux affaires humaines.

Les obligations ou les égards que les pouvoirs publics gardaient encore envers elle, tendaient à l'asservir; et, en veillant sur l'arsenal des lois révolutionnaires, en fomentant les anciens et funestes préjugés, ces pouvoirs espéraient, sans bruit, mettre un sceau sur les lèvres de l'épouse de Dieu et comprimer, sans violence apparente, l'épanouissement de la vérité. Je n'ai pas besoin de dire comment ce triomphe de l'enfer, qui n'a jamais perdu l'espérance de reprendre l'empire du monde, se trouva déjoué, et comment, dans cette faiblesse et malgré l'hostilité de toute la terre, les germes les plus puissants se sont développés.

Nous avons vu refleurir presque toutes les anciennes congrégations, et le nombre des nouvelles est incalculable. La vérité s'est manifestée et définie, la piété s'est affirmée et proclamée. Vive le Pontife infaillible! Gloire à la Vierge immaculée! La lutte, aujourd'hui, est flagrante sans aucun doute. Aucune contrée de la terre ne paraît devoir y échapper; mais partout l'armée de l'Église est formée et ralliée; partout elle connaît et proclame sa devise. Chacun sait qu'elle a du sang à donner en témoignage de sa foi.

On en pouvait douter, ou du moins on pouvait paraître en douter dans l'isolement et le dépouillement où se trouvaient les âmes fidèles au moment où M. Dupont, vers 1834, après être rentré en France, s'installait à Tours. Les congrégations de femmes étaient encore assez nombreuses dans la ville; il n'y avait qu'une toute petite communauté d'hommes, composée de trois ou quatre membres de la Mission, ayant voué leur zèle au ministère des campagnes. Les diverses paroisses offraient aussi quelques noyaux de femmes pieuses qui, sous le titre de dames de la Miséricorde, s'occupaient activement des pauvres et étaient les auxiliaires des sœurs de la Charité. Les hommes restaient isolés, sinon dans leur foi, au moins dans les œuvres de leur foi. Aucune entreprise ne réunissait leurs efforts et ne développait leur influence. M. Dupont, réduit au souvenir des œuvres passées, pratiquait isolément et assidûment les vieilles traditions de la piété.

Il parcourait les anciens pèlerinages de nos pères, il les visitait dans leur délabrement et leur profanation. Il avait été grand chasseur dans sa jeunesse. Il était resté, nous l'avons dit, grand marcheur, et il déployait et entretenaît sa vigueur en multipliant les pèlerinages autour de la ville et au delà du diocèse. Il allait prier à Marmoutier, à Candes, à Ligugé; à Tours même, dans la rue de l'Intendance, il faisait amende honorable sur l'emplacement du chœur de l'incomparable basilique, ce lieu si grand dans notre histoire, si illustre dans l'Église, où, pendant des siècles, reposa le corps du saint et grand patron de la France. La dévotion de M. Dupont interrogeait et réveillait tous ces beaux souvenirs. Tous les hôtes du paradis lui étaient chers, toutes leurs manifestations sur la terre lui étaient précieuses. Il ne s'inquiétait pas des explications triomphantes que la science prétend donner aux miracles. Il allait vénérer le buisson de saint Patrice, ce buisson d'aubépine merveilleux qui fleurit encore, chaque année, au mois de décembre. Une année entre autres, tandis qu'une société savante de Touraine discourait sur le prodige, et le voulait expliquer par quelque cours souterrain d'eau chaude, M. Dupont étalait aux pieds d'une statue de sainte Madeleine (reproduction d'une des *Saintes* de Solesmes) qui décorait la cheminée de sa chambre, un rameau fleuri du buisson de saint Patrice. Il était allé le cueillir. Je regrette de ne plus savoir la date de l'année. Ce n'était pas bravade de sa part : il riait des soi-disant explications que de bons esprits d'ailleurs veulent donner aux merveilles. Il n'en faut pas disconvenir, il aimait les merveilles; son cœur s'y épanouissait sans étonnement et avec complaisance, mais aussi avec une simplicité admirable.

Les plus surprenantes ne l'ont jamais étonné ; elles l'ont charmé toujours. Il y prenait un plaisir extrême et tout à fait naïf. Sans se soucier des philosophes, des sophistes et des imbéciles, dont le nombre est plus prodigieux qu'on ne saurait croire, le saint homme ne riait jamais de si bon cœur que lorsqu'il se trouvait en présence d'une éclatante manifestation de la Providence. Il en a vu beaucoup, on ne saurait trop le redire, et j'espère bien qu'elles seront racontées. Ce n'est pas mon affaire de les relever en détail. Ce que je puis dire, ce que j'ai vu maintes fois, ce dont je puis témoigner, c'est l'attitude du saint homme, voyant éclater entre ses mains et palpant, pour ainsi dire, la puissance divine. On eût pu le comparer alors à un enfant jouant avec le doigt de sa mère. Ce que je tiens surtout à signaler, c'est le caractère enfantin de sa joie. Connaît-on cette gaîté des amis de Dieu? cette gaîté qui vient du fond de l'âme et s'y épanouit comme la sève au sein d'une fleur? C'est une grâce, un rapport d'ensemble et de diversité, quelque chose de libre, de séant et d'aimable qu'on goûte, dont on jouit et qu'on ne saurait définir. C'est la plénitude de la vie et le sentiment de la lumière. Rien de gourmé, de contraint ni de comprimé. M. Dupont aimait Dieu, il possédait Dieu : comment n'eût-il pas été bien aise? Rien ne pouvait altérer l'épanouissement de son humeur.

Il était discret d'ailleurs, et ne se prodiguait pas. Entre amis, il avait le mot pour rire, et dans les matières les plus sérieuses. Ce rire n'était pas la raillerie. Il faut avoir vécu avec les amis particuliers et intimes de Dieu, pour se rendre compte de ce que je me déclare ici impuissant à exprimer. M. Dupont se réjouissait, je n'ose dire, s'honorait, — le mot serait impropre; — il se réjouissait de son commerce avec Dieu, des diverses manifestations de la Providence à son égard, de sa piété et de sa dévotion envers cette aimable Providence, de la profession qu'il faisait de la connaître et de l'aimer, de la cultiver et de l'honorer; il s'applaudissait des services et du culte qu'il lui rendait, des divers pèlerinages qu'il aimait tant à accomplir. Il prenait même familièrement le titre de Pèlerin. Entre amis, on le lui donnait volontiers. Il se reconnaissait à cette dénomination, et y répondait tout autant qu'à son nom propre. Le cher Pèlerin, pour l'appeler comme j'ai fait tant de fois, gardait sa réserve. S'il était toujours prêt à accueillir, il ne cherchait pas beaucoup à aborder. Il demeurait avec Dieu, et ne songeait point à se dissiper dans le commerce des hommes. Il restait étranger à tout; il était vraiment le pèlerin, et passait au milieu du monde. Il ne voulait tenir à rien sur la terre. A Tours, il avait uniquement accepté d'être membre de la Fabrique de la paroisse Saint-Martin, dont le siège est à l'église cathédrale. Encore fuyait-il avec soin les petits honneurs que ce titre eût pu lui valoir, au palais de l'archevêché ou ailleurs. Il restait isolé; il le voulait être, et la prière était son véritable et unique lien avec les hommes : lien puissant, nous l'avons dit, dont les nœuds s'étendaient chaque jour, d'une façon sinon mystérieuse et prodigieuse, du moins bien particulière et bien surprenante.

Ce n'était pas seulement les œuvres importantes qui se fondaient alors ou se développaient, qui avaient recours à son influence ou entraient en rapport avec lui. La Providence ménageait les circonstances et le mettait en communication avec les âmes les plus cachées et les plus ignorées, celles qui vivaient au fond du cloître, celles que leur obscurité dissimulait à tous les regards. Il était en relations de prières avec Marie-Eustelle, cette humble ouvrière de Saint-Palais, près de Saintes, que personne, à peu près, en dehors de cette ville, n'avait connue, pour ainsi dire, durant sa vie, ni même après sa mort, avant que S. Ém. le cardinal Villecourt ait publié ses merveilleux écrits. C'est chez M. Dupont que j'ai vu le capitaine Marceau et son héroïque mère. Le capitaine de Cuers, mort supérieur des prêtres du Très Saint Sacrement, était son correspondant, comme aussi le fondateur de la même congrégation, le vénéré P. Eymard. M. Dupont avait gardé, de sa jeunesse, des rapports familiers avec la sœur Rosalie, et nous aurons à parler de sa visite au curé d'Ars. Le P. Hermann et tant d'autres âmes ardentes, les prêtres des missions les plus lointaines et les plus ardues étaient en rapports de lettres et de prières avec lui. Dom Guéranger en était aux relations d'intimité. Tout ce qui aimait, pratiquait et connaissait le bien, avait quelque accointance avec la petite maison de la rue Saint-Étienne à Tours.

Les cœurs voués au culte eucharistique, au soulagement des âmes du purgatoire, au secours des agonisants, à l'amour des pauvres, au culte de la sainte Vierge et des saints; tous ceux qui aimaient Dieu enfin, qui s'industriaient pour sa gloire et l'illumination du prochain; ceux qui restaient obscurs et inconnus, perdus dans leur dévouement, petits par leur naissance, oubliés dans leurs efforts de prières et de charité; ceux aussi appliqués publiquement et glorieusement, pour ainsi dire, au service de l'Église, et respectés de tous dans leurs travaux les plus délicats, les plus difficiles et les plus étendus, tous éveillaient ou recevaient quelque écho de cette pieuse maison. Mme Barat y avait des intelligences. Combien d'âmes, dont nous ignorons les noms, qui, dans les cloîtres ou dans les œuvres laïques, ont travaillé efficacement et aux yeux de Dieu seul à la gloire de son Église, ont trouvé dans cette maison quelque correspondance et quelque secours! N'était-ce pas pour entrer en relation avec M. Dupont que la sœur Saint-Pierre, dont nous aurons à parler longuement, avait été providentiellement conduite à Tours?

Il n'est peut-être pas une seule des œuvres pies de nos jours où le nom du serviteur de Dieu n'ait été mêlé d'une manière ou d'une autre. Aux derniers jours de sa vie, la Providence a voulu associer ce bon serviteur, d'une façon particulière et directe, à la défense du sol de son pays. C'est une œuvre chrétienne de défendre sa patrie. Quand cette patrie s'appelle la France, c'est une œuvre où s'intéresse toute l'Église. *Historia ecclesiastica Francorum*, disait notre premier historien.

V

LA RÉPARATION. SAINT MARTIN, LA PRIÈRE. LES PÈLERINAGES ET LA PÉNITENCE

L'historien de M. Dupont n'aura pas de peine à coordonner les diverses circonstances de sa vie et à en faire voir l'unité. Tout, dans la piété et les actions du saint homme, doit être rapporté à un mobile unique : la réparation. On peut ajouter que presque tout s'est accompli à l'intercession et par la puissance de saint Martin.

Nous avons bien dit que M. Dupont aimait et honorait tous les saints. Il n'est pas un seul des amis de Dieu qu'il eût voulu négliger, et nous avons indiqué son commerce intime avec le grand patriarche saint Benoît, dont il propageait la médaille et la dévotion d'une manière efficace et vraiment prodigieuse. Il n'est pas un acte ou un exercice de prières autorisé par l'Église dont il eût voulu s'affranchir. On ne saurait trop le redire : il aimait tout, il pratiquait tout. La réparation des outrages adressés à Notre-Seigneur était néanmoins le principe, la règle, le but de toute la vie du cher Pèlerin. Bien avant les circonstances qui précisèrent et définirent, à ses yeux, le mode et le symbole de cette dévotion, elle était l'inspiration de sa prière. Il aimait trop Notre-Seigneur pour ne pas sentir l'amertume de l'oubli où on le laisse, des outrages dont on l'abreuve, des blasphèmes en paroles et en actes dont les mœurs du jour, la civilisation, les désordres et les triomphes du siècle, les principes de nos lois, les prétendues conquêtes et même les simples études de la science ne cessent de lui prodiguer.

A la désolation du chrétien et du fils de l'Église se mêlait dans l'âme de M. Dupont une douleur patriotique. Enfant des colonies, il aimait la mère patrie comme l'aime celui qui est né loin d'elle et qui a longtemps été privé de sa présence. Chrétien, il aimait en outre la France avec une sorte de pieuse fierté, parce qu'elle est la fille aînée de l'Église. Mais ce titre, dont il savourait la gloire, ne pouvait être à ses yeux un titre stérile : il entraînait des devoirs particuliers et des obligations rigoureuses, dont l'oubli et la rupture apparaissaient à l'âme dévote de notre Pèlerin comme des blasphèmes incomparables et véritablement infâmes. L'énormité d'un pareil crime lui faisait sentir la nécessité d'une protection et d'une intercession puissantes. Là était le mobile de sa piété envers saint Martin. On y démêle le besoin de réparation dont son cœur avait soif. Quel peuple sur la terre a jamais eu un patron plus glorieux? quel peuple a reçu de son patron des gages plus efficaces de secours? et quel peuple a jamais autant négligé et insulté son protecteur? La Révolution s'est acharnée à Tours sur les divers monuments consacrés à saint Martin. Saccagés d'abord, ces édifices ont été détruits à froid, avec une application, un soin et un calcul abominables. Ce n'est pas la fureur populaire et ses effervescences qui ont fait disparaître les sanctuaires du sol de la Martinopole, comme on disait glorieusement il y a plus de mille ans. Le crime s'est consommé régulièrement et légalement, à ces moments (1802) où la rue était tranquille et où les rouages administratifs fonctionnaient sans obstacle [1].

Lorsque M. Dupont s'installa à Tours, on eût pu croire que toute mémoire du Saint était complètement effacée de l'âme du peuple. Le nom du grand thaumaturge passait pour ridicule. C'eût été un acte de foi et une protestation dont l'énergie eût effarouché même des parents chrétiens, de faire porter à un enfant le nom agréable à Dieu et aux anges du grand et puissant patron de la France. Aucune église à Tours n'était consacrée sous ce vocable; un petit hôpital, confié à des religieuses augustines, était seul à s'en

[1] Nous donnons plus loin, à l'appendice, quelques détails historiques sur la destruction de la basilique (1797-1802).

enorgueillir. Un souvenir, à peine sensible à la masse du peuple, vivait cependant comme mystérieusement parmi les fidèles. La paroisse dont le siège était à l'église métropolitaine, était placée sous l'invocation du grand saint, dont les huguenots avaient, en 1562, brûlé le corps. Quelques vestiges échappés à leurs fureurs et sauvés aussi de celles de la Révolution, attiraient à certains jours un petit nombre de chrétiens, gardiens obscurs des anciens souvenirs. Une âme dévote avait même fait une fondation, afin que tous les ans, au mois de novembre, une neuvaine fût prêchée à la fête de saint Martin. De là aux immenses pèlerinages qu'on a vus à Tours ces dernières années, à la découverte et à la restitution au culte du tombeau de saint Martin, à l'entreprise de la reconstruction de l'antique basilique d'Hervé, souvenir de celle de saint Perpet, il y avait loin. Il y a eu tout le travail de M. Dupont, aussi sensible et aussi visible que si le saint homme ne se fût pas appliqué à se retirer du commerce des hommes et à suivre dans le silence et l'oubli la seule voie des conseils de Dieu.

Les premières années de son séjour à Tours furent comme des années de préparation, préparation qu'on eût pu déjà prendre pour une perfection, et dont nous croyons avoir indiqué le dessein à nos lecteurs. Vie de prière avant tout et vie de charité; tous les instants en étaient, à la lettre, consacrés à Dieu et aux pauvres : c'est toujours dire à Dieu. Déjà le souci, le désir, le besoin de la réparation possédait notre Pèlerin; et, sans connaître la dévotion efficace à laquelle il devait avoir recours, il essayait de toutes celles qui étaient à sa portée. Il voulait, avons-nous dit, reprendre, et il désirait aussi réveiller les anciens errements de la piété de nos pères. Il recherchait tous les lieux de dévotion qu'ils avaient fréquentés; il visitait les anciennes églises profanées; il glissait dans leurs ruines des médailles de saint Benoît, espérant que l'intervention et la puissance du grand patriarche expulseraient Satan, qui a livré à des usages profanes ou même abominables les pierres jadis consacrées au Seigneur. Le pauvre Pèlerin, comme il aimait à s'intituler, n'a perdu aucune de ses démarches devant Dieu; il ne les a pas toutes perdues devant les hommes. Sans parler des vestiges de Saint-Martin glorieusement restitués au culte, l'ancienne abbaye de Saint-Julien, la grande chapelle des Minimes, ont été aussi rendues à la prière. Plusieurs églises dans la ville sont encore outragées. Le théâtre souille toujours le sol où s'élevait autrefois la chapelle des Cordeliers; au moins le vaisseau de l'église a-t-il été détruit, et les pierres du sanctuaire sont dispersées! Hélas! il faut regarder cet accomplissement de l'anathème divin pour une consolation. Que d'églises en France sont encore aujourd'hui livrées à la puissance de Satan ! M. Dupont les embrassait toutes dans une douloureuse vénération; il rendait ses hommages à toutes celles qu'il pouvait visiter. A Tours, il conduisait ceux de ses amis et de ses visiteurs qui pouvaient comprendre cette dévotion, sur tous les lieux vénérables et outragés qu'il avait pu reconnaître. Un saint ecclésiastique étranger au diocèse, uni à M. Dupont par les liens les plus intimes et par le désir ardent de la réparation, un prêtre qui fut mêlé plus tard d'une façon particulière à la dévotion réparatrice de la Sainte-Face, M. l'abbé Botrel, expert dans toutes les conduites de Dieu, s'associait volontiers, quand il passait à Tours, à cette visite des églises profanées. M. Dupont en comptait quatorze dans la seule enceinte de la ville. Les deux amis se rendaient, la nuit, sur leurs divers emplacements; ils s'y prosternaient pour demander pardon à Dieu et lui offrir au moins la réparation de leurs prières. Que pouvaient-ils davantage? M. Dupont appelait ces visites son chemin de la croix.

En dehors de la ville, il n'était pas aux environs un seul endroit que nos ancêtres aient vénéré, où il ne tînt à porter ses hommages. Les madones si nombreuses dans nos campagnes, les madones les plus méconnues et les plus oubliées, étaient l'objet de sa dévotion. Il en a relevé et fait relever plusieurs. Dans l'intérieur de la ville, il connaissait toutes les saintes images, ou même les vestiges des saintes images qu'on pouvait discerner encore au coin des rues ou aux porches des maisons; il ne manquait pas de les saluer en passant, et quelquefois il se détournait de son chemin pour aller leur rendre ce petit devoir de piété. D'habitude, par les rues, il s'entretenait dans le fond de son cœur avec Dieu, ou récitait le chapelet. Mais il aimait à nourrir sa ferveur par ces témoignages d'amour et de respect aux anciennes dévotions. S'il tenait à honorer ces expressions particulières, oubliées ou outragées, de la piété personnelle de quelqu'un des chrétiens qui l'avaient précédé sur la terre, combien était-il dévot et respectueux pour les souvenirs des dévotions publiques! S'il courait à Candes ou à Ligugé pour honorer le grand patron de Tours, il ne manquait pas de vénérer dans la ville même et ses environs les diverses stations de saint Martin et des reliques de saint Martin : Marmoutier, Saint-Martin-le-Beau, Saint-Martin de la Basoche, étaient souvent visités par lui. Au delà de la ville, au delà du diocèse, là où ses pas ne pouvaient atteindre, son imagination ne connaissait pas de limites. Il allait par la pensée honorer partout les anciens sanctuaires; ceux de la mère de Dieu l'attiraient encore plus que tous les autres.

De concert avec un prêtre du diocèse de Rouen, M. l'abbé Bodet, il composa un ouvrage en deux volumes, sous le titre de : *Pèlerinages aux sanctuaires de la mère de Dieu* ou *Année de Marie*[1]. Leur désir était de réveiller l'esprit de pèlerinage et d'en ressusciter, pour ainsi dire, la pratique.

Qui pensait aux pèlerinages en 1841 ? M. Dupont connaissait et sentait la force et la vertu de cette antique dévotion. Ce que l'Église a fait, ce qu'elle a accompli, recommandé et ordonné, est toujours bon à faire. Avec le juste et sain discernement des choses, avec cet esprit pratique qu'il possédait au suprême degré, M. Dupont avait compris qu'avant de songer aux actes de pèlerinage, il fallait en restaurer l'esprit, pour ainsi dire : c'était le but de son livre.

Il ne l'offrait pas à la piété des serviteurs de Marie sans l'avoir soumis à l'examen et présenté à l'approbation de l'autorité ecclésiastique. Fort de cette approbation, il rappelait aux hommes sensés qu'ils devaient lire sans surprise les récits des miracles : « les hommes sensés », disait-il, « ne doivent-ils pas savoir, que tout est possible à Dieu ? »

---

[1] 1842, in-18. Mame.

C'était là une précaution oratoire. En 1841, elle devait être absolument nécessaire ; peut-être s'en affranchirait-on plus cavalièrement aujourd'hui ? Les hommes du siècle sont plus familiarisés qu'il y a quarante ans avec la pensée des miracles.

M. Dupont, après avoir rappelé au lecteur fidèle qu'il doit, sans surprise et sans prévention, accepter les récits des miracles, lui fait remarquer que les sanctuaires élevés à la mère de Dieu ont été témoins de beaucoup de merveilles ; il signale les sentiments délicieux dont est inondé le chrétien fidèle prosterné devant les autels de Marie ; comme il y « répand son cœur » ; comme il s'y trouve « soulagé des douleurs du corps et des peines de l'âme » ; il ajoute : « Les pieux voyages faits aux sanctuaires de la sainte Vierge représentent cet autre voyage qu'on nomme la vie ; devant les autels de la sainte Vierge, le chrétien fidèle fait une halte, pour ainsi dire, dans son laborieux pèlerinage vers la patrie céleste ; il prend de nouvelles forces pour marcher avec plus d'ardeur vers le terme de sa course mortelle. » Après avoir fait envisager l'utilité et le bienfait des pèlerinages, le discret écrivain se hâte de remarquer que l'accomplissement en peut être difficile. « Hélas ! » dit-il, « tous les fidèles ne peuvent pas, aussi souvent qu'ils le voudraient, offrir à Marie leurs hommages et leurs prières dans les temples qui lui sont consacrés. Heureusement, il est plusieurs manières de les visiter. Ceux à qui il n'est pas donné de s'y transporter réellement, peuvent y aller en esprit. » Il explique ensuite la pratique et expose les fruits de ces visites spirituelles. « Puisant », conclut-il, « aux joies pures et aux nombreux avantages des pèlerinages spirituels, notre cœur a été pressé d'un désir ardent d'ouvrir ce trésor de grâces aux âmes fidèles ».

C'est dans ce but qu'il a composé, recueilli et réuni les diverses petites notices des deux volumes. Elles sont intéressantes, tirées de livres approuvés, comme s'en targue l'auteur, puisées aux sources authentiques. Elles donnent un abrégé historique et rapide avec une description sommaire des plus célèbres sanctuaires du monde. « Parfois », remarque l'auteur, « nous avons à pleurer sur des ruines. Dans les siècles malheureux, il s'est rencontré des hommes pervers qui, bien loin de rendre amour pour amour, ont témoigné de la plus noire ingratitude et n'ont eu dans leurs cœurs, pour répondre à des bienfaits, que haine et mépris... Sur ces tristes ruines, auprès de ces images brisées, nous verserons des larmes amères : elles honoreront Marie et appelleront sur les pécheurs ses précieuses bénédictions. »

Voilà la fin : familiariser les chrétiens avec la pensée des pèlerinages, éveiller dans les âmes une pensée de réparation. Nous n'avons pas besoin d'examiner le livre de M. Dupont. En le publiant, il se défendait de proposer une dévotion nouvelle. Mais en appelant les fidèles à cette ancienne dévotion des pèlerinages, il ne se bornait pas aux récits merveilleux des grâces obtenues par l'intercession de la sainte Vierge, ou proposées par cette divine Mère. Après chaque notice historique, l'auteur offre à son lecteur, outre une brève invocation à la sainte Vierge, une méditation sur les vérités essentielles de la religion. L'aliment que la piété peut tirer de l'ensemble de ces *méditations* est substantiel. Faut-il remarquer que le protestantisme, sans tenir une grande place dans ces *méditations,* y revient cependant peut-être assez volontiers? Il y a là une marque du temps. La ville de Tours était en butte à une propagande huguenote fort active, surtout auprès des pauvres. M. Dupont, chez ceux qu'il fréquentait, avait souvent occasion de rencontrer les traces de ce travail satanique. Il ne faut pas s'étonner qu'il s'en soit préoccupé.

Les *méditations,* d'ailleurs, sont surtout l'œuvre de son collaborateur. Pour lui, il s'était particulièrement réservé la partie historique. Il avait visité plusieurs des sanctuaires qu'il décrit, il avait recherché des documents sur le plus grand nombre. Voici la façon de procéder qu'il proposait à ses correspondants. « Vous vous disposez », écrivait-il à l'un d'eux, « à faire le pèlerinage : vous aurez le bonheur d'accomplir vos pieuses dévotions dans la chapelle privilégiée, et, muni de quelques documents historiques, vous me rendrez compte de ce que vous aurez vu et éprouvé. Si un petit croquis de l'extérieur de l'église était joint à la notice, ce serait merveilleux. Faites cela, et vous me rendrez service, et je ne crains pas de m'aventurer en disant que vous remporterez à cette occasion quelques bonnes grâces bien précieuses. »

Les petits croquis de l'extérieur ou de l'intérieur des églises abondent dans le livre. M. Dupont remplissait lui-même exactement la pratique qu'il recommandait. Il consultait les anciens documents; dans combien de chapelles privilégiées n'a-t-il pas accompli ses pieuses dévotions? Muni des documents historiques, il a rendu compte de ce qu'il avait vu et éprouvé. Nous avons de sa façon de procéder un témoignage spontané et naïf dans une lettre d'une religieuse, Irma Le Fer de la Motte [1], qui, au moment de s'embarquer

---

[1] Sœur François-Xavier, morte à Sainte-Marie des Bois, diocèse de Vincennes, dans l'Indiana, le 31 janvier 1846. Une de ses sœurs a publié un recueil de ses lettres sous le titre de : *Une Femme apôtre,* in-8°, Lecoffre, 1879.

pour l'Amérique, se rendant du Mans au Havre, rencontra, dans une voiture publique, M. Dupont en course de pèlerinage. C'était en 1841. Il mettait la dernière main à l'*Année de Marie*.

Cette rencontre d'Irma Le Fer, qui fut la cause des relations de M. Dupont avec Saint-Servan, et par suite avec les Petites Sœurs des Pauvres, est une circonstance notable dans la vie de M. Dupont; et le témoignage que la sœur François-Xavier, la femme apôtre, rend du saint homme, à première vue, est trop intéressant et trop vivant pour n'être pas ici reproduit en entier.

C'est à sa mère qu'Irma écrit et décrit à sa façon, cette façon gracieuse, souriante, enthousiaste, pleine de sincérité, de traits et d'imagination, qui assure à la sœur François-Xavier une place de choix parmi les écrivains de nos jours; elle s'applique et elle insiste d'autant plus à sa description que personne alors dans sa famille ne connaissait le saint homme.

« Au Havre, 7 août 1841.

« Le Seigneur, dans sa bonté, » dit-elle, « m'a donné pour compagnon de route un pieux homme du monde nommé M. Dupont, habitant Tours. Il était avec moi dans le coupé. Nous avons passé une nuit comme à la porte du Paradis. Nous avons parlé de Jésus et de Marie tout le temps. Il est vingt-cinq fois plus dévot que moi. Il m'a fait dire après mon chapelet je ne sais combien de bons *Ave* pour la conversion ou la persévérance de personnes qui en avaient besoin ; puis nous avons fait, de onze heures à minuit, notre chemin de croix sur un crucifix indulgencié. Tour à tour nous méditions tout haut. Quand il me l'a proposé, j'ai pensé que cela allait me faire rire ou m'inspirer de la vanité si j'avais de belles pensées. Hélas ! ma mère, si vous saviez quelles profondeurs de foi, de simplicité et d'amour il y a dans le cœur de cet homme ! Au lieu de rire, je pleurais tout bas. Nous ne pouvions nous arracher de la croix de Jésus, au pied de laquelle nous trouvions Marie. Tous les voyages de cet homme vraiment apostolique sont des pèlerinages à la sainte Vierge, puis il les réunit dans un cahier qu'il va faire imprimer prochainement. Il y en aura un pour chaque jour de l'année, suivi de méditations composées par un prêtre de ses amis. Il va venir en Bretagne étudier de près les miracles de Notre-Dame; il ira à Saint-Jouan, en commençant par Notre-Dame de Lorette, cet humble petit pèlerinage. Ah ! avec quel plaisir je lui ai donné cette adresse ! Il verra la petite chapelle de ma grand'mère, il vous verra. C'est un saint, c'est un ange que Dieu m'a envoyé sur ma route pour me soutenir, m'humilier, car je suis un ver de terre devant sa profonde foi, son humilité si sublime. Chaque fois qu'il apercevait un clocher, il récitait en latin une prière de saint François d'Assise. « Là et dans toutes les « églises du monde, vous êtes présent, ô Jésus! » Et puis son âme se fondait en pensant à l'amour de Notre-Seigneur. Je me suis endormie, mais lui a continué ses oraisons jusqu'à ce matin. Lorsque je me suis réveillée, il m'a dit, d'après une sainte : « Il faut parler de Dieu ou se taire. » Nous en avons parlé de ce bon Sauveur; et, pour profiter de ses conseils et de ses exemples, je vous en parle à mon tour de ce Jésus si tendre, si généreux pour votre enfant. »

Saint-Jouan et Notre-Dame de Lorette, cet humble petit pèlerinage, ont en effet leur place dans l'*Année de Marie*. Notre-Dame de Lorette tenait d'autant plus au cœur d'Irma, que la chapelle, bien que consacrée à un pèlerinage, dont un joli croquis est publié dans le livre de M. Dupont, est construite dans une propriété particulière qui appartient à la famille Le Fer.

Faut-il, dans l'économie de ce livre, constater la discrétion de l'écrivain? Il lui eût été facile de recueillir ou de rédiger trois cent soixante-cinq notices sur les sanctuaires de la Mère de Dieu, qui sont assez multipliés dans l'univers catholique. Il eût souhaité remplir ce nombre; il a préféré se borner. Nous avons signalé le caractère de réserve et de modération qu'il savait garder en toutes choses. Certes il souhaitait faire pénétrer dans toutes les âmes sa foi et son amour; il savait attendre le moment, et il ne voulait agir qu'en consultant la Providence et en provoquant ses réponses.

A l'occasion, il savait répondre aux outrages adressés à Dieu. Son esprit vif, ardent, s'armait alors de paroles brûlantes, subtiles et aiguisées, qui le rendaient redoutable et n'étaient pas tout à fait inutiles à confirmer le respect que sa vertu et son grand air pouvaient imposer. On cite quelques-unes de ces ripostes de M. Dupont, indignées ou railleuses : elles emportaient la pièce et étaient sans réplique. Il ne cherchait pas cette guerre, mais il ne fallait pas l'y provoquer. Il savait même soutenir la cause du prochain fidèle qui faisait profession de servir Dieu. Mais ces emportements, si j'ose prendre ce mot, n'empêchaient pas la réserve et la discrétion habituelles.

A sa vie de prière, à son continuel souci de la gloire de Dieu, il unissait une vie de pénitence. L'idée de la réparation comporte la prière et la pénitence : il n'y a pas de fervente prière sans mortification corporelle. M. Dupont, dont le coup d'œil était sûr en toute question de doctrine et de spiritualité, n'a jamais méconnu ce rapport et cette vérité. Il aimait, à l'aide d'images, à nourrir ses inspirations et ses mouvements de piété. Il remarque que c'est en considérant, après la communion, une petite image de sainte Térèse qu'il comprit la nécessité de vivre dans les voies de la pénitence. Peu après, il reçut à ce sujet une bien plus vive lumière en lisant dans la vie de cette grande sainte écrite par elle-même : « Je déclare n'avoir commencé à comprendre les choses du salut que du jour où je me déterminai à ne point avoir d'égards pour mon corps. »

« Combien je regrette, » ajoute M. Dupont en rappelant ces faits dans son testament, « combien je regrette de n'avoir pas suivi cette lumière avec plus de foi et de courage! J'avais quarante ans : j'aurais pu mieux vivre, et me voilà honteux de n'avoir à présenter au souverain Juge qu'une vie pauvre et tiède. » Ces regrets doivent être une lumière pour l'historien.

La vue de la grandeur et de la bonté de Dieu transportent les âmes d'élite. L'amour les pousse à des pénitences effroyables. Il faut se souvenir de Benoît Labre. Le regret et la honte de M. Dupont laissent entrevoir une série de macérations dont l'historien aura peine à pénétrer le détail. Elles ont dû aller s'accroissant durant la longue vie du cher Pèlerin. Il savait les dissimuler aux yeux des hommes; et son air enjoué, sa bonne et gracieuse réception, les politesses mêmes de sa table et les instigations bienveillantes de l'hôte n'en pouvaient rien laisser deviner. Il savait vivre avec les hommes comme il savait vivre avec Dieu.

Il a marqué lui-même le jour où il reçut cette intelligence particulière du prix et de la nécessité de la pénitence. Ce fut le 22 juillet 1837. Il avait auprès de lui, en ce moment, sa mère et sa fille, dont la présence, tant qu'elles ont vécu, a dû contraindre le feu de son ardeur, et retenir quelque peu la pratique de ce grand dessein de ne plus avoir d'égards pour son corps. Il se rattrapait, sans aucun doute, de quelque autre manière, de ce qu'il ne pouvait faire ostensiblement. Les âmes d'élite, une fois qu'elles sont affolées du désir et du goût de la lumière, triomphent toujours des obstacles. Ils ne sont placés devant elles, d'ailleurs, que pour les éprouver ; et, d'un côté ou d'un autre, elles parviennent toujours à courir vers cet abîme de l'amour divin où elles voudraient se plonger et se fondre. M. Dupont était de ces âmes énergiques et violentes qui ravissent le ciel. Il est bien évident, pour tous ceux qui l'ont un peu connu, qu'il n'a négligé aucun moyen de connaître Dieu et de le pénétrer. Du moment qu'il comprit la relation qui existe entre la pénitence et l'amour de Dieu, la pénitence fut de son goût.

Il l'embrassa et la pratiqua aussi immodérément que l'autorisèrent ses directeurs : aucun détail, si redoutable qu'il soit, vérifié et raconté par l'historien, ne saurait étonner les amis de M. Dupont, puisqu'ils doivent mesurer la vigueur de sa pénitence à la vigueur même de son amour.

VI

LES PETITES SŒURS DES PAUVRES

Lorsqu'il reçut cette lumière particulière, pénétrante, efficace, des rapports de la pratique de la pénitence avec l'intelligence des choses divines, M. Dupont était à la campagne avec sa fille. L'éducation d'Henriette Dupont, selon le vœu de sa mère mourante, avait été confiée au couvent des Ursulines de Tours, que gouvernait alors une femme vraiment supérieure. Les vacances d'Henriette furent le temps, et sa santé parfois, l'occasion de divers voyages. Comme on a pu rendre témoignage que, depuis la mort de sa mère, Henriette, hormis le temps de son séjour au couvent, ne fut jamais hors des regards de son père ou de son aïeule, M. Dupont et sa vénérable et sainte mère accompagnaient cette enfant chez les membres de la famille qu'on lui faisait visiter, aussi bien qu'aux eaux qui pouvaient lui être recommandées, selon l'usage ou la mode des temps nouveaux, dans les familles un peu aisées. Je ne dis pas qu'en fait de saisons balnéaires, M. Dupont n'ait pas eu du choix. La santé de sa fille semblait lui en laisser pleine liberté. Il la conduisit, plusieurs années, aux bains de mer, et il allait volontiers à Saint-Servan, où Irma Le Fer lui avait fait nouer des relations. Un couvent lui donnait l'hospitalité. L'abondance et la qualité des baigneurs n'amenaient ni luxe ni tapage dans ce petit port breton.

Naturellement, M. Dupont, à Saint-Servan comme ailleurs, recherchait et savait trouver les âmes et les œuvres privilégiées de Dieu. Il était entré dans l'intimité de la famille Le Fer de la Motte, habituée à donner ses enfants à l'Église et à la patrie. Sœur François-Xavier l'avait aussi mis en rapport avec l'étonnante fondatrice de Sainte-Marie des Bois [1], au diocèse de Vincennes, dans l'Indiana, la bonne mère Saint-Théodore [2], originaire elle-même de Bretagne. Celle-ci, quand elle vint en France, en 1843, quêter pour sa mission en péril, trouva à Tours aide et conseil auprès de M. Dupont. Les diverses communautés religieuses de Saint-Servan avaient aussi des relations avec lui, et il assista aux commencements de l'œuvre des Petites Sœurs des Pauvres. Elles étaient trois Sœurs à peine, quand il les connut pour la première fois [3];

---

[1] LES SERVITEURS DE DIEU, tome Ier. *Sainte-Marie des Bois*.
[2] Morte à Sainte-Marie des Bois (Indiana), le 24 mai 1846.
[3] LES SERVITEURS DE DIEU, tome I, *les Petites Sœurs des Pauvres*.

et leur fondateur, l'abbé Le Pailleur, était le dernier vicaire de la paroisse. M. Dupont fut ainsi témoin des infimes progrès des premiers jours de cette institution, étendue aujourd'hui sur les deux mondes. Il en suivit les développements, insensibles d'abord, et y aida de sa bourse comme de ses conseils et de ses prières. Pouvait-il rester indifférent à de pareilles merveilles ? Après avoir vu s'élever la maison de Saint-Servan, il connut les surprenantes fondations de Rennes et de Dinan. Il prépara celle de Tours : nous voulons dire dans quelle mesure; son intervention à la fondation de cette quatrième maison de l'Institut des Petites Sœurs des Pauvres est tout à fait caractéristique, à notre avis, et elle accuse quelque trait particulier de ce grand serviteur de Dieu.

Touché et émerveillé de l'humilité et de l'abnégation de ces nouvelles servantes des pauvres, il était entré en rapports assez intimes avec leur fondateur. Dans l'humble et modeste vicaire de la paroisse de Saint-Servan, vivant à l'écart et plongé dans toutes les tribulations de l'enfantement, il avait reconnu et goûté une âme et une lumière de choix. Ces deux hommes de prière devaient se convenir. La Providence se servit plus tard des relations qu'ils avaient formées, pour le développement et même le perfectionnement de l'admirable congrégation dont elle a fait dans ces derniers temps un si prodigieux instrument du salut des âmes.

Sans pouvoir deviner le développement miraculeux que la Providence préparait à cette œuvre de miséricorde, M. Dupont en avait, dès la première vue, saisi et compris l'esprit de piété et de religion; il en avait senti l'inspiration énergique et vraiment surnaturelle. Il avait été tout de suite gagné à l'œuvre nouvelle; et bien des fois, durant ses divers séjours à Saint-Servan, il conduisit sa fille, tout enfant, visiter les vieillards de l'asile et s'associer, en quelque sorte, aux travaux surhumains de ces premières Petites Sœurs.

Bien qu'il fût jaloux de la gloire de Dieu en toutes choses, il était discret, nous le savons, et discret même avec la Providence. Il gardait envers elle, pour ainsi dire, beaucoup de réserve, ne sachant la solliciter et la violenter qu'à genoux. Il eût été heureux de doter la ville de Tours d'une maison de Petites Sœurs des Pauvres. En parla-t-il autour de lui? chercha-t-il véritablement et sérieusement quelque moyen de préparer la fondation? Volontiers il se contentait de faire une proposition : son vrai moyen d'action était la prière. Il pria et attendit. Il y avait donc plusieurs années déjà qu'il connaissait les merveilles de Saint-Servan, lorsqu'une parente de cette sœur Saint-François-Xavier que nous nommions tout à l'heure, se rendit, elle aussi, de Tours à Saint-Servan pour une saison de bains. Elle connaissait par correspondance, et peut-être aussi par les récits de M. Dupont, les merveilles des Petites Sœurs des Pauvres. Ce qu'elle vit dépassa tout ce qu'elle avait imaginé. En présence de ces splendeurs du dévouement, l'âme chrétienne dont je parle, et dont, tant qu'elle a vécu, je n'ai jamais voulu publier le nom [1], bien qu'il ait une place assurée et toute particulière dans l'histoire des Petites Sœurs des Pauvres; cette âme droite, mais timide, timorée même, et l'on pourrait presque dire scrupuleuse, fut saisie de cet enthousiasme féminin qui ne voit plus les obstacles : elle se promit, elle se promit énergiquement de procurer aux pauvres de Tours, dont elle connaissait les immenses besoins, le bienfait assuré à ceux de Saint-Servan.

L'âme dont je parle se trouvait par elle-même dépourvue de ressources; elle était sans crédit, par caractère peut-être plus que par situation; elle vivait à Tours, isolée de la plupart des œuvres existantes, cachée à tous et désirant se cacher à elle-même. Elle ne pouvait fonder, elle se promit de susciter un établissement de Petites Sœurs des Pauvres. Elle consulta sur ce

---

[1] Mlle Henriette Chicoisneau de la Valette, morte dans un âge avancé, pleine de vertus et de bonnes œuvres, en 1877.

projet M. Dupont, qui ne pouvait que l'y encourager, et tous deux s'enquirent des conditions qui permettraient à quelques Sœurs de s'éloigner de la Bretagne et de s'en aller dans un pays lointain, — nous parlons encore du temps où les chemins de fer n'étaient pas multipliés, — séparées de leurs Sœurs et de leur fondateur, travailler au salut des âmes. Nous avons dit ailleurs [1] les deux simples conditions que les Petites Sœurs réclamaient alors : l'agrément des autorités religieuses et civiles, et l'autorisation de mendier. L'exiguïté de ces demandes les rendait incroyables : on traitait volontiers de fables les merveilles que la sainte personne dont nous parlons avait à raconter de Saint-Servan. Les circonstances particulières que l'on traversait paraissaient d'ailleurs peu favorables à une fondation. Le nombre des pauvres était considérable, les ressources nécessairement devenaient exiguës; une mauvaise récolte avait mis la gêne partout. Une grande émotion agitait les populations, même rurales : on était à la veille des forfaits de Buzançais. La révolution était dans l'air, on en respirait le souffle fétide. Les nouvelles mendiantes paraissaient, aux yeux de la sagesse humaine, devoir moins apporter de soulagement aux pauvres de Tours

(1) LES SERVITEURS DE DIEU, tome I*er*, *les Petites Sœurs des Pauvres.*

qu'ajouter à leurs privations, en absorbant une partie des maigres ressources dont on pouvait disposer. M. Dupont ne s'amusa guère à réfuter ces assertions. Il avait fait une première démarche auprès de l'archevêque de Tours ; s'il n'en fit pas auprès des autorités civiles, il permit qu'on s'autorisât de son nom. Le maire, qui du reste connaissait personnellement M. Dupont et Mlle de Lavalette, était en somme fort indifférent ; il ne vit pas grand intérêt à empêcher de tenter l'exécution de ce qu'il estimait dans son for intérieur une simple folie. Il donna ou laissa tomber son autorisation. L'archevêque, depuis archevêque de Paris et cardinal, Mgr Morlot [1], avait à assumer une plus sérieuse responsabilité. Il voyait la pénurie où la disette avait mis la plupart des œuvres de charité de sa ville, et les difficultés auxquelles elles se mesuraient en présence des misères de cette rude et dure saison. Il craignit qu'un nouvel établissement ne troublât l'économie des chétifs moyens fournis à la charité. Il ne redoutait pas seulement peut-être les embarras, mais aussi le scandale d'une entreprise infructueuse et mal combinée. Celle dont on lui parlait s'annonçait dans des conditions si précaires, qu'il ne savait comment y

---

[1] François-Nicolas-Madeleine Morlot, évêque d'Orléans le 10 mars 1839, archevêque de Tours le 28 juin 1842, archevêque de Paris le 24 janvier 1857, mort le 29 décembre 1862.

prendre confiance. Il connaissait M. Dupont ; l'estime profonde qu'il professait pour sa vertu l'eût empêché de faire chorus avec ceux qui tenaient le cher et saint Pèlerin pour exagéré et excessif[1]. Toutefois, le prélat eût peut-être souri à cette parole sans y acquiescer certainement, mais sans y contester non plus, pourvu qu'on réservât le privilège des voies élevées et qu'on fît la part des hardiesses de la vertu abstraite et de la théorie pure, affranchies l'une et l'autre de la pratique et du gouvernement des choses humaines et de leurs nécessités. L'archevêque connaissait en outre tout ce qu'il y a souvent d'effervescent et d'intempérant, si l'on veut, dans le zèle féminin ; néanmoins, il n'aurait pas voulu rebuter une bonne œuvre. Sa conscience se fût révoltée à cette pensée. Il comptait attendre ; il ne fallait pas se presser ; des circonstances plus propices pouvaient surgir. Il ne repoussa donc pas en principe la proposition, il y applaudit même dans une certaine mesure ; il l'accepta... si des conditions de réalisation pouvaient se présenter.

---

(1) M. Dupont connaissait bien le reproche qu'on lui faisait de ce chef. Il s'en excusait à sa manière et sans contrition. M. de Bonald, disait-il, assure quelque part que s'il y a, dans toutes les langues, trois degrés de comparaison : — le positif, le comparatif et le superlatif, — il en faut un quatrième pour la langue française : l'excessif. Or, moi, ajoutait le Pèlerin en riant, je suis Français... de la Martinique !

On recueillit avec joie cet assentiment; on n'en vit pas la mesure et l'on n'interpréta pas comme le prélat les conditions de la réalisation. On les crut suffisantes dès qu'on les eut telles que les demandaient les Petites Sœurs. M. Dupont, le premier mot porté à l'archevêché, s'était tenu en dehors de toutes les autres démarches. Il se bornait à conseiller l'intermédiaire que les Petites Sœurs avaient trouvée, et il s'étonnait sans doute de la voir entreprenante, hardie, active et inexpugnable, pour ainsi dire. Le changement qu'il remarqua dans une personne dont il connaissait la timidité et la réserve habituelles était peut-être pour lui un signe du succès de l'entreprise. Il savait que la Providence se sert de tous les instruments, et que, pour employer une locution vulgaire, elle fait flèche de tout bois quand elle veut atteindre un but. Ces remarques n'empêchaient pas le saint homme d'agir à sa mode : il priait, et en même temps disposait sa bourse.

Quand on crut donc avoir l'agrément de l'archevêque et du maire, on écrivit aux Petites Sœurs : elles se mirent en route incontinent. M. Dupont leur avait, je crois, envoyé quelque argent pour le voyage. En laissèrent-elles un peu à leurs sœurs de Saint-Servan? en tout cas, il ne leur restait rien quand elles arrivèrent à Tours : trois petites filles qui n'étaient jamais sorties de leur Bretagne. Débarquées au milieu de la nuit, à quatre heures du matin, au mois de décembre, elles demandèrent qu'on les conduisît chez M. Dupont. Elles avaient à peine fait quelques pas dans la rue, qu'elles rencontrèrent l'homme de Dieu. Il venait avec empressement au-devant d'elles. Il les emmena dans sa maison, et commença par les défrayer de tout. Il s'était déjà inquiété de trouver tout au moins un logement pour elles. Mais la première démarche que les nouvelles venues voulurent faire, malgré les fatigues du voyage, fut d'aller entendre la messe : car, disaient-elles, que faire sans Jésus? où trouver en dehors de lui la force et la bénédiction pour la nouvelle fondation? Elles voulaient ensuite se rendre auprès de l'archevêque. Leur amie dévoué se chargea d'avertir le prélat de leur arrivée.

Au premier mot, le malentendu éclata. L'archevêque fut plus que surpris de la façon dont on avait interprété ses précédentes paroles; il ne pensait pas avoir donné un agrément assez explicite pour qu'on se permît de risquer immédiatement une telle entreprise. Toutes les raisons de prudence se représentèrent à son esprit, et il insista sur les motifs de réserve que les circonstances où l'on se trouvait et l'instabilité des ressources dont on avait parlé devaient inspirer à un administrateur prévoyant. Le concours de M. Dupont ne rassurait nullement le prélat. La bourse d'un particulier est insuffisante pour ces grandes œuvres; et, si généreux que fût le saint homme, puisqu'il avait une fille, il n'était pas libre de disposer de son bien. Tous ces divers motifs, disons-nous, étaient exprimés vivement, si vivement que l'amie des Petites Sœurs, troublée dans son intrépidité et désolée, tout en protestant de ses bonnes intentions, déclara que, puisqu'elle s'était trompée sur les sentiments de l'archevêque, comme elle n'avait, ni elle non plus que les nouvelles Sœurs, le désir de rien entreprendre sans l'agrément qu'elle avait cru recevoir, elle allait renvoyer dans leur Bretagne ces Sœurs, qui en seraient quittes pour avoir fait un voyage inutile, dont on trouverait bien à les dédommager.

En disant cela, l'âme simple et droite dont nous parlons se levait pour prendre congé du prélat et aller tout du même pas accomplir sa cruelle et pénible résolution. Dans sa naïveté, elle ne voyait pas que c'était mettre l'archevêque au pied du mur et donner aux objections du prélat un caractère définitif de négation et d'opposition, que sa conscience ne voulait pas accepter. C'est une grande responsabilité d'écraser le germe d'une bonne œuvre, et de dénier à ceux qui aiment les pauvres le droit de se dévouer corps et biens à leur service. L'archevêque recula quand il vit où pouvaient aller son mécontentement et sa prudence.

On ne peut nier qu'il n'eût de fortes et sérieuses raisons de prétendre garder la réserve. On juge de l'œuvre des Petites Sœurs aujourd'hui par les résultats qu'elle donne. Au premier aspect, cette œuvre pouvait bien passer pour téméraire aux yeux mêmes de ceux qui n'étaient pas timides. L'archevêque de Tours, qui ne connaissait pas ces Sœurs, n'avait d'autres garants de la sagesse de leur zèle que le sentiment de M. Dupont, — dont nous avons dit ce qu'on pensait généralement, même autour du prélat, — et l'enthousiasme d'une simple fille de bonne maison et de bonne société, qui eût pu facilement se faire illusion sur bien des choses et qui ne prétendait assurément pas se donner pour une autorité en quoi que ce soit. Cependant la chose était, sinon faite, du moins engagée, pour ainsi dire. Le bon et pieux évêque ne pouvait s'arrêter à la pensée de la détruire : il se résigna à la laisser s'essayer. Il protesta qu'il resterait en dehors de la tentative. Il consentit à recevoir les Sœurs : ce fut pour leur dire qu'elles n'étaient pas venues sur sa demande, et que, s'il leur laissait la liberté d'agir, il n'entendait pas les couvrir de sa protection. Néanmoins le bon prélat encouragea un des curés de la ville [1], esprit solide et droit, expérimenté dans les voies spirituelles et animé d'ardeur au bien, qui avait déjà reçu d'ailleurs les confidences de M. Dupont, de veiller tout particulièrement sur l'entreprise. Nous n'avons pas à expliquer ici comment l'archevêque fut rapidement édifié, comment il agréa promptement et adopta avec joie la nouvelle œuvre qui lui avait causé bien des perplexités. Nous avons seulement voulu constater la façon d'agir de M. Dupont. Nous n'entrerons pas dans le détail de tout ce qu'il fit pour les Petites Sœurs, de l'affection qu'il leur porta toujours, des services qu'il ne cessa de leur rendre à elles et à leurs vieillards. Jusqu'à la fin de sa vie, il demeura leur protecteur, leur ami, leur père. L'historien aura des détails charmants et extraordinaires à raconter des amabilités, de la piété, des respects du saint homme pour les pauvres hôtes des Petites Sœurs. Nous avons déjà parlé des légumes et des fruits qu'il cultivait pour eux. Les pauvres étaient bien véritablement pour lui les images de son Dieu. On ne s'étonnera pas alors des devoirs de toute sorte qu'il aimait à leur rendre, quand les Sœurs l'y autorisaient, et des fêtes qu'il cherchait à leur faire.

Dans l'histoire des Petites Sœurs des Pauvres,

---

[1] M. Alleron, curé de Notre-Dame-la-Riche.

cette fondation de Tours tient une place importante. C'est de cette maison, dont la main de M. Dupont ne s'est jamais retirée, qu'est parti le développement merveilleux de la congrégation. *L'Univers* y a aidé. J'ai déjà relaté ce fait ailleurs, et je me fais une joie de le rappeler.

Il fut encore donné à M. Dupont de concourir efficacement à un événement qui imprima à l'institut des Petites Sœurs le caractère d'universalité que la Providence lui destinait. Le souvenir de M. Bordier y fut mêlé d'une façon qu'il serait trop long et peut-être trop délicat d'expliquer ici dans le détail; il faut néanmoins noter le fait, pour indiquer la part insigne qu'à titre de bienfaiteur M. Dupont a eue dans le progrès, le développement et l'assiette définitive d'une des plus grandes œuvres de notre temps.

VII

LA CONFÉRENCE DE SAINT-VINCENT DE PAUL

Tel nous avons montré M. Dupont à la fondation de cette quatrième maison des Petites Sœurs des Pauvres, tel on le retrouvera partout. Disposé à payer de sa personne et de sa bourse autant qu'il était nécessaire et souvent au delà de ce qu'il pouvait, mais peu empressé pour les explications, les discussions et surtout les débats; il ne se chargeait de persuader personne par la parole. Il avait une arme : la prière. C'était son instrument, son engin de guerre et d'apostolat. Aussi, même dans les réunions charitables, ne soutenait-il pas son avis bien énergiquement; à peine l'énonçait-il. Il ne s'inquiétait pas de répondre aux objections. Dans sa jeunesse, quand il faisait partie de la Congrégation, nul doute qu'il ne cherchât à propager ses sentiments et à faire triompher ses opinions. Plus tard, il aimait à s'ouvrir et à s'épancher dans l'intimité; toute discussion paraissait lui être à charge. Peut-être faut-il attribuer à cette réserve l'isolement dans lequel il resta de longues années à Tours. Il priait, faisait ses bonnes œuvres, et, tout en gardant les relations que sa condition et les liens de famille exigeaient, il vivait dans une solitude à peu près complète, n'ayant de commerce intellectuel, pour ainsi dire, qu'avec les âmes privilégiées, adonnées à la spiritualité et expérimentées dans les bonnes œuvres. Il n'en eût voulu repousser aucune. Il n'ignorait pas qu'il faut agir et prier en commun; il savait toutes les promesses faites à l'action commune; mais c'était l'action de la prière qui lui agréait par-dessus tout : pour convaincre les hommes et les amener à ce qu'il estimait le juste sentiment des choses, il ne trouvait rien de mieux que de s'adresser au bon Dieu. Avec Dieu, pas de discussion ; la lutte même, — car parfois il faut lutter, — la lutte n'est jamais qu'une supplication.

Cependant, depuis que M. Dupont habitait Tours, une petite œuvre y avait germé, la plus humble de toutes assurément, la plus élémentaire dans ses pratiques, la plus simple dans ses rouages, et aussi la plus accessible aux communes vertus. Je veux parler de la conférence de Saint-Vincent de Paul. Le but du respectable M. Bailly, en encourageant Ozanam et les autres jeunes gens dont il était le guide et le conseil à visiter les pauvres, était moins de soulager ces derniers que d'initier une jeunesse ardente à un acte de religion. Les ressources dont ces jeunes gens pouvaient disposer étaient, au point de vue économique, fort peu de chose. La pratique de piété qu'on leur avait reproché de ne pas observer et qu'on les avait défiés d'accomplir, était au contraire riche en bénédictions de toute sorte, et ils devaient en tirer le plus grand profit. C'est l'économie divine que ceux qui donnent, reçoivent; et ceux qui donnent leur temps et leur personne reçoivent abondamment et surabondamment. L'œuvre des conférences de Saint-Vincent de Paul, destinée au soulagement des pauvres, doit être pour ses membres une école de piété. Dans l'esprit des conférences et aux termes de leur règlement, ils ne doivent être étrangers à aucune entreprise de zèle et de charité; en réalité, ils doivent, dans leurs réunions et leurs petits exercices, faire apprentissage de toutes les vertus.

A Tours, la conférence s'était constituée au sein d'une petite société littéraire de jeunes gens, que le curé d'une des paroisses de la ville, l'abbé Suchet, neveu du duc d'Albuféra, mort vicaire général d'Alger, réunissait dans son presbytère de Saint-Saturnin. Faut-il rappeler, comme une curiosité, que cette humble société, dès son origine plus pieuse que littéraire, comptait parmi ses membres, y compris le président et directeur, plusieurs descendants des maréchaux de l'empire? Sous le poids de ces gloires militaires, la société restait fort humble, et le successeur de M. l'abbé Suchet dans la cure de Saint-Saturnin n'eut pas de peine à la décharger de la littérature, pour la rallier uniquement à la charité et l'unir aux conférences de Saint-Vincent de Paul. Elle se constitua ainsi sans bruit, se développa lentement, dans un esprit de simplicité et de zèle, se recrutant en grande partie parmi les jeunes gens du commerce.

Le bureau qui la dirigeait, suivant peut-être les inspirations du fondateur, tout en se préoccupant des diverses bonnes œuvres auxquelles la conférence était appliquée, veillait tout particulièrement à l'avancement spirituel des membres. Il voulait développer au milieu d'eux l'esprit de prière avec l'esprit de charité. Il ne leur proposait pas seulement des actes de générosité et de dévouement envers les pauvres : il leur demandait des actes extérieurs de piété en union avec tous les fidèles, par exemple, l'assistance aux processions publiques ; il les incitait à des dévotions intimes, à des messes mensuelles à l'intention de maintenir la ferveur dans l'œuvre ; il les pressait incessamment de rendre témoignage de leur attachement particulier à l'Église, leur rappelant ses diverses fêtes, qui n'ont pas été instituées sans raison, et dont l'observance, aujourd'hui qu'elle n'est pas obligatoire, est devenue un gage de pure et libre affection, qui console la sainte mère Église, pliée au malheur des temps.

Tous ces conseils, comme ces diverses pratiques, étaient de pures *enfances* en regard des exercices et des habitudes de M. Dupont, dont le nom et la réputation auraient pu effrayer quelques-uns des jeunes et modestes confrères de Saint-Vincent de Paul. Leur petite œuvre s'était constituée en dehors du saint homme, dont on connaît l'esprit de réserve, et qui était resté non pas en défiance, mais comme en observation. Il y a toujours certains préjugés en l'air contre les œuvres nouvelles et inconnues. La bienfaisance ou la philanthropie tenait-elle dans celle-ci plus de place que la piété? M. Dupont ne l'avait pas beaucoup examiné. Il fallait une occasion. Une retraite fut prêchée à la conférence par un des Pères Lazaristes de la Mission de Tours. M. Dupont voulut en suivre les exercices; il participa à la communion générale, et, ayant rompu le pain eucharistique avec la conférence, il voulut participer à ses autres œuvres, et demanda à être admis parmi ses membres. Il en fut un des plus exacts, des plus assidus et des plus humbles. Il y prit une grande influence; et, parmi le troupeau de petits chrétiens qui, sous le patronage de saint Vincent de Paul, s'essayaient à l'école des œuvres les plus simples et les plus faciles, il trouva, à l'heure marquée, des auxiliaires et des aides pour les hautes et sublimes inspirations de son extraordinaire piété.

L'influence de M. Dupont au sein de la conférence ne se borna pas là : elle s'étendit comme l'huile de la barbe d'Aaron, qui imprégna de ses parfums tous les vêtements du grand prêtre. On en pourrait trouver un témoignage particulier au palais épiscopal du Mans ou dans la cellule des scolastiques profès de la Compagnie de Jésus, au Maduré. Ce n'était pas seulement le renom des vertus et les exemples de la dévotion du Pèlerin, c'était surtout la réserve de son attitude qui lui attiraient toutes les sympathies.

Il était merveilleux, pour ceux qui connaissaient les mérites du saint homme et qui entrevoyaient les lumières dont il était gratifié, les charités magnifiques où il dépensait tous ses revenus et quelque peu de son capital; il était merveilleux de le voir venir, chaque semaine, chercher à la conférence une petite aumône de quelques livres de pain, qu'il portait scrupuleusement, au nom de tous, à de pauvres familles. Il rendait compte de sa visite, et se prêtait avec une bonne grâce exquise à toutes les interrogations qu'on lui voulait adresser. Rarement il prenait de lui-même la parole; et quand il avait quelque proposition à faire, il aimait à en entretenir d'abord le président ou quelque membre du bureau. Il tenait à prendre cette filière, et le moins possible se voulait mettre en avant.

Ses propositions n'avaient pas trait seulement

aux pauvres familles. Nous avons dit que le bureau de la conférence de Tours se préoccupait surtout de l'avancement spirituel des membres; à dire la vérité, je crois bien que le nombre hebdomadaire des communions des confrères lui paraissait aussi important à soutenir que le nombre des visites aux pauvres. La visite aux pauvres est une visite à Jésus-Christ. Mais la sainte communion, qui noue l'intimité avec Dieu, est la véritable source de la vie; et c'est à la sainte communion que doit tendre et aboutir toute bonne œuvre vraiment chrétienne. M. Dupont n'était pas pour contredire cette tendance; il savait aussi que tout acte de piété religieusement accompli est un acheminement à l'intimité de Dieu et à la sainte communion. On sait que les réunions des conférences de Saint-Vincent de Paul s'ouvrent par une prière commune et une lecture de piété. Les membres qui sont en retard sont privés de la lecture; et, à Tours, ils se croyaient affranchis de la prière, comptant, non sans raison peut-être, qu'elle avait été faite en commun, en leur nom et à leur profit comme au profit de tous. M. Dupont se sentit choqué cependant : il craignit qu'il n'y eût là une faute de négligence envers Dieu. Il demanda que les membres en retard, avant de prendre place, fissent leur prière à genoux. Un simple avis suffit pour établir cette discipline. Elle contribuait à rappeler aux membres que la prière est une partie importante de leurs petites œuvres.

Si petites qu'elles soient, ces œuvres préoccupaient M. Dupont; son imagination, toujours en haleine, eût voulu compléter ce qu'on faisait et y ajouter comme un surcroît de charité et d'adoration. Il ne séparait pas les pauvres de Dieu, et il mêlait saint Martin à tout. Ce n'était pas assez pour lui de visiter les pauvres : il souhaitait de les servir, il désirait les faire servir. Plus ils lui paraissaient isolés et dénués, plus ardents et profonds eussent été ses hommages. Il eût voulu louer une maison pour servir d'hôtellerie aux pauvres. Il n'était jamais allé à Rome, et je ne sais s'il était informé des inspirations sublimes de la charité dans cette capitale du monde chrétien. Mais l'esprit de Jésus-Christ est partout le même : il soufflait au cher et saint Pèlerin les anciennes inspirations de nos pères et de nos maîtres dans la foi. L'hôtellerie que rêvait M. Dupont eût été précisément de celles qu'on a longtemps admirées à Rome, où les princes et les prélats pratiquaient la plus tendre hospitalité envers les pauvres. M. Dupont voulait la placer sous le vocable de saint Martin. Faut-il rappeler que l'hôpital romain qui recueillit saint Benoît-Joseph Labre durant les dernières années de sa vie était sous ce puissant patronage? M. Dupont eût voulu offrir un lit et un souper aux pauvres, leur laver les pieds à leur arrivée, et leur faire la lecture pendant le repas. Le lendemain, il les eût fait assister à la messe avant de les congédier. Bien qu'il fût facile de démontrer au cher Pèlerin comment notre police, nos lois, nos mœurs, supporteraient difficilement ce mode éminent de charité, et comment les hôtes qu'il aurait recueillis, le soir, eussent été, pour la plupart, saisis à leur lever comme vagabonds ou mendiants; bien qu'il convînt parfaitement, tout en en gémissant, qu'un pareil hospice de pèlerins serait toujours précaire et était à peu près impraticable dans nos pays livrés au progrès de 1789 (1), M. Dupont revenait sans cesse à ce rêve. Il l'a caressé toute sa vie. L'idée du saint homme était de servir de ses mains les pauvres des rues, les derniers rebuts de la société; d'insuffler sur les âmes abandonnées et les plus strictement fermées, pour ainsi dire, aux lumières célestes, comme une haleine de la bonne nouvelle. Il était de l'avis de ce saint évêque qui voulait faire sentir aux yeux des aveugles la chaleur de la lumière, dont ils ne peuvent voir l'éclat.

Ce désir de servir les pauvres ne se dépensait

---

(1) A Marseille, une hôtellerie à peu près analogue à celle que rêvait M. Dupont existe depuis plusieurs années, et l'hospitalité de nuit et du travail, à Paris, ont résolu à peu près le problème que caressait le saint homme.

pas seulement en imagination; tout en poursuivant dans son esprit des combinaisons qui lui étaient chères pour son hospice des pèlerins, M. Dupont, nous n'avons pas besoin de le remarquer, insistait dans ses pratiques auprès des pauvres. J'ai dit un mot de sa charité auprès des vieux hôtes des Petites Sœurs. Je ne saurais entrer dans les détails: l'historien de la vie du cher Pèlerin pourra aisément les recueillir. Je me borne à apporter mon témoignage et à raconter ce que j'ai vu. Il sera toujours difficile de savoir ce que, dans les mansardes et les galetas qu'il visitait assidûment, il a fait auprès des malades. Peut-être le petit hôpital de Saint-Martin pourrait-il, sur ce dernier point, avoir conservé quelque souvenir. M. Dupont aimait tout particulièrement et fréquentait volontiers cette modeste et sainte maison.

VIII

LE PATRONAGE DES APPRENTIS. — LES ÉCOLES
D'ADULTES

Les conférences de Saint-Vincent de Paul ne se bornaient pas à la visite des pauvres. Comme les diverses associations analogues qui les ont précédées et qui ont toujours fleuri au sein de l'Église, elles essayaient à peu près les entreprises que font aujourd'hui les cercles catholiques. L'œuvre était constituée un peu différemment : elle gardait de petites et modestes allures ; elle n'avait pas recours à l'éloquence ; on se bornait à la charité : charité qui n'était pas individuelle, qui se faisait en commun, qui pouvait correspondre de ville à ville, mais qui néanmoins, entre les diverses entreprises au profit des ouvriers, cours d'adultes, patronage des apprentis et des jeunes ouvriers, ne formait pas le lien serré et ne donnait pas l'impulsion vigoureuse des cercles catholiques.

La conférence de Tours avait tout son petit ensemble d'œuvres ouvrières, comme on dit aujourd'hui. La principale était en ce temps le patronage des apprentis. Il faut bien dire que

M. Dupont ne s'en occupa presque jamais personnellement. Il l'approuvait, l'encourageait, la soutenait même au milieu des difficultés qu'elle rencontrait ; difficultés inhérentes à l'œuvre même et à la manière dont elle se faisait alors à Tours, ne pouvant employer que le zèle et le concours de confrères tous laïques, tous occupés de besognes diverses ou embarrassés de charges de famille, et qui consentaient à passer leurs dimanches et leurs jours de fête à surveiller vingt-cinq ou trente enfants aux offices, à les instruire, à les amuser, à les promener. M. Dupont avait l'emploi de tout son dimanche. Après la messe du matin, où il communiait, il assistait exactement à tous les offices de la cathédrale. C'était son goût, et il tenait aussi que c'était son devoir, au double titre de paroissien et de membre de la fabrique. Il n'eût pas d'ailleurs aimé à détourner sa pensée de l'œuvre du Maître, même au profit de ses amis et de ses images, les pauvres et les enfants délaissés. Il apparaissait assez régulièrement, mais pour peu de temps, au milieu des jeux, des instructions et des repas distribués aux apprentis. Toutefois il connaissait le prix de l'œuvre, et, tout en ne lui donnant de son temps, le dimanche et les fêtes, que le surplus des heures des offices de la cathédrale, il y donnait toute son affection, malgré les fredaines de ceux qui en étaient l'objet, malgré même la lassitude parfois de ceux qui la dirigeaient et la suivaient plus strictement, malgré aussi les grosses dépenses dont elle chargeait le budget de la conférence. Si le concours personnel du cher Pèlerin eût été indispensable, il n'eût pas hésité à le donner tout entier ; et il le prêta à diverses reprises, quand on avait des difficultés particulières à traverser.

S'il garda ainsi habituellement quelque réserve vis-à-vis du patronage des apprentis, il n'en observa aucune à l'égard des classes d'adultes. Ces classes avaient lieu trois fois par semaine, durant les mois de novembre, de décembre, de janvier et de février, chaque année. Cent cinquante ouvriers de divers âges et de tous les métiers y recevaient, des membres de la conférence, des leçons élémentaires de lecture, d'écriture, de grammaire et de calcul. M. Dupont ne manqua jamais un soir ; de 7 à 9 heures il était au poste, accueillant ceux qui se présentaient, mais choisissant parmi eux les plus ignorants, ceux qui ne connaissaient pas leurs lettres. Quand il les avait un peu dégrossis, quand ils commençaient non seulement à distinguer les lettres les unes des autres, mais à épeler les syllabes et à les assembler, il passait ses élèves à un autre confrère qui faisait un cours supérieur, et avec qui l'on syllabait et l'on s'essayait à lire plus ou moins couramment.

Les élèves qui fréquentent les classes d'adultes sont de deux sortes. Il y en a qui ont su dans leur jeunesse quelque chose et qui ont oublié ce qu'ils savaient : ceux-là peuvent assez rapidement se reprendre à ces éléments de lecture ou d'écriture, dont la connaissance, chez eux, n'est pour ainsi dire qu'oblitérée; ils retrouvent assez rapidement, non pas peut-être toujours leur ancienne prestesse, mais quelque chose qui s'y rapporte, et qu'ils oublieront encore facilement, si, en dehors des exercices éphémères de la classe, ils n'ont pas l'occasion d'entretenir leur mince savoir. Il n'y a pas que la science de la vie spirituelle où celui qui n'avance pas recule. Après les huit mois de leur gros labeur, plusieurs des écoliers les plus assidus se retrouvaient à peu près aussi ignorants que lorsqu'on les avait accueillis la première fois, et ils venaient encore demander à M. Dupont ses bons offices. L'instruction de ces bonnes gens était à peu près le tonneau des Danaïdes. On ne se décourageait pas, je dirai tout à l'heure pourquoi; mais le succès si chétif et si éphémère que nous indiquons était loin de couronner toujours les efforts du saint homme. Les écoliers qui tiraient un parti sensible de leur application ne faisaient, en effet, que passer auprès de lui. Son vrai partage se composait de ceux qui, pour une cause ou une autre, n'avaient jamais rien appris. Il y en avait sans doute parmi ceux-là un petit nombre qui n'avaient jamais eu l'occasion d'apprendre, et qui, sans marcher bien rapidement, pouvaient avancer encore quelque peu et donner à croire à M. Dupont qu'un jour ou l'autre ils sortiraient de ses mains. Mais il y avait tout un *stock,* comme on dit aujourd'hui dans l'argot commercial, de pauvres gens qui n'avaient jamais rien pu apprendre et que leur ineptie ne décourageait pas. Ceux-là étaient les vrais et les constants élèves de M. Dupont. Il les enseignait avec une assiduité, une patience, une charité inénarrables. Il recommençait vingt fois, cent fois la même démonstration. Il savait assez prendre sur lui, ou plutôt il se donnait avec assez de dévouement à son œuvre ingrate, pour ne pas bâiller aux ânonnements qu'il suivait avec une attention merveilleuse. Il semble qu'il n'était jamais de si belle humeur qu'assis sur un petit banc, entouré de ces pauvres gens en habits de travail, tout couverts de la poussière et de la crasse de la journée, tout imprégnés des miasmes de leurs besognes, parfois dégoûtantes, et de leurs réduits misérables. Il rayonnait au milieu de cette pauvre compagnie, souriant, encourageant, jamais rebuté, parfois triomphant. Avec une joie et une simplicité qu'on ne saurait décrire, il arrêtait quelqu'un des membres de la conférence qui passait près de lui, pour faire admirer la science et le progrès d'un pauvre homme qui parvenait à assembler deux ou trois syllabes, à ânonner un mot tout entier. Il fallait alors applaudir avec le maître, complimenter et encourager l'élève.

— « Il marche! il marche! disait M. Dupont : il parviendra! Vous voyez bien, » ajoutait-il en prenant son interlocuteur à témoin.

Il y avait entre autres une manière de colosse, homme de peine dans quelque entrepôt, tout jeune, nature des plus obtuses, qui était un écolier assidu de M. Dupont. Tous les ans, il revenait, et tous les ans, pendant quatre ou cinq ans, M. Dupont consacra quelques heures trois fois par semaine à essayer de défricher cet esprit inculte et grossier. Était-ce le désir d'apprendre? était-ce la charité et la bonne grâce de M. Dupont qui engageait ce grand garçon à cette persévérance? Si elle n'était couronnée d'aucun succès du côté de la lecture, elle en obtenait d'une autre part de plus précieux. Ce pauvre homme, ignorant de ses lettres, n'était pas non plus fort instruit de sa religion. Les enseignements, les exemples, peut-être seulement le contact du saint homme, ranimèrent dans cette pauvre âme des sentiments qui y avaient toujours été confus et qui semblaient en grand danger de se perdre; le bon colosse, qui n'apprenait pas grand'chose dans son livre, apprit le chemin de l'église; il le suivait même régulièrement; on le trouvait à la messe et aux offices; il savait prier et il s'approchait des sacrements. M. Dupont avait grand'raison de répéter : — « Il marche, il marche, il parviendra! »

Tout en racontant le travail, le dévouement et les soins de M. Dupont à la classe d'adultes, je ne voudrais pas donner une trop mince idée de l'œuvre de la conférence de Saint-Vincent de Paul de Tours. Sa classe avait sans doute les imperfections et les faiblesses des entreprises qui reposent uniquement sur le zèle des laïques. Néanmoins, sans avoir l'importance ni donner les résultats des classes d'adultes que peuvent faire avec beaucoup plus de suite les frères des Écoles chrétiennes, on pourrait citer plusieurs élèves de la conférence de Tours qui purent vraiment utiliser les enseignements qu'on leur donnait. D'anciens élèves de l'École polytechnique faisaient des cours de mathématiques, qui, pour n'être pas transcendantes, n'en trouvaient pas moins certaines applications aux divers états de leurs écoliers; le succès que le cher Pèlerin avait obtenu auprès de son élève le plus assidu ne s'était pas borné à celui-là, et il n'avait pas non plus été refusé aux autres confrères. Ils n'avaient pas l'intimité avec Dieu, les lumières privilégiées, l'intelligence mystique du saint homme. Leurs vertus n'étaient pas de même prix; ils avaient au moins de la bonne volonté, et leurs efforts tendaient au même but : ils voulaient bien cultiver les esprits, qui leur demandaient quelque petite science humaine ; ils se proposaient surtout de faire briller la lumière spirituelle, et, par des enseignements comme par des exemples, de rappeler à leurs écoliers les obligations que ne doivent pas méconnaître les chrétiens. Les classes étaient toutes dirigées à cette intention. Quand les cent cinquante ou deux cents élèves qui suivaient les cours avaient, pendant une heure et demie, étudié leurs lettres, fait des pages d'écriture ou reçu des leçons de grammaire et de mathématiques, on les réunissait dans une grande salle, où se faisait la lecture générale.

Elle était présidée par un des curés de la ville, et le livre qu'on lisait était l'*Histoire de l'Église* de Lhomond. M. le curé de Saint-Saturnin [1], qui avait toujours conservé des relations avec la conférence, qu'il avait, pour ainsi dire, fondée, ne laissait pas passer l'occasion d'expliquer les faits et d'en tirer les conclusions. Après une demi-heure employée à cette lecture et à son commentaire, on faisait la prière du soir ; on avait ouvert les exercices par une courte prière, on les terminait par le chant de quelques strophes

---

(1) L'abbé Florent Voisine, mort à Tours, il y a quelques mois à peine (1878), chanoine de la cathédrale, après une longue pratique de zèle et de bonnes œuvres.

de cantique. Cette petite ordonnance était bien simple. Dieu la bénissait. Il ne se passait pas de fête de Noël sans que cinquante ou soixante des auditeurs n'allassent trouver le bon curé qui les avait intéressés et qu'ils avaient appris à connaître à la classe. Ils se mettaient volontiers avec lui en mesure de fêter chrétiennement l'Enfant Jésus, qu'ils avaient peut-être un peu négligé depuis quelque temps, mais dont ils étaient heureux qu'on leur eût rappelé le bienfaisant et vivifiant souvenir.

Ces classes ne duraient que quatre mois de l'année, parce que l'expérience avait appris qu'avec l'allongement des jours, les obligations du labeur quotidien devenaient trop lourdes pour laisser aux bons élèves le loisir de vaquer à leur instruction. Les professeurs avaient aussi leurs occupations et leurs travaux particuliers, qu'ils n'auraient peut-être pu sacrifier plus longtemps.

Ils savaient bien qu'ils faisaient peu de chose, mais ils ne se rebutaient pas de le faire; et, à défaut de meilleurs ouvriers, ils faisaient ce qu'ils pouvaient. Dieu en demande-t-il davantage?

Ce que nous avons dit du zèle et de l'assiduité de M. Dupont aux classes d'adultes, il faudrait le répéter pour l'œuvre des soldats. Là il ne s'agissait pas toujours d'enseignements, il y avait encore les délassements. M. Dupont ne laissait pas de s'y mêler. Il y apportait avec une exquise bonhomie son grand air et sa belle simplicité à parler de Dieu et de ses merveilles. Il ne savait guère parler d'autre chose, et nous avons dit le respect qu'il imposait. Il éveillait aussi l'intérêt; et nous avons été maintes fois, non pas surpris, mais émus de la façon dont les soldats écoutaient cette parole chrétienne et profonde. Elle réveillait dans leurs âmes les sentiments de leur jeunesse et les enseignements de leur enfance; au milieu de l'isolement de la caserne, elle leur rappelait qu'ils n'étaient pas abandonnés, et que leur Père, leur Père vrai et tout-puissant, était au ciel. Expliquons-nous bien toutefois. M. Dupont ne faisait pas de discours, ni de semblants de discours. Les soldats n'étaient pas assis et réunis pour l'entendre. Quand ses auditeurs étaient assis près de lui, M. Dupont faisait la classe; et nous avons déjà dit qu'il n'avait jamais voulu se charger de donner d'autre instruction que celle de la distinction des lettres. Mais quand les soldats étaient réunis au jardin ou dans la salle des jeux, un petit groupe entourait volontiers le saint homme, se grossissant ou se diminuant tour à tour, interrogeant, écoutant, et toujours ravi.

IX

LE PROSÉLYTISME PROTESTANT

Puisque nous parlons de la conférence de Tours et de ses rapports avec M. Dupont, il est peut-être utile de rappeler qu'il y avait, depuis plusieurs années, dans la ville, une propagande protestante assez active.

Quelqu'une des sommités officielles appartenait à je ne sais quelle secte du culte réformé, mais à une secte ardente. Avec le concours des étrangers, toujours assez nombreux dans ce temps-là à Tours, et à l'aide d'ouvriers de passage, en grand nombre, qui, sans être fort zélés, se trouvèrent dociles, on avait réuni assez de signatures pour prétendre établir une église budgétaire. L'autorisation du gouvernement n'avait pas été une affaire. C'était le gouvernement du roi Louis-Philippe. Il n'avait pas des goûts bien arrêtés, ni un discernement bien sûr au fait des influences religieuses. Le préfet, homme d'esprit, administrateur remarquable, n'élevait pas son attention au delà des intérêts matériels : c'était la devise du système. Tout en raillant beaucoup, et avec esprit, la ridicule installation du culte protestant à Tours, et en faisant à ce sujet, en petit comité, des contes excellents et à mourir de rire, ce préfet n'avait eu garde de s'opposer à l'ouverture du temple ni aux émoluments du pasteur.

Ce dernier s'y prenait comme il pouvait pour implanter la réforme; et ce n'était pas un des moindres thèmes aux railleries du préfet, que les concessions faites aux exigences du peuple pour le séduire et l'attirer au prêche. Le pasteur, par lui-même, eût peut-être été encore assez modéré; mais il devait obéir aux ardeurs des personnes à qui il était redevable de sa situation, et dont l'esprit de prosélytisme, d'une audace incroyable, était aussi d'une souplesse infinie. Ce prosélytisme ne reculait devant rien et s'immisçait dans tout.

La position des fonctionnaires, les habitudes du monde et toutes les aménités qu'elles comportent, étaient mises au profit de la propagande, aussi bien dans les salons, où l'on développait toutes les grâces féminines, que dans les mansardes, où l'on répandait l'argent à profusion. On n'avait partout qu'un même thème; il était modeste : on prétendait partager avec l'Église catholique certaines vérités et certaines vertus. La charité et la morale étaient, disait-on, un terrain neutre, où tous les honnêtes gens pouvaient et devaient se rencontrer. N'adorait-on pas le même

Dieu? était-il besoin d'insister sur les divergences? On fondait des écoles d'où l'*Ave Maria* était exclus, mais où, néanmoins, avec les éléments de l'enseignement primaire, on apprenait aux enfants à prier Dieu. Les catholiques ne devaient-ils pas s'en réjouir? Pourquoi se seraient-ils opposés au bien qu'on voulait faire à cette jeunesse?

De l'école, on attirait, il est vrai, les enfants au prêche; mais là encore, si on ne parlait pas des mystères catholiques, on parlait au moins du Dieu créateur, et l'on enseignait une morale dont les familles auraient souvent oublié de donner les préceptes. Nous n'avons pas à répondre longuement à ces thèses. La charité est le patrimoine réservé de l'Église catholique; c'est une vertu divine dont l'Église a reçu le privilège de son époux crucifié. La morale indépendante des dogmes religieux est un jeu d'esprit, une curiosité précieuse et inefficace. L'Église seule a le don d'enseigner la vertu et d'illuminer les âmes. Mais, dans les temps d'ignorance où nous vivons, à travers les systèmes de concessions où l'on croit rencontrer la sagesse, au milieu des théories de faiblesse et de semi-abjuration dont on veut faire le principe de la science pratique religieuse accommodée aux sciences modernes, la neutralité de la charité, la liberté pour toutes les sectes de faire des aumônes au nom de Dieu, leur droit de poursuivre le bien et la régénération des âmes en dehors de l'Église et en restant volontairement séparé d'elle : tous ces thèmes malsains, pernicieux et mal définis, ne laissent pas de paraître décevants à divers esprits, même à de bons esprits.

Le principe de toutes les erreurs de notre temps est l'ignorance des droits et des privilèges de l'Église. Les hommes ont oublié qu'elle est divine et sans paire. Ils aiment d'ailleurs à fronder les privilèges; et les enfants de l'Église en viennent facilement à hésiter sur l'étendue de ceux que son titre divin confère à leur mère.

Au milieu de cette ignorance, le peuple de Tours, sans être dévot, gardait une horreur instinctive de la propagande huguenote. Les aumônes entraient difficilement dans les mansardes, et n'y faisaient qu'un maigre profit. Quand il s'agissait d'attirer les enfants aux écoles où l'on ne priait pas la bonne Vierge, ou au prêche où l'on ne disait point la messe, les pauvres gens et même les plus obtus éprouvaient des répugnances qui ne se laissaient pas toujours vaincre. Les belles dames en robes de soie qui montaient l'escalier du pauvre pour l'endoctriner et le corrompre, avaient beau dire qu'il s'agissait toujours d'aimer et de prier Dieu, et qu'elles ne voulaient que faire du bien aux enfants et soulager la famille : elles soulevaient des défiances, qui, sans être malheureusement toujours victorieuses, n'en étaient pas moins, pour les apôtres, une difficulté ou peut-être un remords. Parfois aussi un seul cri de la conscience ou un seul trait de lumière détruisait toutes les conquêtes que l'on se flattait d'avoir faites.

La pernicieuse et industrieuse propagande que nous décrivons, ne devait rien tant aimer que pêcher en eau trouble. Pour brouiller les choses et mieux tromper les esprits, elle arrêta, à Tours, le dessein de mêler ses aumônes à celles des catholiques, et tout particulièrement à celles de la conférence de Saint-Vincent de Paul. Quelques-uns des membres de la conférence, fonctionnaires de l'État, étaient en relation avec la source de cette activité protestante : on déploya à leur égard toute sorte d'aménités, on tendit à rendre intimes des relations officielles. On s'épanchait en diverses religiosités plus ou moins ingénieuses, plus ou moins sublimes. On trouvait des paroles touchantes sur l'union de cœur avec Dieu et sur les devoirs envers le prochain. On déplorait le malheur des pauvres, et l'on témoignait d'un zèle ardent pour les secourir, pour les éclairer, pour les élever. Tout le langage mystique des piétistes passait dans ces entretiens, et ne laissait pas d'éveiller certaines impressions. Un si vif désir de faire le bien; des aspirations si élevées, si dévouées et si généreuses, ne pouvaient être que dignes d'éloges et peut-être de concours... Pourquoi pas ?

Tout en déplorant les ténèbres où demeuraient ces belles âmes passionnées pour la charité et la lumière, des catholiques candides s'habituèrent à la pensée de s'associer à un zèle qu'ils ne pouvaient se défendre d'admirer. Ils espéraient que la bénédiction de Dieu récompenserait un travail dont les intentions leur paraissaient pures ; ils supposaient que le devoir des fidèles était de ne pas décourager, peut-être même de soutenir ces beaux et sincères efforts. On n'avait pas manqué de leur affirmer que, tout en restant attaché à la religion réformée, dans laquelle on avait été élevé, on ne disait point anathème à l'Église, on ne lui demandait que de se rendre à l'évidence du terrain commun de la charité. Cette modération remportait la palme, et semblait un gage indéniable de bonne foi. Il arriva donc qu'un jour on annonça à la conférence qu'une somme assez considérable était mise à sa disposition, pour être distribuée, en quelques semaines, à diverses familles, auprès desquelles on désirait que l'aumône fût accompagnée de paroles de consolation et d'édification. Se pouvait-il rien de plus simple, de mieux combiné, de plus pur ? Le prétexte était une absence que ceux qui visitaient ces familles habituellement, étaient obligés de faire, et leur souci de voir se continuer auprès de ces pauvres la charité spirituelle de la parole qu'ils avaient entrepris de leur donner.

Il est inutile d'insister sur les résultats qu'on attendait de cette démarche. Les familles qu'on indiquait, étaient peut-être assez gâtées déjà pour qu'on n'eût pas à redouter auprès d'elles l'action passagère d'une parole catholique. En tout cas, si le prosélytisme protestant mettait en péril quelques-unes de ses conquêtes, il espérait bien tirer, aux yeux du plus grand nombre, avantage du concours qu'il sollicitait, et qui eût aidé la mission de confusion qu'il avait entreprise auprès des pauvres gens. Je n'ai pas besoin de dire que, malgré l'appât de distribuer une assez grosse somme, malgré le désir peut-être de suivre les agents du protestantisme sur leur terrain et la délectation de tourner contre eux-mêmes les armes dont ils disposaient, la conférence vit le piège et se garda d'y tomber. Au bout de quelque temps on revint à la charge, on y revint encore une autre fois; on semblait ne pas se rebuter. L'obstination dans le but n'empêchait pas la variété dans les propositions. On allait se diminuant de plus en plus, sans jamais toutefois vouloir s'effacer absolument. L'accord de charité qu'on rêvait entre la conférence et les largesses mômières, devait rester sensible.

Les propositions les plus habiles, les plus délicates, les plus touchantes même, se succédèrent ainsi quelque temps. On cherchait à apitoyer les membres de la conférence, on visait à exploiter la consolation et la joie que les cœurs ressentent à soulager efficacement le prochain. La conférence dut résister à de véritables tentations. L'intérêt de la foi est l'intérêt supérieur; il n'y a pas de bien en regard de celui de la possession de la vérité. M. Dupont était là pour le rappeler; sans vouloir fermer la bourse des conférences aux aumônes de personne, il rappelait qu'il y a des discernements à faire, et que tout or n'est pas bon à recevoir. Les exemples ne manquaient pas : il eût pu citer celui de Mlle de Lamourous, une des grandes fondatrices du dix-neuvième siècle, qui, à Bordeaux, par son œuvre de la Miséricorde, toujours à la veille de manquer de pain, n'a jamais voulu accepter la part, que la municipalité lui offrit maintes fois, du droit des pauvres prélevé sur les recettes des théâtres. Elle y voyait l'or de la corruption. L'or offert à la conférence de Tours n'avait sans doute pas une telle source, mais il avait une pire intention, et M. Dupont ne l'eût pas laissé oublier.

X

LA RÉVOLUTION DE FÉVRIER 1848 ET LA CONFÉRENCE DE SAINT-VINCENT DE PAUL A TOURS. — LE JOURNAL *l'Univers*.

Il arriva que cette petite conférence, si unie et si humble, qui ne cherchait pas à se manifester au dehors et qui était composée de membres sans influence, prit tout à coup un certain crédit et ne fut pas sans quelque action sur des événements où pouvait s'intéresser la ville. Au moment de la révolution de 1848, dans les premières semaines de stupeur, quand tout le monde s'effaçait et se dissimulait devant le gouvernement provisoire, ses proconsuls et la racaille qu'ils soulevaient du fond de la société, on discerna dans l'effarement général un petit groupe qui ne paraissait pas avoir grand'peur : c'était celui des membres de la conférence de Saint-Vincent de Paul. On pressentit qu'il pourrait y avoir parmi eux un point de résistance en certains cas. A dire vrai, ceux qu'on appelait les conservateurs, s'effrayèrent de cette constatation tout autant peut-être que les hordes qui déjà prétendaient mettre à sac la société.

Quelques circonstances avaient amené le petit groupe dont se formait la conférence à s'accuser en dehors du terrain où il s'était constitué. Les émotions de l'hiver de 1846-1847 s'étaient fait sentir vivement dans le centre de la France. Au milieu des misères que suscitait une année de disette, les bruits les plus sinistres, les récriminations les plus absurdes avaient enflammé des haines, éveillé des convoitises qui s'exprimèrent dans le Berry et se résumèrent dans les crimes de Buzançais, que nous avons déjà rappelés. Ces crimes avaient été précédés de vives émotions dans la Touraine, le Maine, le Blaisois et l'Anjou. A Tours, on avait dû recourir aux armes, et le sang avait coulé. Le gouvernement crut prendre une mesure salutaire en remettant sur pied la garde nationale. Le régime de Juillet aimait, si l'on veut, cette institution bizarre; il l'avait aimée du moins, et en était sorti. Toutefois, grâce à cette sorte d'instinct de conservation que donne presque toujours l'exercice de l'autorité, le régime de Juillet avait démêlé quelques-uns des inconvénients de cette institution, et c'est une justice à lui rendre que, tout en maintenant des manières de cadres, il avait à peu près partout laissé la garde bourgeoise aller à vau-l'eau. Sans être absolument chimérique et tout en restant légale, la garde bourgeoise était devenue assez idéale, et ne mettait pas beaucoup d'énergie à réclamer le concours des citoyens. M. Dupont, qui habitait Tours depuis déjà douze ans, n'avait jamais été convoqué.

Beaucoup des membres de la petite conférence de Saint-Vincent de Paul avaient aussi, pour une raison ou pour une autre, échappé à ce fléau ridicule et malfaisant sous son apparence débonnaire. Devant les émeutes des dernières semaines de 1846 et en présence de l'éveil des mauvais appétits, les membres de la conférence qui furent appelés ne songèrent pas à décliner l'appel des autorités. Tout se faisait encore de façon assez paternelle. On n'était pas en république. Les citoyens gardaient quelque liberté : chacun pouvait choisir son corps et sa compagnie, et s'accommodait selon ses convenances, ses relations et ses affections. Or il se trouva qu'un des membres de la conférence, propriétaire à Tours, était capitaine dans la garde nationale : tous ses confrères, qui durent endosser le harnais, ne manquèrent pas de se faire inscrire dans sa compagnie. Elle avait déjà un certain caractère de conservation, que les nouvelles recrues accusèrent plus vigoureusement encore. Je ne sais pas le numéro de cette compagnie, mais je sais très bien le nom qu'on lui donnait : on l'appelait la compagnie des *Porte-cierges;* les gens polis disaient : « la compagnie des Saint-Vincent ». L'un et l'autre nom était accepté et passé dans le langage quasi officiel.

Lors de 1848, on supposa que cette compagnie des *Porte-cierges* pourrait avoir une attitude particulière. On savait au moins qu'elle avait des principes, auxquels elle voulait rester fidèle, une foi qu'elle tenait à garder. Au milieu de l'écroulement général, on la regarda un peu du coin de l'œil. Le sentiment qu'on avait de son esprit et de son devoir, lui fit même attribuer une influence où elle ne visait pas. Par exemple, il arriva que la municipalité révolutionnaire de Tours ne planta pas d'arbre de la liberté. On en plantait partout. C'était la folie du moment, un moyen innocent en soi d'entretenir dans les esprits une agitation facilement inclinée au mal. Les ouvriers de la Compagnie du chemin de fer avaient fait leur plantation en grande pompe à la gare; les communes limitrophes de la ville avaient eu aussi leur cérémonie : on ne s'expliquait pas la réserve de la municipalité de Tours. Le peuple assurait que les *Porte-cierges* y étaient pour quelque chose. On leur prêtait aussi divers projets; il y avait à leur occasion, dans les marchés, une manière de légende qui pénétrait jusque dans les maisons bourgeoises, et ne laissait pas d'inquiéter les esprits faibles et troublés, qui, craignant tout alors, auraient voulu tout ménager et auraient consenti à laisser tout piller par crainte du pillage.

Le ménagement est bon; toutefois la résistance est quelquefois nécessaire. Un échec devant le suffrage universel ayant mécontenté les démocrates, ils crurent pouvoir essayer de terroriser la ville. La municipalité, — une municipalité intronisée par l'émeute au 28 février, — d'accord avec eux par sympathie ou par faiblesse, les laissa préparer leur coup. Ils en appelèrent aux ateliers nationaux. On sait tout ce que ce nom rappelle. Ils étaient formés dans la vallée de l'Indre, où plusieurs milliers d'ouvriers étaient censés travailler aux terrassements du chemin de fer. L'armée de l'émeute était ainsi tout organisée à l'avance. On l'avait sous la main : on la convoqua à venir manifester par la ville. On avait une telle confiance dans la force résidant dans ses masses et dans la terreur qu'elles allaient répandre, qu'on n'avait pas caché le jeu; les projets avaient été annoncés publiquement. La compagnie des *Porte-cierges* se montra disposée à résister; son énergie, grâce à l'effroi qu'on ressentait, se propagea si rapidement parmi la garde nationale, que les plus entreprenants de la municipalité s'épouvantèrent à leur tour : ils redoutèrent une collision qui leur paraissait imminente. Ils s'employèrent de toutes leurs forces à détourner et à faire échouer la manifestation qu'ils avaient organisée, ou tout au moins laissé organiser. On acceptait bien, en effet, le projet de répandre la terreur; on reculait à la pensée de voir verser le sang. Je n'ai pas à insister sur les détails, ni à expliquer comment les bandes convoquées et déjà en marche sur la ville furent bernées par ceux mêmes qui les avaient appelées; comment on gagna du temps, en ralentissant leur promenade; comment on ne les laissa arriver qu'à la nuit close, et comment on les conduisit, par des chemins détournés, dans l'immense vaisseau d'une église abandonnée [1], où on les enferma et les gorgea de vin, de viande et de tabac, but et consolation de toutes les émeutes populaires. Celle-ci ne demanda pas son reste : elle s'en donna à cœur joie; et le lendemain, un à un, par petits groupes, les citoyens retournèrent aux baraques, aux pioches et aux discours de l'atelier national.

M. Dupont, je crois, ne fut intéressé qu'indirectement à toute cette aventure. Il savait fort bien tout ce que faisaient les *Porte-cierges*, et il les encourageait énergiquement. Il y a des cas où soutenir la cité, c'est défendre l'Église; mais je ne pense pas qu'il fût encore de la garde nationale. Son âge lui avait paru une excuse suffisante en 1847, et il ne fut incorporé que quelques semaines après ces minces événements.

D'après ce que nous avons rapporté de la con-

---

[1] L'église de Saint-Julien, rendue aujourd'hui au culte.

férence, on peut conclure que cette petite œuvre avait, pour ainsi dire, replacé M. Dupont dans un courant des choses humaines dont il s'était tenu scrupuleusement éloigné durant les premières années de son séjour à Tours. En s'installant dans cette ville, il s'était même sevré absolument de tout contact des feuilles publiques : il n'en connaissait pas qui répondît à son unique souci des intérêts de l'Église ; et les discussions de la politique ne pouvaient l'intéresser beaucoup. Ses relations avec la conférence de Saint-Vincent de Paul lui firent connaître *l'Univers* [1]. Sitôt qu'il put porter un jugement sur cette feuille, il lui donna ses sympathies. L'unique recherche des intérêts de l'Église, dont elle se piquait ; la résolution qu'elle professait de ne défendre que la vérité et de subordonner toutes les questions humaines, comme elles doivent l'être, aux questions religieuses, répondaient précisément aux plus intimes désirs du bon Pèlerin : il s'attacha à *l'Univers*. Son attachement, on le sait, n'était jamais inerte : il propagea et défendit partout la feuille si souvent incriminée ; il la défendit avec la verve et la force qui lui étaient particulières. Il ne la soutint pas seulement de ses recommandations et de sa parole : il lui avait donné entrée dans sa maison ; il la portait parfois à la main dans les

---

[1] Le président de la conférence de Tours alors était un collaborateur attitré de *l'Univers*.

rues, et ne craignait pas, en certains cas, de provoquer la discussion à son sujet, lui qui fuyait d'habitude les moindres débats. Il resta toujours attaché et dévoué à ce journal ; il avait compris le tort qu'on pouvait faire aux intérêts de l'Église en brisant une telle arme, et l'importance qu'il y avait à la laisser aux mains de ceux qui savaient la manier. Lors de la reconstitution du journal en 1867, il voulut être un des actionnaires. Il avait prédit d'ailleurs, et il attendait cette résurrection. Au moment de la suppression, en 1860, il avait écrit au rédacteur en chef une lettre brève comme celles qu'il écrivait, et que nous pouvons reproduire.

« Mon bien cher ami,

« Vous êtes mort glorieusement : la grande parole de Pie IX est votre linceul [1].

« Mais vous ressusciterez, et, comme le lion dont parle le livre des Juges, les anges viendront déposer, pendant votre sommeil, un rayon

---

[1] La suppression de *l'Univers*, le 29 janvier 1860, suivit immédiatement la publication faite par le journal de l'encyclique *Nullis certe verbis*. Avant d'en arriver à supprimer leur feuille, on avait essayé d'intimider les rédacteurs et de les empêcher de se faire les organes de la parole du souverain Pontife.

de miel sur vos lèvres. J'attends ce miel destiné à réjouir les cœurs chrétiens.

« En Jésus et aux pieds de Marie.

« Tours, 3 février 1860. »

Comme on lui parlait d'une restitution du prix de l'abonnement qu'il avait versé à l'avance, il ne voulut rien entendre : « J'attendrai le réveil, » répétait-il avec confiance.

XI

LA SALETTE. — ASSOCIATION RÉPARATRICE DES BLASPHÈMES ET DE LA PROFANATION DU DIMANCHE. — LE CURÉ D'ARS.

Vers le moment où M. Dupont entrait en relation avec *l'Univers* et vouait à cette feuille une affection dont il ne savait pas devoir être appelé à donner plus tard des preuves efficaces, un événement éclata au sein de l'Église, qui éveilla dans l'âme du serviteur de Dieu une explosion incomparable de ferveur, d'enthousiasme et d'amour : nous voulons parler de l'apparition de la sainte Vierge sur la montagne de la Salette, au mois de septembre 1846. Cette apparition se manifesta à un moment où de cruelles calamités pesaient sur la France : les récoltes avaient été chétives depuis plusieurs années. La science et la vanité politique ne voulaient pas qu'on prononçât les mots de disette ni de famine; mais « la crise des subsistances », comme on disait, n'en était pas moins à l'état aigu. On avait eu grand'peine à traverser l'hiver de 1845 à 1846 ; dans diverses contrées, on avait souffert de la faim. La récolte de 1846 fut une des moindres qu'on eût relevées depuis longtemps. Au mois d'octobre, des inondations réitérées ravagèrent les plus riches départements. Un fléau frappait les diverses denrées dont se compose la principale alimentation du pauvre. Les populations souffraient, s'exaltaient, s'agitaient. L'hiver, qui fut long et rigoureux, fut aussi précoce et malsain. J'ai déjà eu l'occasion de signaler dans cette notice comment toutes ces misères, surexcitées par les bruits les plus sinistres et les aspirations les plus mauvaises, entretenus et inspirés par les sociétés secrètes et les diverses associations socialistes et communistes, avaient enfin éveillé des émotions sanglantes dans diverses contrées, et s'étaient surtout accusées avec une sauvagerie épouvantable dans le Berry, à Buzançais.

Au milieu des inquiétudes et des douleurs de ces temps, le bruit de l'apparition de la sainte Vierge, le 19 septembre 1846, se propagea, sans le concours de la presse, avec une rapidité inouïe. On n'avait pas de relation complète, on n'avait même pas de relation. On savait que la sainte Vierge avait pleuré, qu'elle s'était plainte des blasphèmes et de la violation du dimanche; qu'elle avait menacé de divers fléaux, dont on ressentait déjà les atteintes; qu'elle demandait aux peuples de se convertir, s'ils voulaient détourner la colère de Dieu.

Tout le monde connaît les faits. Un samedi, veille de la fête de Notre-Dame des Sept Douleurs, deux enfants, incultes et à peu près inintelligents, étaient descendus, au soir, d'une montagne, où ils avaient gardé leurs troupeaux dans la journée, disant qu'ils avaient vu une belle dame dans une grande lumière, et qu'elle leur avait tenu un discours. Ils redisaient ce discours, qu'ils eussent été incapables d'imaginer, de comprendre ou d'apprendre. Leur récit avait un tel caractère, que les maisons où ils avaient reconduit leurs bestiaux s'émurent profondément ; les maîtres se concertèrent, et exigèrent que les enfants allassent le lendemain, de grand matin, faire leur déposition au curé. C'était un vieillard. Il fut à son tour touché jusqu'aux larmes. La sincérité et la gravité du témoignage qu'il recevait, le confondirent. A la messe, il ne put se retenir, à son prône, de dire en sanglotant quelque chose de ce qu'il venait d'apprendre. Les paroissiens, bouleversés à leur tour et cédant à un mouvement irrésistible, montèrent à la montagne, qu'ils connaissaient tous. Là, un nouveau témoignage confirmait la parole des enfants : à la place qu'ils avaient désignée pour celle où la belle Dame, en pleurant, les avait entretenus des douleurs et de la colère de son Fils, une source avait jailli. Les paysans de la Salette n'en demandèrent pas davantage : ils se convertirent, et se mirent à suivre les avis qui leur avaient été transmis. Plus de blasphèmes parmi eux, plus de travail le dimanche; exactitude à la prière et aux autres exercices de dévotion. Touchés et pénétrés jusqu'au fond du cœur, ces bonnes gens n'hésitèrent pas à planter une croix à l'endroit de l'apparition, auprès de la source qui coulait toujours : une grande croix grossièrement et lourdement faite, qu'ils eurent grand'peine à monter au haut de la montagne. Un peu plus tard, ils en plantèrent une seconde, à l'endroit où la sainte Vierge avait disparu, ou, comme disaient les enfants, avait *fondu* en s'élevant en l'air, au haut d'un petit ravin dont elle avait gravi la pente en conversant avec les heureux bergers. On ajouta ensuite à ces deux premières croix douze autres plus petites, qui servirent aux pèlerins pour l'exercice du chemin de croix.

Cette montagne isolée était en effet devenue aussitôt un lieu de pèlerinage. Aux habitants de la paroisse de la Salette, petite commune de huit cents âmes, s'étaient unis les habitants de Corps, chef-lieu de canton, à près de seize kilomètres du lieu de l'apparition. Les deux bergers étaient originaires de Corps : l'événement fut bientôt connu dans cette paroisse, puisque le petit garçon, qui n'était « loué » que pour quelques jours, rentra le dimanche soir chez ses parents. Le bruit de l'apparition l'avait-il précédé? On sait que le maire de la Salette, qui interrogea les deux enfants, le dimanche 20, les avait engagés à ne rien dire de ce qu'ils avaient vu, leur avait proposé d'acheter leur silence, et les avait menacés de les faire arrêter. A Corps, le petit berger rencontra bien quelques contradictions; mais son père, le premier, sentit la vérité de son récit et y adhéra en se convertissant. Des miracles bientôt se mirent de la partie. Dix jours après l'apparition, le curé de Corps, accompagné des deux enfants et escorté de quelques-uns de ses paroissiens, voulut monter au lieu de l'apparition. Il était ému et profondément touché du récit des bergers. Il n'osait cependant se livrer à son émotion il gravissait la montagne par un esprit de légitime curiosité et de sage investigation, plutôt encore que par le sentiment d'une dévotion, à laquelle il n'osait s'abandonner. Arrivé sur le plateau, tous les scrupules de sa raison et toutes les hésitations de son esprit s'évanouirent; il ne sentit en lui que le besoin, l'attrait et le sentiment de se prosterner et de prier. Le miracle était dans l'atmosphère, dit-il; l'air, le sol, le gazon, en étaient embaumés. Agenouillé avec ses compagnons aussi émus que lui, il récita le chapelet, les litanies, diverses autres prières; il cueillit de petites fleurs, des brins d'herbe, à l'endroit où la sainte Vierge avait passé; il prit quelques fragments de la pierre où elle s'était assise, et rapporta à Corps de l'eau de la source qui avait jailli subitement.

L'usage de cette eau amena des guérisons singulières. Les gens de Corps, ceux des autres villages perdus dans les montagnes, où le bruit de ces événements avait pénétré, montaient, isolés ou en groupe, au plateau de l'apparition. « Allons, » se disaient-ils les uns aux autres, « et voyons ce qui s'est passé. » L'hiver, avons-nous dit, fut précoce cette année. Le 24 novembre, par une neige dense et menue comme il en tombe dans les montagnes, la confrérie des pénitents de Corps, qui comprenait, selon un ancien usage du Midi, presque tous les hommes recommandables de la paroisse, la confrérie des pénitents accomplissait son pèlerinage au lieu de l'apparition ; elle allait y réciter son office. C'était un acte de piété purement laïque : aucun prêtre n'accompagnait les pèlerins. Ils avaient emmené avec eux les deux bergers. D'autres villages avaient fait comme celui de Corps, et près de quinze cents pèlerins se trouvèrent sur la montagne.

Il y avait déjà eu diverses grâces singulières ; mais, ce jour-là, deux guérisons éclatantes eurent lieu par l'intercession de Notre-Dame de la Salette. Une hydropique d'un des villages avoisinants fut guérie sur la montagne même de l'apparition. Une femme de Corps, affligée de paralysie depuis un grand nombre d'années, s'était recommandée aux prières des pénitents au moment de leur départ : elle alla le soir au-devant d'eux à leur retour. Toute la paroisse, qui la connaissait, fut émue jusqu'aux larmes de la voir marcher. Elle se plaça en tête de la procession, entre les deux enfants, et l'on fit le tour de la ville en chantant le *Te Deum;* on entra ensuite à l'église, au son des cloches, pour rendre grâces à Dieu et à Notre-Dame de la Salette.

Depuis ce jour, les gens de Corps aimaient à faire la procession autour de la ville en chantant des cantiques ; ils entraient ensuite à l'église remercier Dieu et faire la prière du soir. Ils prétendirent que cette pratique avait, plus tard, préservé leur ville des atteintes du choléra.

Je n'ai pas besoin de dire que le blasphème avait universellement cessé à Corps; plus de travail du dimanche non plus. La ville semblait transformée; toutes les montagnes environnantes étaient dans le même enthousiasme : *Montes exultaverunt,* eût dit M. Dupont. Les avertissements et les menaces de la sainte Vierge étaient l'unique préoccupation des esprits. Quelques officiers qui, vers la mi-octobre, avaient passé à Corps avec une petite troupe de recrues, constatèrent l'émotion du pays. Le renom de l'événement de la Salette avait déjà couru au loin. Ces officiers, en arrivant à Corps, avaient le projet de prendre des informations : elles leur furent données abondamment et surabondamment.

Je ne veux pas raconter ici toute l'histoire de la Salette; il faut cependant relever un point. Le clergé ne restait pas indifférent à cet enthousiasme; il le partageait et eût été disposé à parler de l'événement; mais, dès la première quinzaine, une circulaire épiscopale (9 octobre 1846), lui rappela les statuts synodaux recommandant de ne pas parler en chaire de faits réputés merveilleux, avant que l'évêque eût prononcé. En même temps, le prélat avait envoyé le supérieur du séminaire et quelques-uns des professeurs prendre des informations. Ils visitèrent la montagne et interrogèrent les enfants. Sur leur rapport, le prélat, évoquant à lui toute l'affaire, ouvrit une enquête. La réserve qu'il imposait au clergé de son diocèse fut observée au loin; toutefois, l'évêque de Grenoble n'avait pas voulu contredire les paroles de la sainte Vierge, qui avait dit aux enfants : « Faites passer à mon peuple. » Dociles à cette mission, les enfants répétaient à tous ceux qui les voulaient écouter le récit de ce qu'ils avaient vu et entendu. Tout le peuple de Marie, ce peuple encore nombreux, bien que confondu et comme perdu au milieu des indifférents, tout le peuple de Marie recevait cet enseignement avec avidité. En peu de semaines, le bruit de l'événement s'était répandu dans presque toute la France. On en savait la merveille et le but, mais on n'en connaissait pas les détails.

Les journaux catholiques gardaient la réserve recommandée par le vénérable évêque de Grenoble à son clergé. La presse irréligieuse rompit le silence la première : elle voulut dénoncer à l'opinion publique le mouvement extraordinaire qui agitait les montagnes du Dauphiné.

L'Univers en parla pour la première fois au mois de février 1847 : il répondait à une diatribe du *Siècle,* et se bornait à soutenir la thèse de la possibilité des miracles. A l'occasion de cette polémique, pour répondre à la préoccupation de beaucoup d'esprits, le journal catholique, dont les lecteurs n'étaient pas encore bien nombreux, publia une lettre d'une religieuse de Corps, racontant, non pas l'apparition du 19 septembre, mais quelques-uns des faits merveilleux qui avaient suivi, entre autres la guérison instantanée de la paralytique, le 24 novembre. Des copies de cette lettre circulaient en effet depuis quelque temps, de la main à la main. La feuille parisienne était d'ailleurs si peu au courant, cinq mois déjà après l'apparition, qu'elle ne connaissait pas le nom de la paroisse où elle avait eu lieu, et elle laissait ses imprimeurs le défigurer en celui de *la Sollette.* M. Dupont n'eût pas commis cette faute. Personne n'avait pu accueillir les avertissements de la sainte Vierge plus ardemment que lui. Le blasphème et la profanation du dimanche étaient, nous le savons, la grande préoccupation du saint homme ; et la réparation était tout à la fois le but et l'aliment de sa dévotion. Les larmes de la Mère de Dieu, ses douleurs, ses menaces, ne pouvaient rencontrer une âme mieux disposée à en goûter et à en propager les enseignements.

Dès les premiers mots qu'il en connut, il s'était mis en correspondance avec le curé et les religieuses de Corps. On pouvait aller aux renseignements près de lui : il les communiquait avec réserve, et, malgré son enthousiasme, ne prenait pas facilement l'initiative ; mais il redoublait de prières. Sous l'impulsion de son zèle et en correspondance avec des événements merveilleux, dont nous aurons à parler, qui se passaient à Tours même, il avait rêvé et déjà préparé une association réparatrice du blasphème et de la profanation du dimanche. C'était une modeste association de prières ; les statuts en étaient fort simples : ils se réduisaient à deux articles.

Par le premier, il était proposé à tous les chrétiens : 1° de s'unir pour réparer les outrages faits à Dieu par le blasphème et la profanation du dimanche ; 2° d'user de leur influence et de leur autorité pour réprimer ces deux scandales ; 3° de ne se rendre jamais coupables eux-mêmes de ces deux péchés.

Le second article avait trait aux obligations des membres de l'association. Ces obligations se bornaient à réciter, tous les jours, le *Pater*, l'*Ave* et le *Gloria Patri*. En outre, les membres étaient invités à faire quelque acte de réparation chaque fois qu'ils voyaient profaner le dimanche et entendaient blasphémer le saint nom de Dieu. On leur suggérait, à ce propos, les deux protestations suivantes : *Sit nomen Domini benedictum! Vade retro, Satana!*

Rien de plus aisé ni de plus pratique, on le voit, que ces petits statuts. C'est un caractère commun à toutes les propositions de M. Dupont. En fait de charité et de dévouement personnel, il pouvait parfois excéder un peu et laisser courir son imagination; en fait de prières et de dévotion, il avait le sens essentiellement pratique : il se tenait à la mesure juste et accessible à tous. L'archevêque de Tours avait approuvé l'association réparatrice. M. Dupont avait accompagné les statuts, que nous avons reproduits à peu près intégralement, de quelques considérations sur le blasphème; et l'aumônier du Carmel de Tours, sous une inspiration dont nous aurons à parler, avait composé ou choisi un recueil de prières pour la réparation des blasphèmes et aussi pour la conversion des blasphémateurs. Tout ce petit travail était achevé, lorsque l'événement de la Salette et les paroles de la sainte Vierge pressèrent le

Pèlerin de propager sa pensée. Il fit imprimer un petit volume intitulé : *Association de prières contre le blasphème, les imprécations et la profanation du dimanche* (1).

Dans les considérations sur le blasphème qui occupent une partie de ce petit volume, M. Dupont avait réuni les divers témoignages contemporains des ardents désirs de l'Église de voir travailler à réparer les outrages adressés quotidiennement à Dieu, les encouragements que le Saint-Père et les divers évêques de France avaient donnés à cet esprit de réparation ; il se garda de rien dire de ce qui s'était passé sur la montagne de la Salette. Mais la commotion que ce grand événement avait jetée dans les âmes l'aida sans doute à la propagation du petit volume. En quelques mois, il était répandu par toute la France, et l'association pénétra rapidement au delà des mers. Elle répondait si bien aux paroles et aux douleurs de la sainte Vierge !

Sitôt que le printemps parut, les pèlerinages à la Salette, qui n'avaient, pour ainsi dire, pas cessé durant l'hiver, prirent des proportions considérables. Un jour du mois de mai, dix mille pèlerins se trouvèrent sur la montagne. Il n'y avait pas d'autels encore, pas d'abri, rien que les croix plantées par les paysans et l'eau de la fontaine, qui coulait toujours.

(1) In-32. Tours, Mame.

Aucun office canonique n'avait lieu. Si des prêtres se trouvaient parmi les pèlerins, ils ne s'acquittaient d'aucune fonction sacerdotale; les pèlerins s'agenouillaient, faisaient des prières, chantaient des litanies et des cantiques, buvaient de l'eau, baisaient la terre, y prenaient des brins d'herbe qu'ils ramassaient comme des trésors, et s'en retournaient en procession ou isolément, rendant grâce à Dieu en chantant ou dans le fond de leurs cœurs.

L'évêque de Grenoble ne parlait toujours pas. Le premier ecclésiastique qui annonça publiquement en chaire l'apparition, fut l'évêque de la Rochelle, depuis cardinal Villecourt, sur la montagne de Notre-Dame de Fourvière, à Saint-Just de Lyon, le 1er août 1847. Le prélat revenait de la Salette : il avait interrogé les bergers, visité les lieux et pris des informations; il raconta en détail l'événement miraculeux, tout en faisant d'ailleurs ses réserves sur la décision de l'autorité compétente et ne parlant qu'au nom de ses convictions personnelles.

Vers la fin du mois d'août, sous le titre de *Pèlerinage à la Salette, ou Examen critique de l'apparition de la sainte Vierge à deux bergers*[1], parut une petite brochure sérieusement faite, qui, tout en donnant plus à la critique qu'à la narra-

---

(1). Par M. l'abbé Bez, chanoine honoraire de Saint-Dié. In-32, 150 pages. Léon Guyot.

tion, contenait au moins une version exacte du discours de la sainte Vierge. Ce fut le seul écrit vraiment recommandable qui ait été imprimé dans le courant de la première année [1]. La réserve recommandée par l'évêque de Grenoble avait été observée partout, et, pour ainsi dire, à la lettre. Quelques petites feuilles volantes, quelques images avaient essayé de répondre à l'intérêt du peuple chrétien ; les évêques avaient plutôt réprimé qu'encouragé ces modestes publications : l'évêque de Grenoble avait manifesté son mécontentement à propos d'une lithographie ; à Tours, l'archevêque avait fait recommander aux librairies religieuses de ne rien mettre en vente qui concernât le fait de la Salette. En dépit des réserves et à travers l'obéissance des fidèles, l'intéressante nouvelle avait soulevé une émotion profonde. Les pèlerinages ne cessaient point, et l'on pressentait pour l'anniversaire une manifestation éclatante.

Le 19 septembre 1847 était un dimanche.

L'évêque autorisa, pour ce jour-là, la célébration de la messe sur la montagne. Il alla plus loin : sans se prononcer néanmoins sur le résultat des informations ouvertes, il leva les défenses qu'il avait portées de parler en chaire de l'appa-

---

[1] Le récit de Mgr Villecourt, le plus complet et le plus historique qui ait été publié, ne parut qu'au mois d'octobre 1847.

rition. On éleva en toute hâte sur la montagne quatre autels provisoires; on prépara des milliers d'hosties à consacrer et à distribuer aux pèlerins. Mais toutes les prévisions furent dépassées: le mouvement qui portait le peuple vers la sainte montagne, prit des proportions inimaginables. Plus de soixante mille pèlerins se trouvèrent, le 19 septembre 1847, sur la montagne de la Salette. Dès le 18, ils arrivaient isolés ou par bandes, et formaient des masses imposantes. Le soir, huit à dix mille personnes, jalouses d'assister aux messes qui devaient se célébrer le lendemain matin, étaient réunies sur le plateau de l'apparition. La pluie, qui commença à tomber vers les dix heures du soir, ne lassa pas la ferveur de ces chrétiens; elle n'arrêta pas ceux qui étaient en route, et dont le flot, montant toujours, grossissait à chaque instant cette multitude. Tout ce peuple fidèle se prosternait, priait, chantait. Ce fut sous l'impulsion de cette piété populaire que s'inaugura la pratique, depuis quarante ans perpétuée sur la montagne, de célébrer solennellement le chemin de croix pendant la nuit du 18 au 19 septembre, afin de préparer les pèlerins au saint sacrifice. A ce premier anniversaire, les pèlerins étaient de tous les diocèses de France et même de tous les pays chrétiens. L'enthousiasme, la componction, les larmes, gagnaient cette foule. Hors d'elle-même, sous la pluie et dans la boue, fervente, éperdue, elle faisait en pleurant l'exercice du chemin de la croix. Cette dévotion répondait si bien aux enseignements de la sainte Vierge ! Les chants qui éclataient à chaque station, les paroles enflammées jetées à cet immense auditoire, les ardentes invocations liturgiques à Marie d'accomplir son œuvre, — l'œuvre qu'elle avait elle-même recommandée sur cette sainte montagne, — d'imprimer et de fixer validement les plaies du Christ dans tous ces cœurs voués à la Mère de douleurs : tout cela répondait si bien aux sentiments de foi et d'amour des pèlerins, que les âmes se fondaient de délices pendant cette grande nuit. Après le chemin de la croix, selon l'usage qui s'est toujours conservé à la Salette, les messes commencèrent : on en célébra, nous l'avons dit, tant qu'il y eut des hosties. On réserva un pain pour la messe solennelle, où une allocution fut adressée à toute cette foule, qui rappelait si bien les multitudes courant après Notre-Seigneur dans le désert. Je crois que ce fut le P. Sibillat, mort il y a déjà quelques années, après un fructueux ministère de la parole, et qui, dès les premiers jours, s'était donné à l'apostolat de la Salette ; je crois que ce fut le P. Sibillat qui parla en cette circonstance. Emporté par son propre enthousiasme, et aussi par celui de cette multitude attirée à un si lointain et si haut désert, l'orateur, on le sait, se laissa aller à proclamer, au milieu des acclamations, que si la sainte Vierge n'était pas apparue l'année précédente, elle se devait à elle-même de ne pas laisser ce peuple dans l'illusion, et de répondre à la confiance qu'il lui témoignait, en se manifestant à ses yeux.

Après la messe, les soixante mille pèlerins commencèrent à quitter la montagne, allant propager partout les grandeurs de la Salette et répondant ainsi de vive voix, sans le secours de la presse, à l'injonction de la sainte Vierge aux bergers : « Faites passer à tout mon peuple. » M. Dupont, on peut le croire, s'y appliqua encore plus énergiquement qu'auparavant. Il n'avait d'ailleurs pas attendu l'anniversaire pour se rendre à la sainte montagne : il y avait fait son pèlerinage trois jours après Mgr l'évêque de la Rochelle. A Corps, il avait visité les sœurs de la Providence, qui, on le sait, avaient recueilli les bergers. Sous la conduite de ces enfants, M. Dupont, avec sa petite troupe de pèlerins, un prêtre et quelques sœurs, gravit la montagne, le 27 juillet 1847. Ils rencontrèrent en route ou trouvèrent au sommet une soixantaine de pèlerins environ, venus de divers côtés. La première chose que M. Dupont fit en arrivant, tout exténué de la route et inondé de transpiration, fut de prendre, au risque d'une pulmonie foudroyante, dit-il, plusieurs verres d'eau de la fontaine miraculeuse. « C'est ce que font tous les pèlerins, » ajoute-t-il. « L'eau est très froide ; mais, chose extraordinaire ! au même instant le linge est séché sur le corps, on est remis de sa fatigue, et l'on fait à genoux les quatorze stations du chemin de la croix, dans le trajet parcouru par la sainte Vierge. » Parmi les pèlerins, ce jour-là, se trouvait un opposant. Les enfants, que M. Dupont avait interrogés minutieusement la veille à Corps, reproduisirent leur récit, et l'opposant, en dépit de la pieuse édification de l'assemblée, se prit à contredire et à discuter ; il cherchait à prendre les témoins en défaut et se refusait à la croire.

— On ne comprend rien à tout cela, s'écria-t-il brusquement en s'adressant à Mélanie ; et celle-ci de lui répondre doucement :

— Monsieur, comprenez-vous les mystères ?

Abasourdi de cette réplique, l'incrédule, en se tournant vers la foule, s'écria :

— Ceci est soufflé !

— Dites, interrompit M. Dupont, que c'est inspiré.

Cette négation, si désagréable qu'elle fût, n'était que pour exciter la piété des pèlerins. Il y avait d'ailleurs dans la compagnie un missionnaire, qui ne se refusait pas à la discussion et qui rétorquait vivement les contradictions de l'opposant. L'assistance suivait avec joie, avec piété, avec triomphe, les arguments du missionnaire ;

et, dans un mouvement d'entraînement et d'applaudissements, quelques voix mirent fin au débat en disant au missionnaire :

— Père, prêchez-nous, prêchez-nous !

— Non pas ! reprit vivement l'opposant. Monseigneur l'a défendu : il n'est pas permis de prêcher ici. »

— Il est toujours permis d'y prier, » répliqua le missionnaire, qui, tombant à genoux avec toute l'assistance, entonne, pour ainsi dire, une amende honorable pour les blasphèmes et la profanation du dimanche. Les cœurs étaient entraînés, la piété était unanime. L'opposant reste quelques instants debout, seul au milieu de l'assistance agenouillée et suppliante ; mais bientôt, pris de confusion et n'osant tourner le dos, il fléchit, lui aussi, les genoux. L'enthousiasme emportait les pèlerins. M. Dupont ne se possédait pas : il baisait cette terre bénie. « Il fallait le voir », dit un témoin, « se traîner à genoux dans le sentier parcouru par la sainte Vierge, y coller ses lèvres et son front, arracher le gazon comme un précieux souvenir, recueillir les petites pierres, boire délicieusement à la fontaine. On se croyait, on se tenait sur le Thabor.

— « Je reviendrai, » disait le Pèlerin, le Pèlerin qui a fait cent quatre-vingts lieues, « je reviendrai. »

Il était plein de vigueur et de courage : les longs pèlerinages ne l'étonnaient point ; il venait à bout des excursions les plus pénibles. Toutefois il ne revint pas. Quand, plus tard, ses compagnons lui rappelaient sa promesse, il disait en souriant qu'il était désormais un pèlerin embourbé et le valet de la Sainte-Face, qui ne lui laissait plus de liberté.

Son pèlerinage à la Salette et la grande fête de l'anniversaire, qui emporta les premières autorisations épiscopales, avaient confirmé l'ardeur du bon Pèlerin et lui avaient donné plus de liberté. Ses relations personnelles avec le curé de Corps n'étaient pas pour éteindre la correspondance entre eux ; et puisqu'il s'était déjà fait, comme nous le dirons tout à l'heure, le *colporteur* de saint Louis contre les blasphèmes, il voulut de tout son cœur se faire le héraut de la Salette. C'était la même dévotion, la même pensée d'expiation et de réparation. Il avait rapporté de l'eau de la fontaine miraculeuse, et il la débitait autour de lui ; il la débitait à son mode, gaiement et sérieusement, résolument et assidûment. La petite provision qu'il avait apportée à Tours, fut bientôt épuisée ; mais il en fit avec constance venir de la Salette. Ce qu'il faisait pour Dieu était toujours organisé d'une façon pratique et complète jusque dans les moindres détails. Il s'était fourni d'une quantité prodigieuse de petites fioles; il les emplissait lui-même, les bouchait et préparait les bouchons avec soin. Il faisait toutes ces petites opérations activement et tranquillement, pensant à Dieu et toujours préoccupé de la pensée et de la volonté de combattre le démon. Quand on le surprenait quelquefois, ses tables, sa cheminée, son secrétaire couverts de ces petites fioles qu'il emplissait et qu'il traitait l'une après l'autre, essayant les bouchons, les coupant, et s'assurant, avec plus de scrupule qu'un garçon pharmacien, qu'ils ne laissaient échapper aucune goutte du précieux liquide; quand on le surprenait, empressé et ardent à cette menue besogne, et qu'on l'interrogeait sur ce qu'il faisait :

— Je prépare mon artillerie, répondait-il; et elle est souveraine, ajoutait-il en riant.

Il ne sortait plus sans avoir les poches bourrées de cette bonne escopetterie. Il portait ses fioles d'eau de la Salette aux malades; il les donnait à ceux qui avaient confiance; il en offrait à ceux qui ne songeaient pas à lui en demander. Il préludait ainsi à une autre propagande, qu'il fit un peu plus tard et qui eut un bien plus grand retentissement. Mais il resta toujours fidèle à sa dévotion de distribuer l'eau de la Salette. Il n'était pas dans son caractère d'abandonner les dévotions qu'il avait une fois embrassées. Quand une autre distribution occupa tous ses instants, il chargea un couvent de Tours, celui de la Présentation, de répandre l'eau de la Salette, et il pourvut toujours à l'approvisionnement.

En revenant de la Salette à Tours, M. Dupont avait fait un pèlerinage à Ars. Ars, en 1847, n'avait pas encore acquis tout le renom qu'il eut plus tard. Le vénérable curé résidait cependant dans cette paroisse depuis déjà près de trente ans, et bien des merveilles s'étaient accomplies entre ses mains. On courait vers lui. On avait, depuis plusieurs années, organisé à Lyon un service de voitures qui conduisaient les pèlerins vers le confesseur. Ars a été, en effet, pendant quarante ans, le pèlerinage du sacrement de la pénitence. Les foules accouraient dans cette obscure paroisse pour se confesser et contempler un confesseur ; elles venaient là, d'un mouvement spontané, sans avoir été sollicitées par personne. Aucune feuille publique, à ma connaissance, n'avait encore en 1847 parlé du curé d'Ars; et je crois bien que, pendant longtemps encore, le saint curé n'eut d'autre publicité que celle d'un petit placard à la main, pendu au coin d'une des plus obscures rues de Lyon, portant indication d'un service de voitures pour Ars. Le renom des vertus et des merveilles qui brillaient dans cette petite paroisse des Dombes, s'étendait cependant et rayonnait vivement tout autour de Lyon. Les voitures ne chômaient point. Ce n'était cependant pas encore le bruit général et public qu'on a entendu plus tard dans toute l'Église. Beaucoup de catholiques, même fervents, restaient ignorants des prodiges d'Ars. M. Dupont en avait été informé en détail, et depuis longtemps déjà. On dit que, quand il aborda le saint curé, celui-ci le distingua au milieu de la foule qui l'entourait toujours, lui ouvrit les bras et l'embrassa. Il ajouta :

— Ah! mon ami, nous nous reverrons en paradis. Qu'il sera bon d'y chanter les louanges de Dieu !

M. Dupont ne se vanta pas de cet accueil, ni surtout de cette parole, qu'il recueillit comme un trésor. Elle est bien dans les notes du saint curé ; et je connais d'autres âmes délicates et de grand prix, que M. Vianney salua à peu près de la même manière, et qui non plus n'en demandèrent pas davantage.

XII

HENRIETTE DUPONT

M. Dupont était rentré à Tours enthousiasmé de son double pèlerinage. Son âme avait été heureuse, et il chantait son hymne de reconnaissance. Dieu l'attendait au milieu de cet épanouissement. Il allait mettre le bon Pèlerin en présence de l'œuvre qu'il avait à accomplir; il allait faire briller sa vertu d'une façon merveilleuse; mais auparavant, il allait donner une dernière perfection à son serviteur et lui imposer la croix la plus formidable à la nature.

Henriette Dupont achevait sa quinzième année. C'était une grande et belle fille, où l'on admirait toute la richesse et la précocité du sang créole. Elle avait en abondance les dons qui peuvent attirer et charmer les regards : elle était intelligente, aimable, ardente; elle souriait avec confiance à la vie et à toutes les aspirations de la vie.

Modeste, chaste, innocente, elle s'abandonnait à la joie d'être aimée et choyée; son père et son aïeule, à l'envi, lui faisaient connaître ce bonheur; elle ne prévoyait pas qu'il pût y avoir des affections dont elle dût se défier. Joyeuse, elle envisageait le monde avec une sorte de curiosité naïve. Tout en elle paraissait s'éveiller et sourire; mais le père avait cru pressentir, dans ce sourire joyeux et pur, une disposition et comme un attrait vers le plaisir, les apparences et les applaudissements. Sa piété et sa tendresse s'en étaient alarmées; il avait confié ses alarmes à Dieu.

Au mois d'août 1847, il y avait eu fête au couvent des ursulines, on y avait récité en grand apparat quelques scènes d'*Athalie*. La fête était intime. Les religieuses, les pensionnaires, le supérieur et le confesseur de la communauté formaient toute l'assistance. Un laïque cependant était présent, et je n'ai que faire de le nommer. Henriette Dupont avait été chargée du rôle d'Athalie; elle voulut s'attifer pour faire son personnage de reine, et la condescendance paternelle mit à sa disposition quelques parures de sa mère. La jeunesse et la beauté d'Henriette resplendirent de telle sorte, que le père assurément ne put se défendre de la contempler avec complaisance. En admirant les dons de Dieu, il tenait surtout à en conserver la splendeur.

Il avait interrogé Henriette sur sa vocation, et cette vocation n'était pas à la vie religieuse. Comment alors armer cette enfant ardente et ingénue contre les vanités du monde? et à quels dangers ne pouvait-elle pas être exposée ?...

M. Dupont trembla. « Mon Dieu, » disait-il dans sa prière, « si vous prévoyez qu'elle doive s'écarter de la droite voie, je vous demande de la prendre dans son innocence et sa fleur ! Ne me la laissez pas voir livrée aux vanités du siècle. »

Dieu parut entendre cette prière héroïque, véritablement animée de la foi d'Abraham. Deux mois à peine après les pèlerinages de son père à Ars et à la Salette, Henriette Dupont tomba malade. La maladie fut terrible et comme foudroyante. L'habile praticien qui en surveilla les progrès, était confondu de cette rapidité et de ces ravages; sa longue expérience ne lui présentait pas d'exemples analogues. En quelques jours, Henriette fut à toute extrémité. Brisé, passant les nuits, s'épuisant dans les soins les plus tendres, le père restait ferme dans ses résolutions. Il offrait son enfant à Dieu ; il la lui donnait généreusement et joyeusement même. Son affection et sa foi se révoltaient à la pensée de la laisser contaminer au monde. Qu'elle reste pure ! qu'elle se présente à Dieu avec la robe virginale ! Il la préparait lui-même à la mort, il l'entretenait du ciel avec enthousiasme, il enviait le bonheur de celle qui allait y entrer. Son cœur était brisé néanmoins. Il quittait de temps en temps le lit où agonisait son enfant, pour descendre dans sa chambre se prosterner devant

Dieu. La dernière nuit, — c'était à peine la cinquième de la maladie, — deux amis, deux confrères de Saint-Vincent de Paul, voulurent la passer, non pas auprès de la malade, qui restait uniquement confiée aux soins de son père, de son aïeule et d'une mulâtresse attachée à son service depuis son enfance, mais auprès ou plutôt à la disposition de M. Dupont. Il n'avait besoin de personne assurément : il avait Dieu avec lui.

Le grand spectacle qu'il offrait dans sa foi et sa douleur, était si admirable et si plein d'édification, qu'on ne pouvait s'en éloigner. Il allait du lit de sa fille à sa chambre, où veillaient et priaient les deux amis. Il venait répondre à leur sollicitude et leur annoncer l'état des choses. Henriette avait été administrée. Le père l'avait exhortée en lui montrant les portes du ciel qui s'ouvraient devant elle; il l'avait, en vertu de son autorité paternelle, chargée de ses ordres auprès de Dieu et de ses recommandations pour ses amis et les personnes de la maison. Le dernier moment approchait. L'aïeule, la fidèle bonne étaient dans la désolation; M. Dupont, agenouillé au pied du lit d'où son enfant s'envolait vers le ciel, tenait dans ses mains la main du médecin, et, les yeux fixés sur sa fille, répétait doucement :

— « Docteur, elle va voir Dieu! elle va voir Dieu! »

Le médecin, une illustration, M. Bretonneau,

un incrédule, hélas! dont le cœur délicat, labouré par cette grande scène, parut rester néanmoins stérile à la lumière et à la vérité, le médecin pouvait à peine retenir ses larmes. M. Dupont, radieux, fervent, broyé en même temps, persévérait dans sa contemplation et son affirmation :

— « Elle va voir Dieu ! »

Quand enfin le dernier soupir s'exhala doucement et que l'enfant fut la proie de la mort, le père, avec une sérénité céleste, s'adressant toujours au médecin, et cette fois se tournant vers lui :

— « Docteur, » dit-il, « elle voit Dieu ! »

Il resta un instant immobile; puis, debout, récita le *Magnificat*.

Après avoir reconduit le médecin, qui, malgré son scepticisme, s'en allait répétant qu'il avait enfin vu un chrétien, M. Dupont alla donner la triste et bonne nouvelle aux amis qui n'avaient pas quitté la maison.

— « Elle voit Dieu ! » répétait-il; et, dans la douleur la plus vive et la plus profonde qui se puisse concevoir, on voyait la paix et la générosité de l'âme, on démêlait la joie sublime du sacrifice offert à Dieu, le sacrifice le plus précieux et le plus cher : une enfant unique, dans toute la pureté et la beauté de la jeunesse !

On dit que cette constance parut un instant faiblir. M. Dupont avait veillé sur la vie de sa fille;

il veilla sur sa mort. Il ne quitta guère le lit funèbre que lorsque l'Église eut enlevé la dépouille mortelle d'Henriette. La mort n'avait pas défiguré cette enfant que le père avait si généreusement donnée à Dieu. Au moment de l'ensevelir, M. Dupont la contempla une dernière fois : il allait cacher à ses propres regards ce doux et beau visage qui avait été sa joie. Dans cette suprême contemplation, son cœur parut se briser : ses traits s'altèrent profondément, les larmes couvrent son visage, les sanglots vont éclater, il est sur le point de défaillir. Mais le chrétien s'humilie et tombe à genoux ; il se recueille, prie un instant, et, se relevant avec un visage transfiguré, où brille, à travers les larmes, une sérénité céleste :

— « J'allais être vaincu, » dit-il avec une sorte de sourire, « j'allais être vaincu ; et cependant il est bien vrai que ma fille est désormais moins éloignée de moi. Deux murailles nous séparaient : l'une est tombée, la mienne s'écroulera aussi, et nous serons réunis ! »

Il levait les yeux vers le ciel. Aux visiteurs qui lui présentaient leurs condoléances, il montrait le lit funèbre en disant :

— « Elle n'est plus ici : pourquoi chercher parmi les morts celle qui est vivante ? »

Il n'appartenait vraiment plus à la terre, et les paroles inspirées se pressaient sur ses lèvres :

— « Dieu me l'avait donnée, Dieu me l'a ôtée : que son nom soit béni ! » disait-il.

Les images et comparaisons mystiques sortaient aussi du fond de son cœur; l'admiration et la louange se mêlaient à la douleur. « Notre-Seigneur est un bon jardinier, » affirmait-il : « il est venu dès l'aurore cueillir dans son jardin la fleur fraîche et pure ! »

Cette pensée du divin Jardinier l'attirait et lui souriait : il fit faire une petite image représentant Notre-Seigneur sous l'emblème d'un jardinier cueillant une fleur dans un jardin.

Ceux qui l'ont approché durant ces jours, n'ont jamais pu oublier qu'ils avaient vu un chrétien. Il y avait sur son visage, dans ses moindres paroles, dans toutes ses actions, une générosité, une douleur et une sérénité en même temps, qu'il est impossible de décrire, et dont, après tant d'années, je crois sentir encore toute vive l'expression édifiante et ardente.

Je le vois au retour des obsèques, entouré de quelques confrères de Saint-Vincent de Paul qui avaient voulu le saluer : sa haute taille enveloppée d'un large vêtement; ses grands traits calmes, austères, pleins de douceur; les yeux bleus, profonds et purs; la tête couverte d'un mouchoir des Indes mal noué, tombé en arrière, laissant à découvert les beaux contours d'un front chauve et quelques cheveux grisonnants autour des tempes. A travers toute sa personne transpirait comme un feu intérieur; il parlait avec calme cependant; ses gestes et toute son attitude étaient empreints d'une majesté surhumaine : on eût dit l'apparition d'un prophète.

Il parlait de sa fille; il consolait ses amis.

— « Nous sommes au milieu du torrent, » disait-il, « elle est sur la rive. Il faut nous réjouir : elle nous attend et nous appelle. Nous saurons la rejoindre; mais nous avons à nous débattre contre les flots et tout ce que les flots entraînent. Elle est en sûreté et sans souillure; elle nous sourit et nous aide! »

Sa foi lui montrait ainsi son enfant transfigurée; mais cette vue surnaturelle n'empêchait pas le tendre père de s'attacher à tout ce qui restait d'elle ici-bas. Les moindres objets qui avaient appartenu à Henriette, étaient devenus précieux à son admirable père. Elle avait, au pensionnat, dessiné un ange gardien, qu'il fit reproduire et distribua à quelques amis. Pour lui, il gardait chèrement son souvenir; tous les jours, pendant de longues années, il allait s'agenouiller et prier sur le tombeau d'Henriette. Il appelait cette visite quotidienne sa promenade solitaire; il n'y renonça que lorsque le temps lui manqua absolument : on verra en quelles circonstances et par quelles raisons.

Dans les jours dont nous parlons, dans ces

premiers jours où Henriette venait de quitter la terre, la maison de M. Dupont, cette petite maison de la rue Saint-Étienne, était comme un sanctuaire : on y entrait avec respect ; toutes les âmes y étaient, pour ainsi dire, à l'unisson de celle du maître du logis. Après l'avoir contemplé et admiré, il faisait bon de visiter encore sa mère. La bonne dame, dans sa douleur extrême, était elle-même touchante et admirable ; elle était navrée. L'enfant ravie à sa tendresse était le dernier gage de toutes ses affections et depuis longtemps l'unique objet de sa tendresse. L'aïeule eût-elle pu, comme le père, prendre l'initiative d'en faire offrande à Dieu ? Je ne sais quel écrivain a remarqué que le sacrifice d'Abraham n'avait pas été demandé à une mère : il a cependant été demandé à Marie, et la Mère de douleurs y a consenti.

L'aïeule dont nous parlons, ne se révoltait pas non plus ; elle baisait la main qui frappe et qui sépare ; et si ses larmes et ses sanglots éclataient, elle protestait qu'elle voulait être soumise et attachée à la volonté de Dieu.

— « Oui, » disait-elle, « je le veux, j'y consens : ce que Dieu veut est bien ; mais je pleure ! est-ce un péché ? » ajoutait-elle. Non, assurément ; et dans cette douleur suprême et tout ce déchirement de la nature, cette adoration et cette fidélité au Dieu souverainement bon était le témoignage d'une grande vertu et d'une grande lumière.

Les devoirs rendus à Dieu, les remerciements et les offrandes de ces deux cœurs admirables dans leur douleur si différente et si pareille en même temps, et si généreuse; ces devoirs rendus à Dieu d'une manière sublime — le mot n'est pas exagéré — n'ôtaient rien à la reconnaissance que ces grands chrétiens conservèrent pour les moindres témoignages d'affection qu'ils reçurent en cette circonstance. Vingt-sept ans après la mort de sa fille, M. Dupont, ayant occasion d'écrire un mot à l'un des deux amis qui avaient veillé la dernière nuit dans sa maison, ajoutait en *post-scriptum* :

« Je vous écris de cette chambre où la charité vous avait posé en faction à minuit, le 15 décembre 1847. »

Cette chambre, au moment de la mort de sa fille la chambre à coucher de M. Dupont, au rez-de-chaussée de sa maison, on sait ce qu'elle est aujourd'hui. Depuis le 15 décembre 1847, elle était devenue, on le sait encore et nous en dirons un mot, une vraie chambre des miracles. Mais en 1874, au mois d'avril, au moment où il écrivait ainsi à un ami, à l'occasion de la fête de son saint patron, M. Dupont entrait, si j'ose ainsi parler, en agonie, une agonie qui devait durer deux ans.

« Depuis les premiers jours de février, » disait-il en effet, « je suis dans ma chambre à coucher, où me retient un grand état de faiblesse, à la suite d'une petite bronchite et... de la goutte. Je vais mieux, mais les forces ne reviennent pas. On parle de la belle saison... hélas! est-ce pour les vieux ? »

Il avait, à ce moment, soixante-seize ans : ses forces ne devaient pas revenir. Mais le patient avait, depuis plusieurs années, quitté sa chambre à coucher de 1847, la chambre du rez-de-chaussée. Lors de la dernière maladie de sa mère, il avait en effet pris pour lui la chambre même où avait expiré sa fille Henriette, au premier étage, à côté de celle où j'avais vu pleurer et où mourut, quatorze ans après (1861), la vénérable grand'mère : M. Dupont avait voulu être à portée de la veiller et de la soigner durant sa dernière maladie.

Devant la perspective de l'infirmité et de la mort, la gaîté du saint homme ne lui faisait pas défaut, non plus que la vivacité de son esprit. Après avoir donné ces mauvaises nouvelles de sa santé, il ajoutait :

« Depuis quelques jours, j'aime à trouver une grande preuve de la bonté de Dieu dans le dernier verset du dernier chapitre du prophète Jonas. Voyez ! »

Ce verset contient une parole de Dieu à son

prophète : c'est la conclusion et la morale de l'histoire du lierre desséché. « Tu te plains », disait le Seigneur à Jonas, qui lui avait reproché d'épargner Ninive contre sa parole, « tu te plains et te désoles pour un lierre qui ne t'avait coûté aucune peine, que tu n'avais pas pris soin de planter ni de faire croître, pour une herbe qui naît et meurt entre l'espace de deux nuits ! » *Et ego non parcam Ninive, civitati magnæ, in qua sunt plusquam centum viginti millia hominum, qui nesciunt quid sit inter dexteram et sinistram suam, et jumenta multa?*

Voilà la raison de la miséricorde de Dieu sur cet orgueilleux dix-neuvième siècle ! beaucoup d'animaux, et un nombre considérable d'hommes qui ne savent discerner entre leur droite et leur gauche ! On était déjà en république. Le trait est sanglant, il est juste. C'était une de ces joyeusetés véridiques et terribles, familières à M. Dupont. Son esprit s'armait et s'aiguisait en se nourrissant des saintes Écritures.

XIII

LA SŒUR MARIE DE SAINT-PIERRE DU CARMEL DE TOURS

L'héroïsme de M. Dupont à la mort de sa fille produisit comme une irradiation nouvelle de sa vertu. Tout ce qu'il avait fait jusqu'alors paraît n'avoir été qu'une préparation. Dépouillé désormais de tout sur cette terre et chargé de la croix, de la croix douloureuse, il allait entrer dans sa véritable vocation, dans la voie où la Providence l'appelait, dans la mission qui lui était réservée.

L'idée de la réparation, qui, nous l'avons dit, était l'âme et la source de toute la piété de M. Dupont, n'était pas une pensée qui lui fût propre : c'est une des pensées inséparables, une des pensées natives de l'Église. A travers toutes les ruines de la Révolution, dans l'ignorance où vivaient les âmes, au milieu de tant de ces *jumenta* que Dieu montrait jadis à son prophète dans l'intérieur de la grande ville de Ninive, l'idée de la réparation ne pouvait pas ne pas être ardente; et elle était commune à toutes les âmes pieuses. Tout leur en suggérait le sentiment et leur en faisait sentir le besoin.

Ce n'était pas seulement la sainte Mère Église qui se voyait démantelée dans tout son for extérieur; l'outrage public et pratique adressé continuellement à Dieu, par les nations comme par les individus, ne pouvait que désoler tout cœur amoureux de Notre-Seigneur. Le blasphème et la profanation du dimanche étaient des sujets incessants de douleur : aussi diverses associations de prières s'étaient-elles formées dans plusieurs diocèses.

Lorsqu'il s'occupait du petit livre dont nous avons parlé, qu'il fit imprimer dans les premiers mois de 1847 sous l'impression des menaces et des recommandations de Notre-Dame de la Salette, M. Dupont, en obéissant à des suggestions particulières, avait suivi le mouvement général de la piété des fidèles.

Les premières messes qui furent célébrées publiquement en France après la Terreur, pouvaient-elles faire autre chose que mêler à l'action de grâces la pensée de la réparation ?

Expier et remercier, c'est le désir constant et universel de l'Église. Comment ce désir n'eût-il pas animé profondément toutes celles des anciennes communautés religieuses qui purent se reconstituer sur le sol de la patrie terrestre après le Concordat ? comment n'en auraient-elles pas perpétué la tradition au milieu de nous ? Le Carmel, entre autres, n'avait-il pas reçu cette mission d'ancienne date ?

Est-ce que, du fond de leurs cloîtres, les carmélites n'ont pas toujours rappelé au peuple de France la grandeur et le nombre de ses péchés, et le besoin de réparer les outrages prodigués à Dieu? Faut-il rappeler la vie de la Bienheureuse Marguerite du Saint-Sacrement, et les communications divines dont elle était inondée à ce propos? faut-il citer la mère Françoise de la Mère de Dieu, et tant d'autres anciennes gloires de la France et de leur ordre? Dès les premiers jours qui suivirent le Concordat, le souverain Pontife avait convié la piété des fidèles à répondre à ce besoin, que les calamités du temps rendaient plus urgent que jamais.

En 1819, l'abbé Soyer, grand vicaire de Poitiers, avait publié un avertissement aux fidèles sur le blasphème et en même temps une amende honorable au saint nom de Dieu. Cette amende honorable s'était extraordinairement propagée; et bien des chrétiens, aujourd'hui fort éloignés de la jeunesse, peuvent se rappeler en avoir, dans leur enfance, vu les feuilles dans les livres d'*Heures* de leurs mères. M. l'abbé Soyer, mort évêque de Luçon, avait fait cette publication à l'instigation d'une sainte religieuse, menée, dit-on, par des voies particulières, la mère Adélaïde, morte fort âgée et en grande vénération, au Carmel de Poitiers, le 31 juillet 1843.

Dans le besoin extraordinaire de réparation où

était la France, le Carmel, on le voit, s'était trouvé fidèle aux inspirations de ces anciennes Mères dont nous rappelions tout à l'heure les divers noms glorifiés par l'Église.

Par une permission toute providentielle, au moment où la mère Adélaïde mourait à Poitiers, le souci de la réparation devenait le but de toutes les prières d'une des plus humbles filles du Carmel, simple portière au monastère de Tours, dont la mémoire est restée en vénération auprès de tous ceux qui l'ont connue, et dont le nom a déjà été publiquement indiqué au respect des fidèles, notamment par M. l'abbé d'Hulst, vicaire général de Paris, dans la *Vie de la mère Marie-Térèse*, fondatrice de la congrégation de l'Adoration réparatrice [1].

La sœur Marie de Saint-Pierre était née à Rennes en 1816, le 4 octobre, jour de la mort de sainte Térèse. La *Notice* que les carmélites lui ont consacrée, et que nous voulons suivre plutôt que nos propres souvenirs, ne mentionne pas son nom dans le monde. Son père était un artisan, chargé d'une nombreuse famille, et son humble maison était de celles qu'on trouve peut-être encore en Bretagne, où la piété était héréditaire et exemplaire. L'enfant dont nous nous occupons,

---

[1] *Vie de la mère Marie-Térèse*, fondatrice de la congrégation de l'Adoration réparatrice, par M. l'abbé d'Hulst, 1876, in-18, Poussielgue.

parut privilégiée de Dieu et « prévenue des bénédictions de sa douceur », disent les carmélites. Elle aima le Sauveur et se plut à savourer ses grâces dès la plus tendre enfance. Comme la crainte est le commencement de la sagesse, elle manifesta une grande peur d'offenser Dieu avant même le temps du plein discernement de la raison. La *Notice* rapporte que sa sœur aînée, l'ayant plusieurs fois trouvée, encore toute petite, en larmes, et lui ayant demandé la cause de son chagrin, avait reçu cette réponse : « Je pleure mes péchés. »

Ce repentir, qui devançait les fautes, ne rendait pas l'enfant plus mélancolique : elle était gaie, d'un esprit ouvert, rond, facile, résolu. A la crainte d'offenser Dieu elle savait unir la joie de son amour et aussi le sentiment du bonheur de son service. La circulaire consacrée à sa mémoire remarque que des prévenances exquises, des communications singulières, des grâces intérieures, introduisirent cette petite fille dans les mystères de l'intime union avec Dieu. Selon le pieux usage du diocèse de Rennes, où la foi vivant dans les familles illumine de bonne heure les cœurs des jeunes enfants, elle fit sa première communion à l'âge de dix ans. Ce fut alors que, dans le secret de sa prière, elle goûta vraiment combien est doux le Seigneur. Moins de deux ans après sa première communion, elle perdit sa mère. Dans sa douleur et son effroi, elle courut se jeter aux pieds de la sainte Vierge, la suppliant de lui tenir lieu de celle que le Seigneur venait de lui ravir. « Effectivement, » disent les carmélites, « Marie adopta cette âme innocente, et lui donna des signes sensibles de sa protection. »

Elle était entraînée plutôt que conduite dans les voies intérieures ; elle y introduisait et y guidait ses compagnes d'atelier. Une âme droite et ardente exerce toujours une certaine influence autour d'elle. Il semble que celle-ci avait compris tout d'abord la soif mystérieuse de Notre-Seigneur sur la croix : le sort de tant d'âmes qui n'entendent pas l'amoureux et inextinguible *Sitio,* la préoccupait extraordinairement. Comme il arrive aux âmes appliquées à goûter la miséricorde de Dieu, elle se tenait au courant des merveilles opérées par cette divine miséricorde : elle connut, dès les premiers jours, les prodiges de l'archiconfrérie du Saint-Cœur de Marie pour la conversion des pécheurs. Avant qu'ils fussent devenus populaires, elle en entretenait les ecclésiastiques du diocèse de Rennes, et les signalait à leur zèle et à leur piété.

C'est au mois de décembre 1836 que le vénérable M. Des Genettes reçut l'inspiration de consacrer sa malheureuse paroisse au Cœur immaculé de Marie ; et le bref du souverain Pontife qui érige l'Archiconfrérie, est du mois d'avril 1838.

A ce moment, celle qui devait être la sœur Marie de Saint-Pierre n'hésitait plus dans sa résolution : elle voulait se consacrer à Dieu, mais ne savait pas encore discerner ni le lieu où elle devait le servir, ni la voie où elle devait entrer.

M. Dupont, de son côté, était en relation avec les carmélites. Leur monastère de Tours est illustre dans les annales du Carmel. Il a été fondé par Mme Acarie, gouverné pendant plusieurs années par la compagne inséparable de sainte Térèse, Anne de Saint-Barthélemy. Il était tout naturel que M. Dupont visitât volontiers ce sanctuaire. Il y était en prière, un jour, lorsque ses regards se fixèrent sur un tableau de l'Annonciation assez ancien, de bonne facture, de l'école italienne, dont l'attitude des personnages toucha singulièrement le cher Pèlerin. La sainte Vierge est assise, pleine de dignité dans sa modestie, regardant en face le céleste envoyé, incliné respectueusement pour saluer la Mère de Dieu et la Reine des anges. M. Dupont contemplait cette scène et ne pouvait en détacher ses yeux : il priait, il méditait, il était ému ; un mouvement intérieur, qu'il ne savait définir, le retenait, le sollicitait, le pressait. Il passa au parloir et demanda la prieure : c'était la mère Marie de l'Incarnation, qui a laissé une grande mémoire dans tout le Carmel, et dont la main a été efficace et puissante dans la restauration des carmes en France. M. Dupont trouva ainsi à qui parler. Il connaissait sans doute le nom de la digne prieure; mais c'est le tableau de l'Annonciation qui fut la cause de ses premières relations avec elle et avec le Carmel. Or ce tableau, qui attirait ainsi un bienfaiteur insigne au monastère, était déjà un de ses plus précieux trésors : on lui attribuait la conservation du couvent, qui, devenu propriété nationale, avait été vendu en 1793. La chapelle subsistait, transformée en dépôt de marchandises; le maître-autel en pierre, avec ses balustrades de fer, était conservé, et le tableau, le tableau de l'Annonciation, était resté pendu à la muraille. Il fut question de transformer cette église en salle de spectacle; le propriétaire entendit aux propositions et allait conclure le marché, lorsqu'un de ses commis, entrant dans l'église, trouva le tableau mouillé. Il regarde attentivement, et voit deux ruisseaux de larmes couler des yeux de la sainte Vierge. Effrayé, cet homme s'en va trouver son patron : — « Si vous vendez l'église pour en faire une salle de spectacle, vous êtes perdu, lui dit-il, vous et votre famille : la Sainte Vierge pleure, je viens de le voir. »

Le marché fut rompu : le théâtre de Tours alla profaner et souiller la chapelle des Cordeliers; celle du Carmel fut épargnée. Bien des années après, en 1822, les vierges du Carmel purent en reprendre possession, restaurer le monastère de la Vénérable Anne de Saint-Barthélemy, et y vénérer la cellule où sainte Térèse avait souvent apparu à sa première et inséparable compagne. Que de souvenirs, que d'attraits pour M. Dupont! Ses relations avec les carmélites devinrent intimes; il leur multiplia surtout ses services lors de la translation du monastère. Les embellissements de la ville de Tours amenèrent en effet (1843) l'expropriation du précieux couvent. La mère Marie de l'Incarnation dut construire un nouveau monastère, à l'extrémité de la ville. Pendant la construction, les religieuses habitaient une petite maison, où elles eurent beaucoup à souffrir de l'irrégularité des lieux. Elles avaient emporté le précieux tableau de l'Annonciation, que l'on voit dans leur nouvelle église.

Cette translation du Carmel eut lieu au temps où la sœur Marie de Saint-Pierre était portière, et lui causa bien des épreuves et des tablatures. Mais, en 1838, lors de l'érection de l'archiconfrérie du Cœur immaculé de Marie, la bonne Sœur, encore à Rennes, bien résolue d'être à Dieu, sentait son cœur sollicité et comme partagé entre l'exercice des œuvres de charité et les pratiques de la contemplation. Elle se dépensait en toute sorte d'œuvres de miséricorde, et voulait conquérir des âmes; elle voulait aussi suivre le mouvement intérieur qui la portait à l'intime et mystique union du Sauveur. De grands obstacles semblaient s'élever contre ses désirs. Elle avait recours à la prière : elle invoquait tout particulièrement saint Martin. Je ne sais quelle circonstance ou quel attrait l'avait engagée à se mettre sous la protection du grand thaumaturge; peut-être est-ce là une « des prévenances et des bénédictions de la douceur du Seigneur » signalée par les carmélites. Le nom de saint Martin, le nom même de la ville de Tours, indissolublement uni à celui de son glorieux patron, caressaient extraordinairement le cœur de cette future religieuse. Sa confiance s'exaltait dans les communications intimes dont son âme était pénétrée; elle voyait le prix de l'appel intérieur; elle tenait à y répondre et à être l'épouse de Jésus-Christ : c'était bien son dessein et sa résolution, mais il fallait encore une réponse divine. Elle l'attendait, persévérant dans la prière, le jeûne et les mortifications de toute sorte, dont nous ne saurions donner le détail.

Le nom du Carmel l'avait frappée et l'attirait : elle désirait atteindre cette montagne mystique, et confiait ce désir à saint Martin. Elle visitait souvent, à Rennes, une petite chapelle dédiée à ce grand saint, et lui demandait de l'appeler dans son diocèse; elle le demandait avec instance, sans savoir cependant s'il y avait des carmélites à Tours. Elle avait entendu parler de celles du Mans et de celles d'Orléans; elle avait même entretenu son directeur de ces deux monastères, et s'était informée des moyens d'atteindre l'un ou l'autre. En demandant à saint Martin de la prendre dans son diocèse, elle ne renonçait pas à la pensée du Carmel. Tout cela se passait dans l'esprit et le cœur de cette enfant; elle s'en ouvrait simplement avec Dieu, la sainte Vierge, sainte Térèse et saint Martin, et elle patientait, nous l'avons dit. Tout en patientant, elle ne négligeait rien pour obtenir la lumière qu'elle souhaitait. Elle fit un pèlerinage (1839) à Notre-Dame de la Peinière [1], et sentit s'affermir son dessein et se confirmer sa vocation. Au retour, elle entreprit une neuvaine. Son confesseur voulut-il l'éprouver? il lui parla de son admission dans un autre institut que le Carmel. Elle ne se troubla point, persévéra dans sa prière, et confia ses inquiétudes à Notre-Seigneur. Au dernier jour de la neuvaine, à la communion, elle entendit comme une parole intérieure qui lui dit :

— Vous serez carmélite!

Et elle crut distinguer que la voix reprenait en ajoutant :

— Carmélite à Tours!

[1] Voir, dans *l'Année sainte* de M. Dupont, la notice de Notre-Dame de la Peinière, au diocèse de Rennes; elle est fort intéressante.

Elle rendit compte à son directeur, qui, effectivement, avait proposé cette enfant à Tours, où les obstacles qui auraient pu s'opposer à son admission se trouvèrent écartés de providence, en sorte que, lorsque sa pénitente lui demanda s'il y avait un Carmel à Tours, il put lui répondre qu'elle y était admise.

En relevant ces petits détails, je crois entrer dans le désir et dans le vœu de M. Dupont. Il avait le plus grand respect pour la sœur Saint-Pierre, et il ne manquait pas de conduire à son tombeau, tant qu'il fut accessible au public [1], ceux de ses visiteurs qui avaient quelque notion de la vie intérieure et quelque sentiment de respect pour les communications divines. Il se disait le serviteur de cette humble religieuse, et il importe de noter l'influence qu'elle a eue sur ce que j'ai déjà rapporté de la vie du saint homme et sur ce que j'en veux rapporter encore.

Les empêchements que la vocation de la sœur Saint-Pierre rencontrait de son côté, les difficultés provenant de l'état de sa famille et du défaut de dot, avaient été levés par la Providence ; et le 11 novembre, jour de la fête de saint

---

(1) La sœur Marie de Saint-Pierre avait été enterrée dans le cimetière public de Saint-Jean des Coups. Quand le cimetière fut transféré sur les hauteurs de Saint-Symphorien, les carmélites obtinrent la permission de recevoir son corps dans leur cloître.

Martin (1839), sous la protection de ce grand saint, l'humble fille partit de Rennes pour le Carmel de Tours. Elle y arriva la veille de la fête des Saints de l'Ordre. Sous leur puissant patronage, elle entra, pleine de générosité, et embrassa avec ferveur la pratique de la vie religieuse.

« Depuis ce jour jusqu'à celui de sa mort, » dit la *Notice* des carmélites, « elle ne s'est pas ralentie un instant : jamais nous n'avons pu apercevoir dans sa conduite aucune alternative ; un seul jour ne s'est pas écoulé sans nous la faire voir gravissant rapidement vers le sommet de la sainte montagne. »

Cette marche soutenue, cette intrépidité persévérante, ce constant héroïsme, sont assurément un témoignage sérieux et solide de la vertu de l'âme dont nous parlons et de la bonne conduite à laquelle elle était livrée ; c'est, pourrait-on dire, le témoignage du temps et de l'expérience. Les supérieurs du Carmel de Tours n'avaient pas attendu de l'entendre pour augurer bien de leur précieuse postulante. « Il ne nous fallut pas beaucoup de temps pour apprécier le sujet que la Providence venait de confier à nos soins, » continue la prieure ; « son aimable simplicité nous mit bientôt à même de la connaître à fond. Cette chère enfant déposa son âme entre nos mains par sa confiance, et nous fit l'abandon de tout elle-même par son obéissance aveugle : aussi avions-nous en elle plutôt une religieuse parfaite à conduire qu'une postulante à former. » Elle avait été à bonne école. En l'introduisant au Carmel, le Maître ne la lâcha pas. Nous avons indiqué les grâces intimes, les locutions intérieures, les vives lumières qui avaient, dès ses premiers pas, introduit la sœur Saint-Pierre dans la vie spirituelle. Loin de s'arrêter une fois qu'elle fut au Carmel, ces communications, que nous n'entendons pas qualifier, l'illuminèrent plus vivement encore.

La prieure, qui n'a pas parlé sans l'assentiment des supérieurs, constate les grands effets produits dans cette âme par « une grâce particulière qu'elle reçut dès les premiers jours de son entrée au monastère. » Elle avait senti, elle avait vu, si j'ose parler ainsi, sous le rayon de cette grâce, comment la gloire de Dieu et le salut des âmes étaient intéressés à sa fidélité à sa vocation. Les supérieures chargées d'apprécier l'esprit qui emportait cette postulante, reconnurent les effets de cette « lumière intérieure ». Cette âme se trouva désormais « pénétrée d'une si haute idée de sa vocation, que tout ce qu'elle en entendait dire n'était rien en comparaison; elle en avait compris si parfaitement l'esprit et les devoirs, qu'elle tremblait de manquer aux moindres obligations. »

Les deux sentiments qui avaient paru, un instant, partager son cœur entre les œuvres de la miséricorde et les prières de la contemplation, étaient unis désormais et confondus sous son regard. Plus que jamais elle tenait à répondre à la mystérieuse invitation à la contemplation, et plus que jamais aussi elle était pénétrée du souci du salut des âmes. Elle voyait nettement qu'en s'unissant étroitement à son Sauveur elle travaillait avec efficace au salut des pécheurs. Mais, pour une religieuse, l'union avec Dieu dépend toujours de l'obéissance. Comme le Sauveur a pris soin de l'expliquer lui-même à la Bienheureuse Marguerite-Marie, le bon Dieu ne va pas contre l'obéissance religieuse. Loin de là, il s'y soumet; et, à travers les contradictions des supérieurs, s'il atteint le but qu'il s'est une fois proposé, c'est par des voies qui lui sont propres, et qui sont toutes des voies d'épreuve pour les âmes appelées à concourir à sa gloire. Il n'en alla pas pour la sœur Saint-Pierre autrement que dans ces grands exemples que nous rappelons ici, sans vouloir les comparer.

« Son obéissance fut toujours parfaite, sans délai et sans raisonnement », dit la *Notice*. « Elle se soumettait avec la simplicité d'un enfant à tout ce qu'on pouvait désirer d'elle. Ses pensées, sa volonté, les lumières intérieures qu'elle recevait, tout disparaissait dès qu'elle avait la moindre connaissance des intentions de ses supérieurs. Elle leur parlait comme à Dieu même, et recevait comme émanés de sa bouche leurs ordres et leurs avis. » Il ne faut donc pas s'étonner si, après l'avoir longuement étudiée et éprouvée, les supérieurs ont pu assurer qu'elle n'était point dans l'illusion. Nous nous bornons à le constater, sans vouloir préjuger le jugement de l'Église.

A son lit de mort, la sœur Saint-Pierre a pu se rendre ce témoignage à elle-même qu'elle avait toujours obéi : c'était là sa consolation, disait-elle. Dans cette voie d'obéissance, sous l'impression des lumières qu'elle recevait, elle ne pouvait qu'avancer dans la pratique des vertus religieuses, et la prieure constate qu'elle avait puisé dans ces « inspirations, » — c'est le mot de la *Notice*, — « un entier esprit d'abandon à l'accomplissement de la volonté de Dieu et autant de courage que de fidélité à y répondre. »

Le 21 mai 1840, la postulante recevait le saint habit. Elle reçut cette grâce, dont elle se trouvait très indigne, avec un bonheur et une reconnaissance qu'elle ne pouvait exprimer. Sa ferveur prit un nouvel essor, et, durant tout son noviciat, « elle fut si exacte, si humble, si mortifiée, que nous ne pouvions », disent les carmélites, « voir sans admiration et sans étonnement même les progrès qu'elle faisait dans la vertu. »

Cette exactitude, cette humilité, cette mortification religieuse, n'excluent pas une sainte liberté. Pour ceux qui ne perçoivent pas les merveilles de la vie religieuse, l'union de l'obéissance absolue avec l'initiative des âmes privilégiées est un mystère inexplicable. Ce n'en est pas moins une vérité constatée et évidente. Si le joug du Seigneur est doux, c'est surtout au fond du cloître. Notre sœur Saint-Pierre y avait apporté l'esprit que nous avons signalé en elle, l'esprit de simplicité, de gaieté et de rondeur. Cette âme, étreinte par l'amour de Dieu et initiée aux mystères de sa colère, était le sourire et la joie des récréations du Carmel. Il n'y avait pas de belles fêtes au monastère sans le concours de l'aimable Sœur : son âme était, pour ainsi dire, une fête continuelle. Dans son amabilité et son humilité, rien ne convenait à sa dévotion comme la sainte enfance du Sauveur. Elle s'y était consacrée d'une manière toute spéciale ; et « la science de la Crèche », remarquent les carmélites, « devint l'unique occupation de son esprit pendant tout le noviciat. » C'était là, au sein de l'obéissance, l'attrait particulier de cette âme privilégiée. L'Enfant Jésus fut constamment son modèle. « Les impressions du noviciat », ajoutent les carmélites, « s'étendirent sur toute sa vie. » A sa mort, cette fidèle religieuse voulait se conformer encore au divin modèle de cette enfance : elle se mettait sous le patronage de l'Enfant Jésus ; elle le présentait à son Père céleste pour désarmer sa colère, comme le prix et le gage de la réparation.

En songeant aux douleurs effroyables de ce lit de mort, on ne peut s'empêcher de penser à la Bienheureuse Marguerite du Saint-Sacrement, appelée à honorer tout particulièrement la sainte Enfance, choisie pour « la petite épouse de l'Enfant Jésus, » et dont la courte vie se passa dans d'incroyables souffrances. Les mystères joyeux de la Crèche ne sont-ils pas les mystères du plus douloureux anéantissement? La Croix est dans les langes de Bethléem. Marie, adorant le divin Noël, ressent dans son cœur le tranchant du glaive de la Passion.

Pour la sœur Saint-Pierre, la *Notice* remarque que Jésus enfant l'avait rendue « ingénieuse et fidèle à l'honorer ». Il y a au monastère du Carmel de Tours des traditions sur cette fidélité et cette industrie de la sœur Saint-Pierre à honorer l'Enfant Jésus. Elle s'était consacrée tout particulièrement à la sainte Famille; elle s'en tenait pour la petite servante. Que n'eût-elle pas fait pour le service de ses divins maîtres? Toutefois elle ne pouvait ignorer que, s'il y avait des adorateurs, il n'y avait pas beaucoup de serviteurs dans l'étable de Bethléem. Pouvait-elle se réduire à être une servante de surérogation, une servante inutile? En considérant la pauvre étable, en cherchant dans son esprit inventif et joyeux quel personnage elle y pourrait bien faire, elle avisa l'âne : l'âne que la Tradition met auprès de la crèche, l'âne qui porta le Sauveur et sa mère en Égypte! et toute l'ambition de l'excellente novice se fixa à briguer le titre et le rôle de l'âne de la sainte Famille. Il arriva, à certaines fêtes de Noël, que les Sœurs du noviciat préparèrent au Carmel une belle crèche. L'esprit de l'Église est avec ces manifestations naïves. Les peuples sont des enfants : la mère entre dans les jeux de sa jeune famille, elle les illumine de sa tendresse et de sa raison. Quelle mère chrétienne, au monde, ne s'est empressée d'initier ses petits enfants aux joies du divin Noël! On ne se borne pas à représenter les personnes qui entouraient la crèche à l'avènement du Sauveur. Il y a une représentation plus subtile à la fois et plus simple, qui atteint jusqu'aux objets matériels : la paille, les langes, le bois même de la crèche, se personnifient et s'animent dans le cœur des petits amis de l'Enfant Jésus. Je n'ai pas besoin de rappeler ici le langage que ces divers objets peuvent leur tenir. Il y a celui des exemples et celui des contrastes. Pour nous en tenir à l'âne, le pauvre âne, méprisé et rétif, mais sobre et patient, pouvait, à l'occasion, d'une et d'autre manière, instruire une vraie religieuse.

On tirait donc au sort, au Carmel de Tours, les divers rôles de la Crèche. On devine le vœu de la sœur Saint-Pierre; mais on ne saurait deviner sa joie lorsque la prieure lui remit le billet qu'elle ambitionnait, et qui lui assignait le rôle de l'âne. Toute sa vie elle tint à se parer de ce titre. En se conformant à cette pieuse enfance, ses compagnes lui faisaient remarquer que sa profession l'empêchait de disposer librement d'elle-même; et la prieure, entrant dans ce jeu, lui déclara que, puisqu'il y avait un âne, elle voulait bien prêter, mais non pas donner l'âne du monastère de Tours. Ainsi se jouent ces âmes saintes; l'aimable Providence se complaît à leurs ingénieux commerces, et sait leur y faire trouver toute sorte d'enseignements et d'encouragements, même pour la plus haute et la plus sainte vocation.

Lorsque le moment de la profession arriva (21 juin 1841), la sœur Saint-Pierre fit son sacrifice avec une joie et dans des sentiments d'héroïsme que ses supérieurs eux-mêmes ne pourraient, disent ses Sœurs, qu'imparfaitement décrire.

« Toute son étude était désormais de chercher à plaire à son divin époux, et de remplir avec toute la perfection possible les devoirs de sa sainte vocation. » Elle n'avait pas d'autres joies depuis longtemps; mais la profession religieuse, en donnant à ses actes une vertu particulière, leur communiqua aussi une grâce que ses sœurs ne peuvent, disent-elles, suffire à célébrer. « Comment indiquer dans quelle vertu cette Sœur a le plus excellé? Les retracer toutes serait une tâche au-dessus de nos forces. » Nous ne pouvons mieux faire cependant, nous pauvre écrivain sans initiation à ces hautes vertus, que reproduire les propres expressions des compagnes de la servante de Dieu.

« Son cœur », disent-elles, « s'était dilaté dans l'amour de Notre-Seigneur : elle honorait son humanité sainte dans tous les mystères de sa vie, mais ceux de sa naissance et de sa vie cachée avaient pour elle des charmes incompréhensibles. C'est aussi vers le très saint Sacrement qu'elle dirigeait ses affections. Cent fois le jour, peut-être davantage, elle allait en esprit lui rendre ses hommages, et elle avait composé pour la visite au saint Sacrement et la communion spirituelle un exercice qu'elle faisait très fréquemment. »

Nous ne nous arrêterons pas à faire remarquer que cette fille, qui composait ainsi des actes d'hommage au saint Sacrement, était une petite ouvrière bretonne, de basse naissance et de chétive instruction. Dieu parle à qui il veut, et les lumières divines n'ont que faire des pauvres cultures ni des gloires humaines. Je ne voudrais rien retrancher au portrait que les religieuses carmélites ont tracé de leur grande et sainte compagne, appliquée à l'emploi le plus pénible de la maison, et qui se glorifiait de se regarder comme la bête de somme du monastère.

« Elle assistait avec une attention particulière au saint sacrifice de la messe : elle paraissait alors tout absorbée en Dieu ; on l'a vue souvent pendant l'oblation sainte verser un torrent de larmes. C'est surtout à la sainte communion que sa dévotion envers la divine Eucharistie prenait, si je puis parler ainsi, une extension merveilleuse : elle s'y préparait avec un soin extraordinaire, dès la veille et la nuit même, se servant de pieuses pratiques, comme d'adorer, par de ferventes oraisons jaculatoires, l'hostie qu'elle devait recevoir, de convier la sainte Vierge et les saints anges à préparer la demeure de l'hôte céleste qu'elle attendait. Mais lorsqu'elle le possédait, oh ! c'est alors que, perdue et abîmée en Lui, elle oubliait tout le reste pour jouir de ses plus intimes communications, et il lui semblait quelquefois ne plus appartenir à la terre. Sa demeure ordinaire était dans le Sacré-Cœur de Jésus : c'est dans cette fournaise qu'elle a puisé tant de faveurs et de lumières pour elle et pour les autres ; c'est là qu'elle a découvert des trésors de grâces et de miséricorde. »

Parlant ensuite de sa dévotion envers la sainte Vierge et de sa ferveur, les religieuses ajoutent :

« Elle reçut des faveurs presque innombrables par l'entremise de la sainte Vierge, et des lumières abondantes sur les prérogatives de cette sainte Mère de Dieu. » Le moment viendra sans doute, un jour, de faire connaître ces trésors et de publier ces merveilles : il suffit aujourd'hui de remarquer qu'au milieu de ces lumières surnaturelles et de ces grâces exquises, l'humble fille du Carmel, d'un caractère gai et très égal, dit la *Notice,* douée d'un excellent jugement, et qui avait « beaucoup de tact et une discrétion parfaite », restait petite et cachée.

Elle avait demandé à Dieu que les dons merveilleux dont il l'honorait restassent inconnus à sa communauté et que rien n'en parût à l'extérieur. En effet, « la communauté a toujours ignoré les grâces bien singulières dont cette sœur était favorisée. » Elle, elle restait attachée à son modeste emploi : elle tenait celui de portière. « Bien que cet office fût contraire à son attrait, et qu'elle l'exerçât avec une extrême répugnance, il n'a porté aucune atteinte à son recueillement habituel, ni au calme de son âme, fruit de sa pureté. »

Je pourrais insister sur son recueillement, qui la rendait étrangère à tout ce qui se passait autour d'elle; sur sa pratique de la mortification et son habileté à saisir, sans se singulariser, toutes les occasions de sacrifice ; sur sa fidélité non-seulement aux mouvements de la grâce, mais aux moindres pratiques de sa vocation; sur son union inséparable avec Jésus-Christ, et en même temps sur sa gaieté, sa douceur, son amabilité, sa manière de pratiquer en toutes choses « cette sainte liberté d'esprit qui distingue une véritable carmélite ». Il faudrait reproduire tout ce que dit la circulaire. J'en prendrai ce dernier mot, qui résume tout et qui donne la raison de cette joie libre et constante au milieu des plus terribles épreuves : « Nous pensons avec fondement que cette âme si pure a conservé la blancheur de son innocence, car elle a vécu dans le monde comme n'y étant pas, et depuis son entrée dans notre maison nous ne lui avons pas vu faire de faute volontaire : c'est le témoignage de toute la communauté. »

Ce témoignage a bien son importance. Si la communauté a toujours ignoré les communications que recevait la sœur Saint-Pierre, les supérieurs étaient informés de tout. Nous avons parlé de son exactitude et de sa simplicité à communiquer les divers mouvements de son intérieur. On pourrait peut-être donner ici les noms des prêtres recommandables dont l'archevêque de Tours avait appelé le zèle et les lumières à la direction du Carmel, et relater les scrupuleux examens qu'ils ont apportés de tous ces faits ; on pourrait même invoquer le sentiment de S. Ém. le cardinal Morlot, les témoignages que ce prélat a rendus maintes fois et de diverses manières à la sœur Saint-Pierre et à l'esprit de lumière et de véritable sagesse qui la conduisait; mais il faut se garder de paraître vouloir préjuger les décisions de l'Église. Aussi, dans l'esprit de soumission des carmélites, nous nous garderons d'interpréter et de presser leur langage. Tout en parlant d'« inspirations » et de « grâces », elles déclarent que « tout ce qu'elles rapportent n'a d'autre autorité pour elles qu'une autorité purement humaine, et qu'elles veulent se conformer aux règles ordinaires de l'Église à cet égard. » C'est bien aussi notre volonté; et, sans insister davantage sur l'humilité profonde et la parfaite obéissance de la sœur Saint-Pierre, puisque l'obéissance et l'humilité sont regardées comme les pierres de touche de l'esprit de Dieu, nous ferons remarquer, pour en venir aux relations de la Sœur avec M. Dupont, que, quelque temps après la profession de celle-ci, le Carmel de Tours fut obligé, comme nous l'avons dit, de se transporter d'un lieu dans un autre, et forcé même de quitter l'ancien monastère avant que le nouveau fût construit. Les religieuses habitèrent alors quelque temps une maison séculière. Dans le désarroi qui dut s'ensuivre, non pas pour l'esprit, mais pour les affaires du couvent, M. Dupont put multiplier ses bons offices. L'emploi de portière devint aussi fort pénible, si bien que la pauvre sœur en était, dit la *Notice,* comme accablée. Cela devait se passer vers 1843.

A ce moment, il y avait parmi les fidèles comme une recrudescence du désir de réparation. Dans les divers pays d'Europe, des associations s'étaient formées, notamment en Italie, pour la réparation des blasphèmes dirigés contre le saint nom de Dieu. Le pape Grégoire XVI, par un bref du 8 avril 1843, avait érigé ces associations en confrérie, et les avait placées sous le patronage de saint Louis, roi de France. La mère Adélaïde, du Carmel de Poitiers, était morte le 31 juillet de cette même année. Je n'ai jamais su si M. Dupont avait eu des relations avec cette fervente religieuse. Le bref du Pape exalta la ferveur du saint homme. Le patronage de saint Louis, dont on connaît la législation contre le blasphème, encouragea-t-il la piété du cher Pèlerin, tout en caressant son patriotisme ? La fête du saint roi approchait : sans qu'on sût d'où elles venaient, des feuilles imprimées furent distribuées par la poste, demandant à tous les fidèles un effort de prières pour la glorification du saint nom de Dieu et la réparation des blasphèmes; on proposait une quarantaine, qui devait s'ouvrir le 16 juillet, fête de Notre-Dame du Mont-Carmel, pour se terminer le 25 août, fête de saint Louis, roi de France. Plusieurs personnes pieuses de Tours avaient reçu cette invitation. M. Dupont y répondit de toute son âme, et se fit, comme il disait, le colporteur de la quarantaine de saint Louis, en répandant et recommandant les formules d'invocation. Il s'adressa aux fidèles qu'il connaissait ; il visita aussi diverses communautés de la ville, qui entrèrent volontiers dans cette croisade, et s'enrôlèrent de bon cœur dans la troupe des défenseurs du saint nom de Dieu [1]. La neuvaine se termina le jour de la fête du saint roi, le 25 août. Or le lendemain 26 (je crois bien que mes souvenirs ne me trompent pas, et que je puis préciser cette date, que ne donne pas la *Notice des Carmélites*) [2], la sœur Saint-Pierre « connut par une lumière surnaturelle que la colère de Dieu se disposait à frapper les hommes, à cause des crimes sans nombre qu'ils commettaient contre la Majesté divine. » Jusque-là, la Sœur n'avait eu que quelques impressions de la colère de Dieu ; cette fois, Notre-Seigneur lui découvrit tout entier le dessein de son cœur. La *Notice* des carmélites remarque que « ces communications intimes désignaient la France, et faisaient comprendre à la Sœur que la colère de Dieu était irritée à cause des péchés des hommes, et qu'il frapperait avec autant plus de rigueur qu'il avait plus longtemps attendu. »

« Dieu indiquait en même temps à cette humble

---

(1) M. l'abbé Janvier affirme que le Carmel de Tours, par je ne sais quelle circonstance ou plutôt précaution providentielle, n'eut aucune connaissance de la quarantaine de saint Louis, cette année 1843.

(2) M. l'abbé Janvier a constaté cette date.

religieuse, comme un puissant et efficace moyen de désarmer son courroux, l'institution d'une œuvre réparatrice. Il lui faisait voir dans le Sacré-Cœur de Jésus le désir et le besoin de faire miséricorde, à la seule condition d'une réparation des outrages faits à son divin Père. » La *Notice*, dont nous reproduisons les termes, ne distingue pas les temps, et ne dit pas si ces communications, relatives à la réparation, furent successives ou répétées [1]. Ce qu'elle constate, après avoir marqué qu'elles s'accusèrent ainsi en 1843, c'est qu'elles devinrent pour la sœur Saint-Pierre une cause de croix et de douleurs. « Que de prières, de larmes, de souffrances, ont été pour notre chère Sœur le résultat de ces inspirations ! » dit-elle.

« Quoiqu'il lui en coûtât extrêmement, elle avouait tout à ses supérieurs avec la plus grande naïveté; et nous ne saurions assez dire avec quelle déférence, quelle docilité elle écoutait leurs avis, leurs observations, et se soumettait à leurs décisions. Pendant un assez long temps, on ne parut pas ajouter foi à ce qu'elle disait, tant on craignait les illusions de sa part dans une chose aussi délicate. » Ce fut une grande épreuve pour la pauvre Sœur. Elle ne pouvait rien faire pour l'institution de l'œuvre de la réparation, qu'elle

---

[1] Le *Manuel de l'Archiconfrérie réparatrice de Saint-Dizier* précise diverses dates des années 1843, 1845, 1847.

savait désirée et demandée par le Cœur de Jésus. L'obéissance la liait, pour ainsi dire, à l'impuissance. Elle s'y résignait ; mais, « pressée fortement par le mouvement de la grâce, elle s'offrait à Dieu pour satisfaire à sa justice et pour en détourner les coups. » La *Notice* remarque que, du moment où elle s'offrit ainsi pour victime, sa santé, qui était forte et robuste, commença à s'affaiblir et à être sujette à de fréquentes misères. D'autres témoignages abondèrent. Le principal était toujours l'humilité. « Elle avait été dans le monde fortement exercée dans cette mère des vertus, » dit la prieure, « et son âme, nourrie du pain de l'humiliation, y trouvait ses délices... Elle venait nous remercier de l'avoir humiliée ; elle le faisait avec une effusion de cœur et un sentiment de reconnaissance qui nous pénétraient d'admiration. Nous avons été prodigues pour elle de cette nourriture, dont elle était saintement affamée, tant pour seconder les desseins de Dieu et nous assurer de ses voies sur elle, que pour mettre à l'abri les dons précieux dont cette âme était nourrie. »

Ce n'était pas l'humiliation qui la faisait souffrir, puisqu'elle s'y délectait ; ce qui la faisait souvent éclater en sanglots, ce qui torturait sans cesse son cœur, c'était la perte des âmes. Notre-Seigneur les lui montra un jour emportées et tombant en enfer comme un tourbillon de poussière soulevé par le vent. Les historiens de la Visitation signalent l'émotion et la terreur d'une sainte religieuse qui connut, un jour, que l'âme d'un prince, à qui sa famille était attachée, était précipitée et enfermée au plus profond et au plus douloureux du purgatoire. Il s'agissait d'une seule âme, et elle avait eu part à la divine miséricorde! Mais la vue de ces tourbillons d'âmes perdues sans ressource au fond des abîmes de l'enfer, dans quelles angoisses pouvait-elle mettre le cœur de la sœur Saint-Pierre!

Pour examiner plus sûrement les voies de Dieu sur elle, on lui fit tout mettre par écrit, et — la *Notice* l'ajoute scrupuleusement — « sans avoir l'air d'y ajouter de l'importance ». La *Notice* regrette de ne pouvoir reproduire au moins quelques passages de ces cahiers ; nous le regretterions bien vivement aussi, si nous n'avions l'espoir de les connaître un jour intégralement.

En tout cas, pour atteindre le but qu'on se proposait et discerner l'esprit qui animait la Sœur, on dut produire ses cahiers quelquefois au dehors. On pourrait induire des paroles de la prieure qu'après la mort de la sœur Saint-Pierre, on en aurait même fait connaître des fragments à la communauté de Tours pour son édification. Nous savons de science certaine qu'ils furent entre les mains d'un prêtre que nous avons déjà nommé, fort lié avec M. Dupont, éclairé et expérimenté sur les mystères des voies intérieures, et qui avait un intérêt particulier — nous le verrons tout à l'heure — à connaître ce qu'on peut bien appeler les merveilles du Carmel de Tours. Jusqu'à quel point M. Dupont y était-il initié? Sa discrétion l'eût empêché de jamais le dire; mais ses relations étroites et intimes avec la prieure des carmélites et avec les supérieurs du monastère ne laissent aucun doute. M. l'abbé Janvier constate qu'il eut une pleine connaissance de ces merveilles. Le respect que le saint homme avait pour la sœur Saint-Pierre, la vénération qu'il garda à sa mémoire, la coopération qu'il donna aux diverses œuvres inspirées par elle ou se rattachant à ses inspirations, seraient encore un témoignage.

Malgré la réserve observée, malgré l'ignorance où la communauté resta durant toute la vie de la Sœur, des illuminations dont le Carmel de Tours était gratifié, quelque chose d'ailleurs en avait transpiré certainement. Le *Manuel de l'Archiconfrérie réparatrice* cite même divers fragments des révélations de la sœur Saint-Pierre, qu'il donne pour textuels, et il les produit sous la garantie de l'Ordinaire de Tours. Au témoignage de M. l'abbé d'Hulst, les écrits de la sœur Saint-Pierre étaient, dès 1847, connus au Carmel de la rue d'Enfer, à Paris; on en avait même une copie, dont la communication, qui ne se faisait sans doute qu'avec discrétion, parut entrer dans les desseins de la Providence.

M. Dupont était à l'avance préparé à goûter l'œuvre sollicitée par Notre-Seigneur; ses prières et sa bourse étaient à la disposition de la sœur Saint-Pierre, retenue par l'obéissance et empêchée de rien faire par elle-même. Il n'avait pas seulement fait imprimer, avec l'approbation de l'archevêque de Tours, le volume de l'association pour la réparation des blasphèmes : il avait fait imprimer aussi bien des feuilles volantes, et il en venait de toutes parts. L'archevêque, qui consentait à laisser répandre les prières inspirées par la carmélite, accueillait aussi celles qui étaient proposées dans d'autres diocèses : nous nous souvenons particulièrement de celles de Nantes, que M. Dupont, avec l'agrément du prélat, avait fait reproduire à Tours.

Le Saint Homme, dévoué de toutes manières à la réparation et empressé de la poursuivre dans toutes les voies, ne demandait pas mieux que de la préciser aux blasphèmes et à la violation du dimanche : le petit volume de 1847 avait ce double but. Il était composé, avons-nous dit, quinze mois avant d'être donné au public, et l'apparition de la Salette en avait déterminé la publication, préparée dès 1845. En 1845, d'après le *Manuel de l'Archiconfrérie réparatrice*, Notre-Seigneur, annonçant à la sœur Saint-Pierre que les crimes des hommes étaient montés plus haut qu'en aucun temps, que leurs blasphèmes avaient atteint jusqu'au trône de Dieu et qu'ils y provoquaient sa justice divine, avait exprimé son vif désir de voir se former « une association bien approuvée, bien organisée, pour honorer le saint nom de son Père ».

Nous ne saurions, d'après aucun document authentique, contester la date du 24 novembre 1845, précisée par le *Manuel*; toutefois, nos souvenirs propres nous engageraient volontiers à reporter cette révélation à l'année 1843, ainsi que celle du 7 décembre, mentionnée encore par le *Manuel*, où Notre-Seigneur, sur les instances de la sœur Saint-Pierre, promettait le pardon à la France, si la réparation y était publique et si elle s'étendait à toutes les villes. « Malheur », ajoutait-il, » à celles qui ne feront pas cette réparation ! » Ce qui est certain, c'est que, dès 1843, à l'instigation de M. Dupont, plusieurs âmes pieuses de Tours avaient, après la quarantaine de saint Louis, commencé à réciter les prières de la réparation, telles à peu près qu'elles ont été publiés dans le petit volume de 1847 ; ce qui est certain encore, c'est que la plupart des prières contenues dans ce volume, et entrées aujourd'hui dans les exercices publics de la confrérie réparatrice de la Sainte-Face, ont été composées par la sœur Saint-Pierre. Le petit livre de 1847 parlait assez abondamment de la sainte Face, et il en contenait même les Litanies, tout en s'abstenant d'en désigner l'auteur. Les carmélites, qui récitèrent souvent ces Litanies, ainsi que les autres prières de la réparation, qu'elles trouvaient prodigieusement efficaces, et qu'au nom de leur expérience elles recommandaient volontiers aux âmes dévotes, les carmélites ignoraient qu'elles devaient à l'humble portière de leur monastère ces louanges mystiques et savantes de la face adorable du Sauveur. M. Dupont ne l'ignorait pas. Dans son petit livre publié en 1847, dans les considérations sur le blasphème qui ouvrent le volume, il avait justement comparé le blasphème aux injures et aux ordures dont les Juifs ont souillé le divin visage du Sauveur. Après avoir énergiquement fait appel à une nouvelle croisade des défenseurs du saint nom de Dieu, il avait humblement et pieusement rapproché la dévotion de la réparation qu'il proposait du touchant et admirable devoir rendu par sainte Véronique à Notre-Seigneur. La sœur Saint-Pierre, dans ces communications, avait été édifiée sur ces divers points : la *Notice* des carmélites le marque avec discrétion.

En contemplant le Cœur de Jésus « pressé du besoin de faire miséricorde et demandant une œuvre de réparation pour désarmer la colère de Dieu, la chère Sœur reçut de vives lumières sur la face adorable de Notre-Seigneur, objet sensible de la réparation, comme le Sacré-Cœur de Jésus est l'objet sensible de son amour pour nous. »

On peut scruter ces paroles : on comprendra pourquoi le petit livre de l'association de prières pour la réparation des blasphèmes et la violation du dimanche insistait sur la sainte Face et la proposait à la dévotion des associés.

Cette sainte Face, qui avait été désignée à la sœur Saint-Pierre comme le signe sensible de la réparation, ne laissait pas d'être ainsi mêlée, d'une façon providentielle, à ce mouvement mystérieux qui excitait la piété du peuple fidèle à la réparation. Pendant que ces merveilles, que nous indiquons à peine, se passaient au Carmel de Tours, et qu'elles pressaient, pensons-nous, M. Dupont d'entretenir les croyants des outrages prodigués à la sainte Face, une âme adonnée à l'oraison et entraînée aussi dans des voies intérieures tout à fait extraordinaires, une âme pressée, sollicitée, illuminée merveilleusement, se trouvait, à la suite de circonstances providentielles, placée sous la direction de M. l'abbé Botrel, que nous avons déjà nommé, et dont nous avons constaté les intimes et constantes relations de zèle et de piété avec M. Dupont. M. l'abbé d'Hulst, en rendant hommage aux lumières et aux vertus de ce saint prêtre, a signalé la sagesse et l'efficacité de la direction qu'il donna à la

Mère Marie-Térèse (Mlle Théodelinde Dubouché), au moment décisif de sa vie. Nous ne voulons pas analyser cette vie de la fondatrice de la congrégation de l'Adoration réparatrice; nous ne voulons qu'emprunter un fait au livre de M. l'abbé d'Hulst, et relever une date qu'il a nettement précisée.

C'est le jeudi de la Sexagésime (1846) que Marie-Térèse, encore engagée dans le monde et ignorante de sa voie, vit en songe d'abord une figure vivante et « d'une beauté divine : c'était le Christ dans l'état de la Passion, couvert de sang, le visage et la bouche meurtris. » Elle le voyait animé et comme au travers d'un voile. Cette vue lui fit une impression profonde; toutefois ce n'était qu'un rêve, et le mouvement de ferveur que ce rêve avait suscité dans une âme vouée à Dieu par tous ses désirs, n'avait pas de quoi surprendre. Mais le lendemain matin, à la messe, après avoir communié, Théodelinde « voit se reproduire au dedans d'elle-même l'image qu'elle avait contemplée en songe; cette fois elle est bien éveillée, parfaitement de sang-froid. Jamais une semblable représentation ne s'était produite en elle. Elle ne l'avait pas cherchée, elle en était surprise; elle n'en pouvait douter. Cette vue la pénétra de confusion et d'amour. L'image disparut après quelque temps. Le soir du même jour, qui était le vendredi du carnaval, elle alla faire son chemin de la croix. Arrivée à la sixième station, elle est de nouveau surprise par l'apparition de cette figure ; ravie, hors d'elle-même, elle conjure le Seigneur d'imprimer en elle sa sainte image, comme il a fait sur le voile de Véronique. Aussitôt ce qu'elle avait vu en songe se renouvelle dans son âme : même mouvement de l'image qui s'anime, mêmes paroles, mais cette fois plus distinctement entendues : — « Tu es ma bien-aimée, je t'ai choisie. » Théodelinde entend ces paroles, mais n'en pénètre pas le sens ; l'idée même d'une vocation ultérieure, d'une vie spécialement consacrée à la réparation pour les pécheurs, ne lui vient pas à l'esprit ; seulement une conviction profonde s'établit en elle : c'est que Dieu lui demande quelque chose et veut faire d'elle son instrument pour une œuvre qu'elle ne connaît pas. Du reste, après cette action mystérieuse, le Sauveur ne disparaît pas comme les premières fois : la sainte Face est toujours là, visible au dedans, objet permanent d'un regard intellectuel qui n'est pas le regard des yeux. Il semble que la prière de Théodelinde a été exaucée : l'image du Christ s'est imprimée sur la substance de son âme, elle ne peut plus vivre sans la voir. Plusieurs jours se passent : inquiète, agitée, craignant l'illusion, effrayée de voir qu'elle a beau agir et s'occuper, rien ne peut interrompre cette vue, elle s'en ouvre à son confesseur. Celui-ci se garde de prononcer. Il lui dit d'être en paix, de ne point se préoccuper ; et, si elle est trompée, de tourner l'illusion en grâce, en se rendant conforme par l'amour à cette adorable figure . »

On voit combien les voies sont différentes et combien elles se ressemblent. Théodelinde s'en tint docilement à la conduite qui lui était indiquée; et l'on pourrait remarquer que, dans son désir de se conformer à la vision qu'elle gardait dans son cœur, elle se trouvait en ce moment, comme l'avait été autrefois la sœur Saint-Pierre, partagée entre la pensée du Carmel et l'attrait vers les œuvres de miséricorde. « Un jour, en 1847, » — nous reprenons le récit de M. l'abbé d'Hulst, qui ne précise pas autrement la date, — « la prieure des carmélites de la rue d'Enfer remit à Théodelinde un cahier contenant les révélations que recevait une carmélite de Tours nommée la sœur Saint-Pierre, la priant de les lire et de lui en rendre compte. Théodelinde commença cette lecture avec cette prévention qu'elle avait naturellement contre tout ce qui est extraordinaire. Mais bientôt l'analogie frappante qu'elle découvrait entre ces communications et ce qu'elle recevait elle-même dans l'oraison, excita son intérêt et la remplit d'extase; déjà son cœur battait, lorsqu'elle vint à lire ces mots : *Le signe sensible de cette dévotion sera ma face couverte d'ignominie et couronnée d'épines.* » Tout ce qu'elle avait éprouvé se renouvela en elle. Elle ne put dissimuler son trouble à la prieure. Il fallut raconter la vision de la sainte Face, et dire en même temps le mouvement qui la pressait de reproduire par la peinture l'image toujours présente au regard de son âme. La mère prieure la renvoya à son confesseur, qui lui ordonna d'entreprendre cette peinture. « Jamais elle n'avait travaillé sans modèle : elle ne savait comment s'y prendre. Elle commença néanmoins avec foi : elle avait choisi un vendredi. A genoux devant sa toile, elle avait à peine pris son pinceau, qu'elle entra dans un état surnaturel ; la vision se renouvela dans son âme. Elle faisait un portrait. Tantôt la violence de l'amour divin lui ôtait la force de travailler, tantôt une activité surprenante faisait courir son pinceau avec une facilité et une rapidité qui lui étaient inconnues... Elle consacra quatre vendredis à ce travail, et sa joie fut grande, à la fin, quand elle vit que *c'était ressemblant...* » Craignant de s'attacher trop sensiblement à cette image matérielle, elle en fit don à son confesseur. Elle n'en rentra en possession qu'au mois d'avril 1848, dans des circonstances rapportées par M. l'abbé d'Hulst.

Cette peinture et tout ce qui s'y rattachait ne pouvait que vivement intéresser M. Dupont et tous ceux que préoccupaient, à Tours, les révélations de la sœur Marie de Saint-Pierre. M. Botrel n'avait peut-être pas instruit M. Dupont de la vision du vendredi de la Sexagésime 1846. Bien qu'il s'agît de la sainte Face, et que la sainte Face — le petit livre de l'Association de prières pour la réparation des blasphèmes en témoigne — fût alors, depuis trois ans peut-être ou depuis plus d'un an tout au moins, l'objet des dévotions de la sœur Saint-Pierre, de M. Dupont et des associés à l'office de la réparation, peut-être M. Botrel ne chercha-t-il pas à constater le lien des deux révélations, malgré le but commun où elles tendaient.

Mais la sœur Marie de Saint-Pierre s'était trouvée mêlée à l'exécution de ce portrait de la sainte Face en 1847, et M. l'abbé Botrel voulut que cette peinture lui fût présentée. Mlle Dubouché l'apporta elle-même au Carmel de Tours, où toute la communauté l'honora. Le tableau fut ensuite confié à M. Dupont. Je l'ai vu quelque temps dans sa chambre, à la place où fut plus tard exposée et honorée la *Véronique* de Rome. Avec l'autorisation du peintre et avant de lui remettre son œuvre, M. Dupont en fit faire une copie, qui est aujourd'hui au Carmel de Tours, au-dessus de la tombe de la sœur Saint-Pierre. M. l'abbé Botrel n'avait réclamé l'original de ce précieux tableau que pour le confier, au mois d'avril 1848, à l'adoration des premières compagnes de Théodelinde.

La communication des révélations de la sœur Saint-Pierre avait, en effet, pour toujours attaché Théodelinde à la pensée de la réparation ; elle était entrée dans l'association de prières que le petit livre avait déjà suscitée et propagée de toutes parts. En même temps le tableau qui lui avait été inspiré[1], avait ranimé, si j'ose parler ainsi, la confiance de la sœur Saint-Pierre et le zèle de M. Dupont.

Le mouvement de dévotion vers la réparation s'accentuait aussi dans toute l'Église. Le pape Pie IX, dans un sermon à Saint-André della Valle, le 14 janvier 1847, avait publiquement déploré cette funeste habitude du blasphème, dont Rome même était souillée. « Je vous donne mission, mes très chers fils, » avait dit le Souverain Pontife, « je vous donne mission de vous appliquer à réprimer ce langage infernal. » M. Dupont, et tous ceux qu'il avait plus ou moins directement engagés dans l'œuvre de la réparation, ne demandaient pas mieux que se tenir pour de ces « chers fils » à qui s'était adressé le Saint-Père. Cette même année, l'archevêque de Toulouse, Mgr d'Astros, avait fait suivre son mandement

---

[1] Cette peinture, d'un caractère extraordinaire, a été reproduite plusieurs fois par la gravure ou la lithochromie ; elle est devenue populaire.

pour le carême d'une ordonnance érigeant une association pour le respect du dimanche. Les désirs de M. Dupont allaient plus loin : il attendait toujours de Rome l'érection canonique pour le monde entier d'une pieuse association, « bien organisée et bien approuvée », comme la sœur Saint-Pierre la demandait, comme Notre-Seigneur lui avait dit qu'il la voulait, appliquée au double but de la réparation du blasphème et de la violation du dimanche. Ce double but, nous croyons l'avoir déjà dit, se confond en un seul, la violation du jour du Seigneur étant un blasphème en action. Pour M. Dupont, et selon ce que nous savons des révélations de la sœur Saint-Pierre, l'œuvre de la réparation, sollicitée par Notre-Seigneur et inspirée de divers côtés, devait embrasser tous les outrages que la perversité, l'indifférence et la stupidité des hommes prodiguent à Jésus-Christ ; elle devait s'étendre à l'Église entière. Mais la France était tout particulièrement menacée : les communications de la sœur Saint-Pierre parlaient de châtiments terribles. M. Dupont insistait dans la prière et toutes les bonnes œuvres. La médaille de Saint-Benoît et les anathèmes qu'elle prononce contre Satan, étaient une de ses plus chères et plus précieuses dévotions. Les menaces de la Salette, dont nous avons signalé la propagation rapide et puissante au milieu du peuple fidèle, ajoutaient au mouvement qui travaillait l'Église depuis déjà longtemps, et dont les manifestations ne pouvaient échapper aux maîtres et aux juges de la foi. L'archevêque de Tours, tout en approuvant ce mouvement et son esprit, et même en s'y mêlant, ne se décidait pas à provoquer de Rome la constitution canonique de l'association réclamée par les communications de la sœur Saint-Pierre, réclamée avec insistance et déjà annoncée comme prochaine. La Sœur, en effet, avait été avertie que son pèlerinage s'avançait.

Dès le courant de l'année 1846, Notre-Seigneur avait fait connaître à cette humble Sœur que sa carrière serait courte : « Dès que l'œuvre sera établie, » lui avait-il dit, « je ne vous laisserai pas longtemps sur la terre. » L'œuvre ! était-ce celle à laquelle Théodelinde allait bientôt donner sa vie ? Depuis sa vision de la sainte Face et depuis qu'elle avait connu, d'après les écrits de la sœur Saint-Pierre, le lien qui rattachait l'esprit réparateur à cette sainte Face, signe sensible de la réparation, Théodelinde, avons-nous dit, s'était unie aux prières et à l'association recommandées par le petit livre de M. Dupont, où la sainte Face était honorée et exaltée. Tout ce mouvement, toutes ces ardeurs, ces désirs qui emportaient les esprits et attiraient les cœurs, approuvés déjà dans beaucoup de diocèses, organisés même publiquement dans certaines paroisses, n'avaient pourtant pas le caractère universel et ne constituaient pas une œuvre unique. Un grand évêque, Mgr Parisis, alors évêque de Langres, tenta de répondre à ces aspirations des peuples fidèles et de correspondre à ce désir des âmes : il voulut constituer une confrérie qui reliât en un seul faisceau tous les efforts. Son diocèse était de ceux où la pensée de la réparation s'était manifestée. A l'instigation d'un curé fervent, une petite association s'était même formée sur une des paroisses de Saint-Dizier. L'évêque, s'inspirant des paroles de Pie IX que nous avons citées, instruit d'ailleurs — le *Manuel* le remarque — des révélations de la sœur Saint-Pierre, et préoccupé justement de l'état de la France, où le blasphème était plus que partout ailleurs entré dans les lois de l'État, l'évêque érigea, par une ordonnance épiscopale, la petite association de Saint-Martin de Lanoue, et demanda au Souverain Pontife de l'enrichir des indulgences déjà accordées aux confréries italiennes. Le Pape alla au delà de ces vœux : trois jours après avoir approuvé la confrérie de l'Association réparatrice du blasphème et de la profanation du dimanche, il l'érigea en archiconfrérie pour le monde entier. Le siège en demeura sur la paroisse de Saint-Martin de Lanoue, dans un faubourg de Saint-Dizier, au diocèse de Langres.

Pour l'historien de M. Dupont, pour le dévot

à la sœur Saint-Pierre, ce patronage de saint Martin ne peut être indifférent. Mais était-ce là la fin des communications de la sœur Saint-Pierre et des visions de Théodelinde? La sainte Face, signe sensible de la dévotion réparatrice, ne devait-elle pas recevoir de plus particuliers hommages? Les désirs de la piété de M. Dupont étaient insatiables. D'après la *Notice* des carmélites, on voit que l'érection de l'archiconfrérie de Saint-Martin de Lanoue ne fit pas cesser les communications de la sœur Saint-Pierre; et Théodelinde aussi avait une œuvre à accomplir.

C'est durant le mois de juin 1847 que l'évêque de Langres avait dressé le petit règlement de l'association qu'il établit solennellement le 16 juillet suivant, fête du Mont-Carmel. Le 27 juillet, le Pape approuva la confrérie de Saint-Martin, et, le 30 du même mois, lui conféra le titre et les privilèges d'archiconfrérie. Il y avait dans ces dates mêmes, au moins pour notre patrie, un enseignement et aussi une invitation à la réparation. Sans doute, les menaces adressées de diverses façons à la France et au monde furent contenues et différées, au moins dans leur entier accomplissement; la terre inintelligente et sourde devait néanmoins en ressentir bientôt quelque chose. Nous avons signalé les désastres qui frappèrent le pays en 1846 et 1847, et dont la Touraine avait été l'une des principales victimes.

Tout concourt à l'accomplissement des desseins de Dieu. La catastrophe de février 1848 éclata comme un coup de tonnerre sur la France coupable.

La sœur Saint-Pierre, initiée aux secrets de la colère de Dieu, s'était offerte, avons-nous dit, pour victime dès les premiers jours où elle avait pénétré dans ces insondables mystères. Quelques semaines après la révolution de Février, elle se sentit pressée de renouveler son offrande. Notre-Seigneur, dont elle avait honoré tout particulièrement la sainte Face, lui annonça au temps de la Passion (30 mars), qu'elle verrait bientôt cette sainte Face dans le ciel. « Je vais vous purifier, » ajouta-t-il, « pour vous en rendre digne. » Elle se prosterna en entendant ces paroles, et s'écria dans sa fervente humilité : « Seigneur, je ne mérite que l'enfer ! »

Le Vendredi saint (21 avril 1848), au moment où la France préparait les élections, le lendemain du jour où la garde nationale avait, à Paris, célébré la fête de la Fraternité, la Sœur, en adoration aux pieds de Jésus-Christ mourant, vit tout à coup le poids énorme de la justice divine s'appesantir sur les hommes. Épouvantée, elle renouvela son acte de dévouement comme victime. L'offrande fut promptement reçue, disent les carmélites : la pauvre Sœur entra dans un état de souffrances inouïes, qui se prolongea miraculeusement, pour ainsi dire, ou tout au moins en dehors de toutes les prévisions de la science, près de trois mois. Les détails de cette agonie, où la sainte Face était honorée et mêlée d'une façon particulière, sont admirables. Je me bornerai à rapprocher quelques dates.

Le 9 avril 1848, Théodelinde, à Paris, qui habitait depuis quelque temps le Carmel de la rue d'Enfer, inaugurait une quarantaine de prières, devant le tableau même de la sainte Face, que M. l'abbé Botrel venait de rendre à la dévotion de sa pénitente. Depuis qu'elle avait exécuté cette peinture, Théodelinde en effet était pressée du désir de l'exposer à la vénération des âmes vouées à la réparation. Son désir avait été jusqu'alors contenu par ses directeurs; mais dans le danger où la révolution de Février venait de placer la société entière et au milieu des effervescences de Paris, on accéda à cette pensée. Théodelinde organisa alors un petit oratoire : M. l'abbé Botrel y plaça la précieuse peinture. On avait résolu de célébrer, devant cette image, une messe pendant quarante jours, « pour la réparation des injures », et de réunir quarante personnes qui se chargeraient de consacrer chacune un jour aux exercices de la réparation. Au lieu de quarante, Théodelinde trouva deux cent cinquante réparateurs. La réparation devait se faire en union du Sacré-Cœur, dans le désir d'apaiser la justice de Dieu et en adoration de la sainte Face.

Ces adorateurs trouvèrent tant de profit et de joie à ces prières de la réparation, — que les carmélites de Tours, de leur côté, avaient déjà trouvées prodigieusement efficaces, — qu'ils demandèrent à en perpétuer la pratique dans une association réparatrice, dont la sainte Face devenait le signe sensible. L'archevêque de Paris (Mgr Affre) approuva en principe le projet de cette dévotion. « Réunissez assez de noms, » disait-il, « et je ferai un mandement pour annoncer l'association. » On était à la fin du mois de mai. Avant la fin du mois de juin, sans aucune publicité, deux mille adorateurs de la sainte Face s'étaient entendus et s'étaient fait inscrire. Avant la fin du même mois aussi, les journées de Juin avaient éclaté, et l'archevêque de Paris était martyr.

Pendant ce temps, la sœur Saint-Pierre était sur son lit de douleur. Ses souffrances étaient inouïes, et elle se refusait à demander aucun soulagement : elle se soumettait à la volonté de Dieu, et priait sans cesse pour l'Église, pour la France et pour la réparation. Le 18 juin, dimanche de la Sainte-Trinité, elle disait à la mère prieure : — « Ma carrière est finie : l'œuvre de la réparation est faite. » Cinq jours après, le lendemain de la Fête-Dieu, commençaient les terribles journées de juin à Paris. Les catholiques se réunissaient au pied des autels, où la divine Eucharistie était exposée. Quelle octave de prières, d'adoration et de réparation, au sein de cette grande capitale livrée à l'émeute et menacée du pillage! On sait que cette octave de la Fête-Dieu est suivie de la fête du Sacré-Cœur. Ce jour-là, Théodelinde, en adoration devant l'Eucharistie, recevait une communication suprême, celle qu'elle appelle du Canal d'or, où elle vit comme sortant du Cœur de Jésus l'œuvre qu'elle devait entreprendre, telle qu'elle devait commencer à la mettre en pratique un mois plus tard. Nous ne décrirons pas l'œuvre entreprise à Paris par Théodelinde, sous le titre de l'Adoration réparatrice. Lorsqu'au 6 août 1848, fête de la Transfiguration, les huit fondatrices se réunissaient autour de Théodelinde, devenue désormais la mère Marie-Térèse, il y avait un mois environ que la sœur Marie de Saint-Pierre était morte, à travers des souffrances incroyables et au milieu des grâces les plus abondantes. Notre-Seigneur lui avait dit naguère : — « Parce que vous avez honoré ma face couverte de plaies par les pécheurs, je renouvellerai en vous, à l'heure de votre mort, l'image de Dieu. » Elle avait foi dans cette promesse ; et, lorsqu'on lui annonça qu'enfin sa mort était prochaine, elle voulut renouveler les vœux de son baptême ; elle demanda de l'eau bénite, fit sur sa tête le signe de la croix, et, joignant ses mains, elle dit : — « Je renonce à Satan, à ses pompes et à ses œuvres ;

je veux être à Jésus-Christ pour toujours. » Sa figure prit un air tout céleste : on eût dit un enfant sortant des eaux du baptême.

Je ne sais quels liens ou quels rapports M. Dupont conserva avec la congrégation de l'Adoration réparatrice de Paris, mais il garda à la sœur Saint-Pierre, nous l'avons dit, la mémoire la plus respectueuse et la plus fidèle. Il se tenait comme son serviteur ; il s'intéressait à sa gloire ; il eût voulu la publier partout. Quelques mois avant sa mort, quand on lui apprit que Mgr Collet venait de faire remettre tous les papiers concernant la sœur Saint-Pierre entre les mains des bénédictins de Solesmes, son visage rayonna de joie, ses yeux s'élevèrent vers le ciel : — « Ah ! » dit-il, « mon heure est proche, et je n'ai plus qu'à m'y préparer. » Comme on lui demandait des explications, il se mit à réciter le *Nunc dimittis*. La mission qu'il s'était donnée lui paraissait accomplie.

Dans l'attente des résultats de l'examen ordonné par Mgr l'archevêque de Tours, nous avons dû garder toute discrétion, et ne parler de la sœur Saint-Pierre que selon les termes des documents déjà publiés et autorisés. Le détail de l'âne de la crèche est le seul peut-être que nous ayons emprunté à nos souvenirs personnels et aux récits qui couraient alors parmi les fidèles. On disait aussi qu'il était parfois, dans les communications de la sœur Saint-Pierre, directement question de M. Dupont. Un jour entre autres, — c'était avant la constitution de la confrérie réparatrice de Saint-Martin de Lanoue, — comme Notre-Seigneur pressait la Sœur de travailler à l'œuvre de la réparation et que la Sœur alléguait son impuissance, Notre-Seigneur lui aurait dit de s'adresser à « son serviteur », désignant ainsi M. Dupont. La Sœur, qui était simple, d'un esprit rond et prompt, ne put s'empêcher de remarquer qu'elle avait déjà beaucoup obtenu de M. Dupont et qu'il y aurait de l'indiscrétion à lui demander davantage : « Encore », disait-elle dans son ingénuité, « si, en retour de ces sacrifices, vous me promettiez pour lui quelque chose, quelque grâce, quelque bien ! »

— « Ah ! » interrompit Notre-Seigneur, « mon serviteur est désintéressé, et il connaît le prix de mon service. »

Je ne sais comment ce détail s'était répandu parmi le petit public, extrêmement restreint encore, qui avait une connaissance plus ou moins précise et se préoccupait des communications de la sœur Saint-Pierre. Les écrits de la Sœur ne confirment pas, me dit-on, ce détail. Je le tiens cependant pour authentique. Il nous avait frappé, non seulement pour notre édification et à cause du témoignage rendu à M. Dupont, mais aussi comme un indice du concours personnel et actif du serviteur de Jésus-Christ dans toutes les œuvres de piété et de miséricorde. Je sais en outre qu'il y a des témoignages assurés qui en peuvent répondre [1].

(1) Les Révélations de la sœur Saint-Pierre ont été, comme nous l'annonçons, retirées par Mgr Collet de dessous les scéllés où les avait placées le cardinal Morlot. Les bénédictins de Solesmes, et ensuite l'abbé Janvier, les ont analysées dans deux ouvrages, approuvés de Mgr l'archevêque de Tours, sous le titre, l'un, de *Vie de la sœur Marie de Saint-Pierre de la Sainte-Famille, religieuse carmélite du monastère de Tours* (1879) — ce volume est épuisé — et l'autre, *Vie de la sœur Saint-Pierre, carmélite de Tours, écrite par elle-même, mise en ordre et complétée par M. l'abbé Janvier* (1881).

XIV

L'ADORATION NOCTURNE

Les œuvres expiatoires se relient logiquement au culte eucharistique. C'est la misère profonde et véritable, c'est aussi la consolation et le salut de l'humanité que la réparation et l'adoration soient un même mot. Le culte eucharistique, le culte de l'humiliation divine peut-il être autre chose qu'un culte de réparation? Toutes les splendeurs dont l'Église entoure la sainte Eucharistie, ont pour but d'adorer l'abaissement de Dieu, de réparer les outrages, les ingratitudes et les irrévérences des hommes. C'était pour confondre l'hérésie, réjouir les justes et aussi réveiller la foi endormie que sainte Julienne, au treizième siècle, était sollicitée et inspirée de faire instituer la fête du *Corpus Domini*. Faut-il rappeler ici que l'intercession de saint Martin a été mêlée d'une façon particulière aux dévotions de sainte Julienne, et que c'est dans l'église de Saint-Martin de Liège qu'ont été pour la première fois célébrés l'office et la solennité de la Fête-Dieu? Il y aurait là des rapprochements à faire, où la piété s'intéresserait et où nous ne voulons cependant pas insister.

Au dix-septième siècle, la vénérable mère Mechtilde greffait sur le tronc de la grande famille bénédictine le rameau de l'Adoration du très saint Sacrement. Les filles de Saint-Benoît, qu'elle convoquait à faire perpétuellement l'adoration eucharistique, devaient être, disait-elle, des victimes de la réparation. On sait que, pendant que la mère Mechtilde, à travers les guerres de la fin du règne de Louis XIII et les désastres de la Fronde, était incitée à se proposer ce grand et pieux dessein, Anne d'Autriche, de son côté, pour fléchir la miséricorde divine, faisait vœu d'établir une maison religieuse spécialement consacrée au culte de la sainte Eucharistie et à la réparation des outrages adressés à ce divin mystère. Les âmes pieuses, les âmes françaises ont remarqué que le vœu de la reine, réalisé par l'institut des bénédictines de l'Adoration perpétuelle, coïncida avec l'apaisement des troubles du royaume et ouvrit l'ère des prospérités du règne de Louis XIV. C'est ainsi qu'au sein des tumultes et dans les plus douloureuses perplexités du royaume le culte eucharistique prenait son développement. Il est naturel que les angoisses réveillent dans la conscience humaine le besoin de réparation et d'adoration.

L'institut de la vénérable mère Mechtilde ne

faisait que continuer, sous une règle religieuse, une pratique que les fidèles de Paris avaient employée récemment contre les ravages et les blasphèmes de l'hérésie de Calvin. Au dire du pape Urbain IV, l'institution de la Fête-Dieu dans l'Église avait été pour confondre les hérétiques : c'était donc à la sainte Eucharistie que le peuple fidèle voulut recourir contre les nouveaux hérétiques, apportant, en réparation de leurs outrages, les hommages de sa foi et de sa piété persévérantes. Les mêmes sentiments d'hommages, de réparation et de recours avaient pressé saint Charles Borromée, lorsqu'il inaugura à Milan les prières des Quarante Heures, dont, en 1592, le pape Clément VII avait organisé la succession dans les diverses églises de Rome de manière à établir dans cette capitale du monde chrétien l'adoration perpétuelle de la sainte Eucharistie.

Dans le mouvement que nous avons signalé aux dernières années du régime de Juillet, qui portait tous les esprits à la réparation, l'Eucharistie n'avait pas été méconnue : nous avons parlé, sans en indiquer le nombre presque infini, des diverses entreprises de dévotion surgies partout dans différents diocèses. Paris, le révolutionnaire Paris, si dévot avant le jansénisme, avait participé à ce mouvement de foi et de réparation. Un prêtre voué à la sainte Eucharistie, M. de la

Bouillerie, depuis archevêque de Perga et coadjuteur de Bordeaux [1], avait, dès 1846, organisé dans la capitale une association d'adoration nocturne. On ne songeait pas alors à transporter en France la confrérie qui existe à Rome depuis la captivité de Pie VII, dont les membres vont, chacun à leur tour, passer dans les églises les heures de la nuit en adoration. Dans la petite association parisienne, on se partageait, il est vrai, les heures de la nuit, mais, sans sortir de chez soi : une fois par mois, à une heure convenue, l'adorateur se plaçait en esprit devant la sainte Eucharistie, et, à travers l'espace, lui envoyait, jusque dans les ombres du tabernacle où elle restait enfermée, des hommages et des prières fidèles.

Pendant les angoisses qui suivirent la révolution de Février et surtout durant les affreuses journées de Juin (1848), la sainte Eucharistie, avons-nous dit, fut singulièrement et dévotement entourée et invoquée. On n'ignore pas avec quelle ferveur la capitale, ébranlée dans ses fondements, avait célébré cette octave de la Fête-Dieu, que devait ensanglanter la mort de l'archevêque ; et nous savons aussi comment une des formes de l'œuvre de la réparation s'était constituée et accusée vers la fin de cette octave.

[1] Mort à Bordeaux, le 8 juillet 1882.

Rien ne s'apaisait cependant dans le monde, et les bouleversements de la société française se répercutaient douloureusement en Italie. Rome était en proie aux plus terribles commotions. La Révolution victorieuse insultait et menaçait le souverain Pontife. Plus que jamais il fallait avoir recours à la prière, et plus que jamais les fidèles multipliaient les hommages eucharistiques. Un jour que le saint Sacrement était exposé dans la chapelle des carmélites de la rue d'Enfer, un juif récemment converti, et converti par la sainte Eucharistie d'une façon miraculeuse, était en adoration devant Notre-Seigneur ; on vint l'inviter à sortir de la chapelle, qu'il était l'heure de fermer. Jésus cependant ne rentrait pas au tabernacle ; il restait sur son trône, et il y provoquait toujours les hommages de quelques femmes pieuses. Les premières compagnes de Théodelinde allaient entourer Notre-Seigneur de leurs adorations, et passer en sa présence la nuit en prière. Le cœur nouvellement converti dont nous parlons, ce cœur rempli de zèle pour la sainte Eucharistie, fut touché d'une sainte jalousie. Comment les hommes abandonneraient-ils aux femmes le privilège de faire autour du saint Sacrement la veille eucharistique ? Cette pensée, soumise à M. l'abbé de la Bouillerie, ne devait pas rester stérile. Au bout de quelques semaines, notre juif converti, qui n'était autre que le P. Hermann, Marie-Augustin du Saint-Sacrement, déjà apôtre de la sainte Eucharistie, on le voit, avant d'avoir pris l'habit monastique,—depuis mort en 1871, martyr de la charité, au service des prisonniers français,— réunissait dans sa modeste chambre d'artiste quelques hommes, — ils étaient vingt-trois, — à qui M. de la Bouillerie, pour détourner les fléaux qui menaçaient la France et pour attirer sur elle les bénédictions de Dieu, proposait de fonder une association ayant pour but l'exposition et l'adoration nocturne du très saint Sacrement, en réparation des injures dont il était l'objet. Les hommes groupés ainsi, le 22 novembre 1848, autour d'un prêtre par le zèle d'un nouveau catholique, étaient tous, hormis deux officiers de marine, de modestes employés, des ouvriers, des domestiques : *infima mundi!* Il fallait le zèle dont ils étaient animés, pour ne pas tenir leur projet pour chimérique. Les événements en précipitèrent la réalisation. Le jour même où ces dévots à l'Eucharistie s'entretenaient de leur dessein, on apprenait à Paris l'assassinat de M. Rossi, ministre de Pie IX. Le 1er décembre, on connaissait l'évasion du Pape, sorti de Rome le 24 novembre. Le bruit public assurait que le Saint-Père se rendait en France.

Quelles attentes! quelles émotions!

Tout s'y confondait : la douleur des outrages,

les joies de la délivrance, les espérances infinies. La France entière était en suspens; les ennemis de l'Église eux-mêmes partageaient ou du moins ressentaient quelque chose de cet enthousiasme et de cette ferveur des âmes chrétiennes. Les dévots à la sainte Eucharistie, les incitateurs de l'adoration nocturne se réunirent, le soir du 6 décembre 1848, à Notre-Dame des Victoires. Le sanctuaire pouvait-il être mieux choisi? Au pied de l'autel privilégié du Cœur immaculé de Marie, ils inaugurèrent leur première veille d'adoration nocturne devant le saint Sacrement. Quelques jours après, on apprenait l'entrée du souverain Pontife à Gaëte : aux douleurs de son exil, aux joies de sa délivrance ne se mêlait plus l'espérance prochaine d'accueillir sa personne sacrée en France. Dès les premières nouvelles des attentats du 16 novembre, les évêques avaient ordonné des prières publiques. L'archevêque de Paris ordonna l'exposition du saint Sacrement et l'exercice des Quarante Heures pour les 16, 17 et 18 décembre, à la cathédrale, et les trois jours suivants dans toutes les paroisses de la ville. Le 20 et le 21, les adorateurs de la sainte Eucharistie renouvelèrent leurs veilles d'adoration devant l'autel de l'archiconfrérie pour la conversion des pécheurs. Le vénérable M. Des Genettes, qui a vu germer et s'abriter dans son église toutes les grandes œuvres nées ou ressuscitées de notre temps, pouvait-il ne pas accueillir avec joie l'adoration nocturne? Dans les émotions diverses et ardentes où étaient jetées en ces temps la société politique, notre patrie, et la société religieuse, notre mère, le nombre des adorateurs s'augmenta assez aisément et rapidement. Sans abuser du zèle des adorateurs et sans leur imposer des fatigues trop pénibles, on fut bientôt en mesure de faire la veille du saint Sacrement cinq nuits par mois. C'était bien peu, sans doute, que soixante à soixante-dix adorateurs dans tout Paris ; mais ce nombre dépassait de beaucoup les espérances les plus hardies qu'on eût osé formuler. Les fondateurs avaient pensé à rendre leurs hommages à la sainte Eucharistie plutôt qu'à lui en susciter. Les délices de ces nuits d'adoration dépassèrent tout ce qu'ils avaient pu imaginer. L'entretien avec Dieu est la fin de l'homme. L'adoration est le vrai bonheur du Paradis. Les pauvres gens réunis dans le sanctuaire de Notre-Dame des Victoires goûtaient les joies de la Vie. Leurs âmes ne pouvaient contenir leur bonheur ; l'esprit de zèle et de propagande les sollicitait de faire participer le cher prochain à cet ineffable et inépuisable trésor. Ils répandirent leur ferveur au delà même de la ville. M. Dupont fut un des premiers avertis. J'ai lieu de croire que ce fut M. de Cuers, un des officiers de marine présents à la première veille, mort en

1871, second supérieur général de la société des Prêtres du Saint-Sacrement, qui en porta le premier mot au cher Pèlerin de Tours. Il est inutile de dire comment celui-ci accueillit cette pensée d'adoration et de réparation. Quelle fête à la seule pensée de faire et de faire faire la veille auprès du saint Sacrement !

M. Dupont courut aussitôt entretenir l'archevêque de cette pensée, et déjà de cet espoir. La ville de Tours n'était pas ardente à la piété, elle aimait ses aises et ses plaisirs. Néanmoins le saint homme comptait y trouver le petit nombre d'adorateurs nécessaire pour remplir le cycle de la nuit. De neuf heures du soir à cinq heures du matin, il y a huit heures : seize adorateurs étaient indispensables pour que deux factionnaires, se relevant tour à tour, fussent constamment devant le trône eucharistique. L'archevêque de Tours n'hésita pas un instant ; il partagea toutes les joyeuses espérances du Pèlerin. Il le chargea de dresser un petit règlement et d'organiser l'entreprise. Le 21 février 1849, le prélat autorisait et signait le règlement, après un premier essai. Ce 21 février était le mercredi des Cendres.

L'adoration avait eu lieu, à Tours, durant les trois nuits précédentes. M. Dupont avait tenu à inaugurer la nouvelle confrérie par la sanctification de ces nuits fameuses par leurs scandales. Les associés n'étaient pas nombreux : quelques-uns durent redoubler leurs gardes, et, après avoir veillé la nuit du dimanche au lundi, se retrouver devant le saint Sacrement la nuit du mardi au mercredi.

Tout se passa comme à Paris, dans une sorte d'enivrement et de plénitude de joie qu'on n'avait pas imaginé et qui ne peut s'exprimer. L'archevêque participait à cet enthousiasme; sa prudence lui faisait recommander de ne pas trop entreprendre et d'accommoder les choses de façon que l'adoration ne fût une fatigue pour personne. C'était bien le sentiment de M. Dupont, dont nous avons mentionné l'esprit singulièrement exact et pratique. On régla que la veille eucharistique n'aurait lieu qu'une fois par mois pour chacun des membres de l'œuvre. M. Dupont apporta toujours une vigilance extrême à ménager, durant la nuit même de l'adoration, le temps du repos de chacun. Il tenait cette prescription pour obligatoire. Il fit vite comprendre aux jeunes associés, qui avaient de l'ardeur et aussi du loisir, qu'ils ne devaient pas prolonger leurs adorations devant le saint Sacrement plus longtemps que leurs confrères, et que la discipline exigeait que chacun fît son heure et pas plus que son heure, à moins d'une circonstance imprévue obligeant à remplacer un confrère absent. Le temps en dehors de l'adoration devait être consacré au repos, à un repos complet, que l'on devait prendre étendu sur un lit de camp.

C'était dans la chapelle des prêtres de la Mission que l'adoration avait lieu. Un des parloirs servait de chambre de repos. Les lits étaient préparés comme on fait à Paris, et au pied de chaque lit était le numéro d'ordre de celui qui l'occupait, afin que l'adorateur qui allait quitter le saint Sacrement pût prévenir sans bruit celui qui le devait remplacer, et afin que ce dernier, assuré d'être éveillé à temps, pût aussi dormir en sécurité.

M. Dupont tenait à ce que le sommeil des adorateurs fût vraiment réparateur : il ne voulait pas écarter de l'adoration l'ouvrier, l'homme du peuple, celui qui a besoin de sa journée et de son travail, et qui désire cependant faire, lui aussi, sa faction auprès du saint Sacrement. Pour que le sommeil fût réparateur et afin qu'il pût être goûté assez largement, M. Dupont avait soin de procurer aux adorateurs toutes leurs aises. Non seulement, comme le règlement de Paris l'ordonne, il imposait le silence dans la salle, repos, mais il voulait que tout y fût commode, confortable même. Il y apportait de la recherche. Il avait fait faire de petits lits de camp, munis de matelas et d'oreillers. L'hiver, il augmenta ce matériel de couvertures et de peaux d'agneau. Il voulait en tout une propreté exquise. Il avait fait préparer des linges pour couvrir les oreillers et la partie supérieure des matelas, et il avait groupé de pieuses femmes, heureuses de servir Notre-Seigneur en faisant laver et préparer ces linges après chaque nuit d'adoration. On veillait à la propreté des matelas avec la même vigilance.

Il semblait à M. Dupont que ces détails si humbles intéressaient à la prospérité de l'adoration nocturne. Il ne voulait pas que l'adorateur eût plus à vaincre le dégoût qu'à supporter la fatigue. Sainte Térèse ne veut-elle pas que le chrétien, sans rechercher la mollesse, ne craigne pas de se mettre à l'aise pour vaquer à l'oraison? Toujours est-il qu'avec les soins maternels, on pourrait dire, déployés par M. Dupont, l'adoration nocturne prit à Tours un développement extraordinaire. On faisait cinq nuits par mois, et le tour des associés ne revenait déjà plus tous les mois. Mais l'archevêque n'avait pas voulu dépasser cette limite. Les membres de l'adoration nocturne étaient, à Tours comme à Paris, des divers rangs de la société : c'était justice de leur ménager la fatigue et de leur prodiguer toutes les aisances qu'on pouvait prévoir. Il y en avait parmi eux qui ne s'épargnaient guère. Un pauvre cantonnier, entre autres, faisait plusieurs lieues à pied pour se trouver à la pieuse garde, et, après sa veille, le lendemain matin, il retournait à son humble et pénible travail, consolé, fortifié et radieux.

C'était M. Dupont qui recrutait ainsi les hommes de bonne volonté dans toutes les classes. Sa prière atteignait vraiment partout; sa vertu attirait les âmes, sa ferveur les enflammait. Les nuits d'adoration étaient des nuits de délices pour M. Dupont, non seulement celles qu'il passait faisant l'adoration, mais aussi celles qu'il préparait. Tout lui souriait, tout lui était doux quand il s'agissait de l'adoration nocturne. Toutefois il ne s'accordait pas de privilèges; et, malgré son désir, malgré ce qu'on pouvait appeler sa soif, il ne se présentait pour passer la nuit qu'à son tour. Il n'eût pas voulu faire tort au prochain : il savait combien tous les associés étaient ardents pour cette veille eucharistique.

La fête particulière de M. Dupont, le régal qu'il se donnait par-dessus le marché, si on ose parler ainsi, et qu'il avait à peu près seul le privilège de savourer, était de participer en quelque sorte à toutes les nuits en les ouvrant le soir et aussi en les fermant le lendemain matin. Il se rendait à la chapelle, en effet, toutes les fois que l'adoration devait avoir lieu; il faisait les fonctions qui reviennent, à Paris, au directeur laïque : il lisait les recommandations, parfois assez nombreuses, qu'il avait inscrites et qu'on proposait aux prières des adorateurs; il distribuait les numéros d'ordre de la faction de chacun, faisait la prière du soir avec les adorateurs, assistait avec eux à l'exposition du saint Sacrement, et se retirait quand les associés rentraient à la chambre du repos, laissant les deux premiers factionnaires de garde devant le saint Sacrement. Le lendemain, dès cinq heures, et plus tôt dans la belle saison, le saint homme se retrouvait à la chapelle pour réciter la prière du matin, entendre la messe, faire la sainte communion, et recevoir la bénédiction avant que Notre-Seigneur rentrât dans les ombres du tabernacle.

Ces sollicitudes excessives n'étaient pas stériles : des grâces nombreuses ont été obtenues par les prières des adorateurs. M. Dupont, qui tenait le registre des recommandations, avait soin de marquer d'une croix celles qui avaient été exaucées. Le registre doit être encore conservé à Tours. Aucune contribution d'argent n'était réclamée des adorateurs. M. Dupont pourvoyait à tout, avec quelle joie! Si on lui apportait quelque aumône pour les divers frais de l'adoration nocturne, sa joie était de voir que cette dévotion était goûtée et que les âmes tenaient à s'y associer. Il était tout particulièrement reconnaissant aux personnes qui avaient soin des linges. Il recevait en esprit de dévotion le concours qu'on voulait bien lui donner de la sorte, mais il n'en réclamait de personne. Sa bourse était ouverte, le plus souvent, avant qu'on se fût aperçu des besoins où il s'agissait de pourvoir; elle s'ouvrait largement et paternellement, sans compter. La chapelle où se faisait l'adoration nocturne, était provisoire, bien pauvre, bien étroite. Quand les lazaristes purent en faire construire une définitive et décente, M. Dupont intervint pour une assez forte somme, afin qu'on pratiquât dans le nouvel édifice une petite crypte où pourrait avoir lieu l'adoration nocturne pendant les nuits d'hiver : n'est-ce pas d'une délicatesse maternelle?

Il arriva que, pendant que l'œuvre de l'adoration nocturne, préparée, choyée, nourrie, pour ainsi dire, par M. Dupont, prospérait et s'étendait à Tours, elle périclitait et paraissait s'éteindre à Paris. Hermann était parti pour Rome, d'où il ne sortit que pour entrer au noviciat du Carmel; les officiers de marine avaient dû retourner à la mer; d'autres encore des fondateurs s'étaient éloignés; M. de la Bouillerie était malade. M. Des Genettes soutenait toujours l'œuvre de ses prières; il la recommandait, mais il ne pouvait se charger de la diriger; il l'accueillait avec joie lorsqu'elle se présentait au sanctuaire, mais elle se présentait irrégulièrement et de plus en plus rarement. Toujours vivante dans les cœurs de ceux qui l'avaient une fois embrassée, elle ne manifestait plus sa vie, faute d'un chef, d'une direction, d'une initiative. Les membres, fidèles dans leurs désirs, isolés dans leur zèle, étaient dispersés, pour ainsi dire, et désormais comme perdus au sein de la capitale.

L'œuvre de Tours vint réveiller l'ardeur en reportant à Paris ce flambeau d'ordre, de zèle et d'amour que M. Dupont avait si bien nourri et entretenu. Un des jeunes membres de l'adoration de Tours, un laïque alors, aujourd'hui évêque du Mans [1], vint en aide, en octobre 1851, à l'œuvre mère de Paris qui semblait dispersée. Avait-il reçu de M. Dupont cette mission particulière? s'était-il uniquement inspiré des exemples du saint homme? C'était auprès de lui qu'il avait puisé l'esprit de piété et d'ardeur, l'esprit de dévouement, de prière et de zèle. S'il était allé à Paris dans le dessein de réveiller l'œuvre, il ne s'effraya pas de l'état où il la trouva. Les membres fidèles, comme les parents et les amis de la jeune fille de l'Évangile, répondaient à ses premières interrogations : « Elle est morte, il n'y a rien à faire! » Ils avaient senti, ils avaient goûté toute l'amertume de la stérilité de leurs efforts. A quoi bon essayer de nouveau? L'œuvre ne pouvait vivre. On la regrettait, on l'aimait encore; mais elle était morte. N'était-elle même pas devenue inutile désormais? sa succession n'avait-elle pas été recueillie par l'adoration per-

---

[1] Hector d'Outremont, né à Tours en 1825, évêque d'Agen en 1871, du Mans en 1874, mort au mois de septembre 1884.

pétuelle des Quarante Heures, que l'archevêque de Paris, Mgr Sibour, renouvelant la dévotion de nos pères, avait instituée dans le diocèse depuis le 20 novembre 1850? La sainte Eucharistie était entourée désormais d'hommages solennels tous les jours de l'année : était-il utile de lui présenter, la nuit, les hommages individuels et sans autorité de quelques pauvres chrétiens? A tout cela il y avait bien à répondre, il y avait surtout à agir. M. d'Outremont était jeune, avons-nous dit : il n'épargna pas les démarches; il visita un à un ces divers membres désolés; il s'associa à leur deuil, et leur proposa de célébrer au moins le troisième anniversaire de leur première nuit d'adoration. On convint de se réunir à Notre-Dame des Victoires le 22 novembre. On était, avons-nous dit, en 1851. Neuf adorateurs seulement se trouvèrent à l'appel; ils n'étaient pas tous des vingt-trois premiers fondateurs de 1848. Neuf dans cette grande ville de Paris! Fallait-il désespérer? Ce n'eût pas été répondre à l'esprit de M. Dupont.

Dans cette détresse, dont témoignait ce petit nombre, on convint que les prières de la nuit seraient toutes pour le rétablissement, à Paris, de cette chère œuvre de l'adoration nocturne, dont on portait cruellement le deuil. C'était une grande grâce qu'on sollicitait; mais on la demandait dans un sanctuaire privilégié, un sanctuaire où, de nos jours, semble toujours attentive l'oreille de la miséricorde. La même intention était inscrite en même temps au registre de l'adoration de Tours. Les prières parties de si bon lieu devaient être exaucées. L'œuvre de l'adoration nocturne de Paris date, en effet, ce qu'elle appelle son réveil, de cette nuit du 22 novembre 1851. Nous n'en suivrons pas ici les progrès, son accord avec l'adoration des Quarante Heures, qu'elle complète et rend vraiment perpétuelle. Nous ne voulions que noter la part qui appartient à M. Dupont dans ce réveil et cette constitution si forte aujourd'hui de l'adoration nocturne à Paris. Nous n'insisterons pas non plus sur l'œuvre de Tours. les grâces nombreuses qu'elle obtenait, les joies salutaires et puissantes qu'elle donnait à ses membres. Nous aurons dit tout ce que nous voulons dire, en constatant que l'œuvre constituée par l'initiative de M. Dupont dut ses progrès et sa prospérité à la piété et au zèle de son fondateur. C'est à l'école du saint homme que les adorateurs apprenaient à goûter Jésus-Christ.

XV

LA SAINTE-FACE

Pendant que M. Dupont, par les mains de l'un des plus jeunes membres de l'adoration de Tours, relevait de la sorte et renouvelait les cadres de l'œuvre mère de Paris ; tandis qu'il participait aux joies de l'adoration nocturne et s'appliquait généreusement à écarter les obstacles et même les prétextes qui auraient pu retenir ou retarder les adorateurs, il goûtait le bonheur d'inaugurer dans son intimité le culte de la Sainte-Face, qui a été l'occupation et la fête des dernières années de sa vie, et qu'à sa mort Mgr l'archevêque de Tours a voulu instituer publiquement et perpétuer dans son diocèse.

Ce culte n'est pas nouveau. Rien n'est nouveau dans l'Église. On sait avec quelle vénération est conservée à Rome la Sainte-Véronique. Elle est au nombre des reliques majeures. Elle a son office propre. Les papes l'ont chantée ; ils ont entouré son ostension des cérémonies les plus augustes. Les membres du Chapitre de Saint-Pierre ont seuls pouvoir de la toucher. Elle est conservée dans une chapelle secrète, pour ainsi dire, de la basilique. Dans divers sanctuaires, on en honore publiquement des copies anciennes, dont plusieurs sont miraculeuses et entourées de la dévotion des peuples. Ces copies, fort rares autrefois, ont été multipliées dans les derniers temps. Les procédés modernes de la gravure et du tissage ont été mis en œuvre. Les chanoines de Saint-Pierre ont soin d'appliquer ces diverses copies à l'insigne relique, et le culte de la Sainte-Face s'est ainsi propagé parmi les fidèles.

Le souci de la réparation, qui, avons-nous dit, travaille déjà depuis tant d'années l'Église entière, et s'est développé sous les instigations et les inspirations divines; le souci de la réparation devait nécessairement s'empresser au culte de la Sainte-Face. Le lecteur connaît les motifs qu'avait M. Dupont de ne pas rester indifférent à cette dévotion : elle répondait à son amour de Dieu et à la préoccupation habituelle où il restait de sa sainte présence. Les liens qui l'unissaient à la sœur Saint-Pierre, la vénération qu'il gardait à sa mémoire, la connaissance qu'il avait de ses révélations et la profession qu'il faisait de les mettre en pratique, en attendant qu'il plût à Notre-Seigneur d'en faire connaître les merveilles à tous les fidèles, devaient en outre inciter le cher Pèlerin à honorer d'une façon particulière le signe sensible de l'œuvre de la réparation. La peinture inspirée à Théodelinde et les progrès de la congrégation réparatrice à Paris n'étaient pas pour acquitter la dette personnelle du saint homme. Loin de lui d'ailleurs la pensée d'inaugurer une œuvre particulière! Il avait sa piété à satisfaire : ses vues n'allaient pas au delà. Mais les ardeurs de la piété ont-elles des limites? M. Dupont faisait de son mieux, sans sortir de la sphère où pouvait s'exercer son zèle. Il récitait souvent les litanies et les diverses prières composées par la sœur Saint-Pierre en l'honneur de la Sainte-Face; il propageait ces prières autant qu'il était en son pouvoir, et engageait ceux qu'il pouvait aborder à en éprouver l'efficacité singulière et vraiment puissante.

Dans les années qui suivirent la mort de la sœur Saint-Pierre, les images de la Sainte-Face se répandirent en France d'une façon assez notable. Je me souviens pour ma part d'avoir connu une brave fille, religieuse de je ne sais quel institut, un peu gyrovague peut-être, qui, pour des affaires assez délicates de sa conscience ou de sa congrégation, se crut plusieurs fois obligée d'entreprendre le voyage de Rome. Elle en rapportait des copies de la Sainte-Face, et sa prétention était d'offrir au moins celles de grandeur naturelle à la dévotion publique. Elle les remettait à de bons chrétiens, qu'elle chargeait des frais d'encadrement, et qu'elle sollicitait d'engager leurs curés à laisser placer ces tableaux dans leurs églises. Il y a plusieurs paroisses de campagne où la Sainte-Face a été ainsi, à l'instigation de cette pieuse fille, proposée et exposée aux hommages et aux méditations des fidèles.

Quand on ne pouvait obtenir le consentement du clergé, elle demandait que l'image de la Sainte-Face fût au moins conservée dans un lieu honorable de la maison, afin qu'elle y pût recevoir les honneurs des bons catholiques qui l'habitaient.

Je ne sais pas si les voyages à Rome de cette âme un peu inquiète ont tous été bien sérieusement motivés : cela ne me regarde pas ; mais il semble qu'ils ont été en quelque sorte sanctifiés, et ils ont véritablement contribué à propager dans plusieurs régions de la France le culte de la Sainte-Face. Dieu a toute sorte d'apôtres. Je crois bien qu'à l'époque où ma pensée se reporte, la pauvre Sœur dont je parle n'était pas seule à voyager pour cette dévotion. Si les initiés aux révélations de la sœur Saint-Pierre étaient encore rares, les âmes pressées du désir de la réparation et blessées par l'abominable propagation des blasphèmes étaient nombreuses ; elles étaient, avons-nous dit, tout particulièrement disposées à accueillir et à propager cette touchante dévotion à la Face divine, outragée et conspuée.

Or la supérieure des religieuses bénédictines

de l'Adoration perpétuelle à Arras, une fille de la vénérée mère Mechtilde, vouée par conséquent à la réparation comme à l'adoration, était en intime communion de prières avec le Carmel de Tours. Cette révérende mère bénédictine reçut, je ne sais par quelle entremise, plusieurs exemplaires, de grandeur naturelle, de la Véronique de Rome. Elle n'eut rien de plus pressé que de communiquer son trésor à la prieure du Carmel de Tours. Celle-ci à son tour pensa à M. Dupont. Cet enchaînement n'était-il pas simple et naturel, pour ainsi dire? et cette petite ordonnance providentielle ne satisfait-elle pas l'esprit? Les choses ne devaient pas, en effet, se passer d'autre sorte. C'était à l'œuvre de la réparation de propager la dévotion à son signe sensible.

On était au carême de 1851, deux ans après l'inauguration de l'adoration nocturne à Tours. La gravure remise à M. Dupont était munie de l'authentique donné par le chanoine de la basilique des Saints-Apôtres, constatant que « cette « image, faite à l'instar du visage de Notre-Sei« gneur Jésus-Christ, avait touché le très saint « suaire de Véronique. » Inutile de dire avec quelle piété M. Dupont reçut ce don des carmélites et des bénédictines. Il ne le laissa pas dormir dans le secret de son oratoire.

Après l'avoir fait encadrer simplement, il voulut le placer en un lieu marquant de sa maison :

il le mit dans sa chambre, à la place même où j'avais vu naguère le tableau de Théodelinde, près de la cheminée, au-dessus du secrétaire qui en occupait l'angle. Cette exhibition se fit le lendemain du dimanche des Rameaux, lundi saint 1851. Ce fut une fête pour le cœur du saint homme. Il l'avait préparée et attendue avec cette certaine impétuosité qu'il mettait à tout ce qui pouvait intéresser la gloire de Dieu.

En méditant sur cette Face adorable, qu'il voulait honorer d'une façon particulière; en se pénétrant des sentiments d'amour, de reconnaissance et d'anéantissement qu'elle doit inspirer à toute âme chrétienne, il sentit son impuissance à lui rendre hommage. Il s'en humiliait quand il se considérait lui-même; il s'en indignait quand sa pensée revenait sur l'insouciance des hommes et l'inutilité de tant de moyens employés pour secouer leur abominable et imbécile torpeur devant le danger qui les menace, en face de la gloire qui leur est proposée, qu'ils dédaignent, et qui leur appartient cependant en vertu des mérites de Jésus-Christ. Quand M. Dupont entrait dans ces sentiments, il retrouvait toujours dans son cœur quelque chose des bravoures chevaleresques où se complaisait le zèle de sa jeunesse, quand il allait, le vendredi, réclamer hautement des aliments maigres dans les restaurants les plus courus de Paris.

Comment choquer ces endormis dans la graisse et l'ignorance du siècle, assez vivement pour les réveiller avant qu'ils soient perdus pour toujours, emportés dans l'abîme comme des flots de poussière?.....

Par-dessus tout, il s'agissait d'honorer la Sainte-Face, en dépit des blasphémateurs. M. Dupont songea à allumer une lampe devant le tableau et à l'y entretenir jour et nuit. « Il pensait », dit son biographe, « qu'une lampe brûlant en plein midi, selon son expression, frapperait les regards des visiteurs les plus indifférents, provoquerait leurs questions, et lui donnerait par là l'occasion de parler de Notre-Seigneur, de la Sainte-Face et de la nécessité des réparations. »

Cette manière d'apostolat était bien modeste, et ne semblait pas appelée à donner beaucoup de fruits. M. Dupont, on le sait, vivait fort retiré; il ne recevait guère chez lui que des dévots, dont la plupart étaient déjà initiés aux œuvres ou tout au moins aux pensées de la réparation. En dehors de ces dévots, il recevait encore beaucoup de pauvres. Quel apostolat plus humble! Ce n'est pas d'ailleurs le procédé d'un apôtre d'attendre chez soi ceux qu'il prétend convaincre. Le dessein que se proposait M. Dupont, n'était réellement pas fort raisonnable. M. Dupont le sentait peut-être; assurément il ne s'attendait pas à la prodigieuse diffusion que devait avoir sa propagande. Il était laïque : tout autre moyen qu'une action privée se refusait à son initiative. Il voulait néanmoins faire ce qui dépendait de lui; il voulait toujours faire pour Dieu tout ce qui était possible. Les âmes ont un tel prix, d'ailleurs, — le sang de Dieu! — qu'on peut bien risquer pour leur salut une imprudence, même entachée d'un brin d'innocente folie. M. Dupont avait médité, pesé, arrêté son projet auprès du tombeau de la sœur Saint-Pierre; il la mettait toujours de moitié dans ses actions, et il se flattait de n'être que « le portefaix de ses pensées ».

La disposition de sa chambre semblait d'avance préparée pour la petite installation qu'il avait imaginée en l'honneur de la Sainte-Face. Le secrétaire, où il serrait ses instruments de pénitence, tout rempli de reliques et de divers trésors de dévotion, reçut, sur la tablette de marbre qui le couronne, un godet de cristal rempli d'huile d'olive, où fut allumée, pour ne plus s'éteindre, une petite veilleuse, le mercredi saint (1851) : c'est le jour où Notre-Seigneur fut vendu par Judas, qui serait le prince des blasphémateurs si Satan ne l'avait précédé; ce jour parut à M. Dupont convenable entre tous pour inaugurer sa réparation, qu'il appelait en riant « éclatante ».

C'était là sa manière d'esprit, simple et non

pas sans une nuance de raillerie à sa propre adresse. Il ne se doutait pas de l'éclat que devait jeter la petite veilleuse, ni des fécondités renfermées dans l'huile qu'il consacrait de si bon cœur à la Sainte-Face. Le médiocre et inutile éclat que la petite lampe faisait jaillir sur la sainte image, ravissait au moins et touchait l'âme de l'ardent adorateur. Il s'entretint de cette joie le mercredi et le jeudi saints ; tous les instants qui ne furent pas employés à l'assistance aux grands offices de cette journée, que M. Dupont ne manquait jamais à la cathédrale, tous ces instants furent consacrés à la Sainte-Face. N'y consacra-t-il pas aussi une partie de ces nuits mémorables, nuit du complot des Juifs sous les ombres de l'ancien temple, nuit du jardin des Olives, nuit d'Anne et de Caïphe où s'affirma la puissance des ténèbres, nuits abominables qui préparaient et aggravaient le crime atroce du prétoire ? « M. Dupont s'occupait de toutes ces pensées, » dit son biographe[1], « lorsque le vendredi saint, à midi, un commis voyageur se présenta pour lui offrir des vins, dont il faisait le commerce. Éludant au plus tôt cette question accessoire, M. Dupont lui montre la lampe, la Sainte-Face, et l'exhorte si bien qu'au bout d'une heure, le commis, entré au moins indifférent, le quitte

---

[1] M. l'abbé Janvier, *Notice biographique.*

en emportant avec foi un peu d'eau de la Salette, et va le soir même se confesser; il vécut depuis en excellent chrétien. Le lendemain, samedi saint, une demoiselle de Richelieu vint pour affaires. M. Dupont était occupé : il l'invite à prier la Sainte-Face en l'attendant. Cette personne, qui avait les yeux très malades, demanda sa guérison; M. Dupont se joignit à elle, et au même moment les yeux furent guéris. Le mardi de Pâques, un jeune homme de la ville vint s'acquitter d'une commission; il avait mal à une jambe, boitait et marchait péniblement. M. Dupont eut l'idée de faire une onction sur la jambe malade avec l'huile de la lampe, en priant la Sainte-Face : le jeune homme se trouva immédiatement guéri, et se mit à courir autour du jardin avec toute facilité. Cette nouvelle se répandit et amena d'autres infirmes, dont la plupart furent soulagés ou guéris.

« Ainsi s'établit le pèlerinage de la Sainte-Face, dont la renommée ne tarda pas à se répandre dans toutes les parties de l'univers. La foule des pèlerins et des visiteurs devint telle, que M. Dupont se crut obligé de renoncer à toute absence, même pour un jour. Son appartement était devenu de fait un oratoire de la Sainte-Face, le centre de prières journalières et presque ininterrompues. On y venait de tous pays, et ce qui s'y passait avait au loin un immense retentissement. Le nombre des guérisons opérées, des grâces de tout genre obtenues, est incalculable et restera toujours inconnu. Il ne nous appartient pas de nous prononcer sur le caractère miraculeux de chacun de ces faits extraordinaires : l'autorité ecclésiastique est seule compétente en pareille matière. Nous pouvons dire au moins que le genre et le nombre des pièces de conviction laissées par les malades et les infirmes, les *ex-voto* des pèlerins, les lettres d'actions de grâces envoyées de toutes parts, les certificats authentiques des médecins et d'autres personnages non suspects, ne permettent pas de douter que les prières faites chaque jour dans l'oratoire de M. Dupont n'aient été fréquemment récompensées par les faveurs les plus insignes. »

L'historien se reconnaîtra au milieu de ces détails. Pour nous, nous ne taririons pas si nous voulions seulement analyser les récits qu'on en a rapportés. Les faits étaient éclatants, et avaient lieu aux yeux de tous. Les malades, comme le dit M. l'abbé Janvier, accouraient de toutes parts, et leur concours seul était déjà une merveille. La porte de la maison et parfois une partie de la rue étaient encombrées de charrettes et de voitures de toute sorte, qui amenaient des infirmes. Il y en avait de toutes les conditions. M. Dupont savait parler à tous le langage qui convenait : c'était le langage le plus élevé et le plus ferme, plein de compassion pour toutes les faiblesses, plein d'indignation pour tous les orgueils.

Cet immense concours était spontané. Jamais les journaux n'ont fait une allusion aux merveilles qui se passaient dans la rue Saint-Étienne, à Tours. L'autorité ecclésiastique gardait la même réserve. Elle n'eût pas voulu entretenir ni presser, elle ne voulait suspendre ni blâmer ce mouvement populaire. Le nouveau thaumaturge, si j'ose employer ce mot, le nouveau thaumaturge par l'intercession de la Sainte-Face, ne cherchait pas à se faire gloire. Il accueillait avec charité les pèlerins ; il les relevait sévèrement, quand ils paraissaient lui attribuer quelque mérite. Beaucoup venaient à lui sans trop savoir ce qu'ils faisaient, attirés par le seul désir de guérir, sans démêler au nom de qui s'opéraient les guérisons.

— « Me prenez-vous pour un médecin ? » leur disait-il. « Pourquoi vous adressez-vous à moi ? Dieu seul peut vous guérir : ayez la foi et priez ! »

Il ne tardait pas à aborder les questions pratiques :

— « Faites-vous vos prières soir et matin ? allez-vous à l'église ? vous confessez-vous ? »

Quand il était éclairci de ces points et qu'on lui avait dit ce qu'on voulait :

— « Eh bien ! » disait-il, « nous allons prier. »

Il se mettait à genoux, récitait les Litanies de la Sainte-Face et les autres prières composées par la sœur Saint-Pierre. Parfois il faisait les onctions. Quand il avait fini, il interrogeait le malade :

— « Etes-vous guéri? êtes-vous soulagé?
— Non !
— Eh bien ! nous allons recommencer. »

Et il recommençait deux fois, trois fois; il eût recommencé cent fois, si le malade ne se fût découragé.

Il n'obtenait pas toujours; il obtenait souvent.

Ces guérisons merveilleuses ne suffisaient pas toujours à toucher et à convertir les assistants. Les conducteurs et les parents des malades, même guéris, s'en allaient parfois étourdis et non édifiés, sans se rendre compte de ce qui s'était passé devant eux, sans s'en réjouir autrement que comme d'une bonne chance. M. Dupont était douloureusement affecté de ces ignorances, qui accusaient les ténèbres du cœur autant que celles de l'esprit. Mais il savait que la miséricorde a ses temps et ses heures; il confiait tout au Sacré-Cœur, persuadé que ceux qui avaient obtenu leur guérison par l'invocation de la Sainte-Face, obtiendraient encore, par la même invocation, le salut des âmes qui leur étaient chères.

Ce qui était surtout pénible au serviteur de Dieu, c'était la défaillance de la foi, les stérilités des âmes censément pieuses et fréquentant les sacrements : il n'en manquait pas de ces personnes délicates et faisant les renchéries, qui apportaient devant la Sainte-Face les mièvreries du monde.

— Ah ! » disaient ces pauvres sottes âmes en contemplation devant elles-mêmes, « le bon Dieu ne fera pas cela pour moi ! je ne le mérite pas ! c'est impossible ! » et autres fadaises.

Comme si l'homme pouvait, par lui-même, mériter et obtenir la grâce de Dieu ! comme si Dieu n'était pas mort pour tous et comme si sa puissance avait des limites ! M. Dupont bouillonnait quand il entendait ces discours : il savait bien, lui, que Dieu fait tout ce que veulent ceux qui l'aiment !

— « Mais croyez donc ! » disait-il ; « mais priez donc ! mais aimez donc ! »

Et il se prosternait dans ses adorations ; il les redoublait et les recommençait, sachant très bien que Dieu pouvait rendre la vigueur à ces âmes inertes, aussi bien que la santé à leurs corps endoloris : il n'y fallait qu'une correspondance de bonne volonté. Il ne se décourageait pas ; et quand, après avoir fait ses prières, il entendait encore les mêmes réponses, il restait prêt à recommencer. La nuit venue, qui sait combien ces âmes hébétées dans leur foi ont coûté au saint homme de disciplines et de macérations ? Sa douleur était de voir les miséricordes de Dieu méconnues.

Mais quelle joie aussi, quand il trouvait des âmes simples et naïves, ferventes et patientes dans leurs supplications, joyeuses et radieuses dans leurs actions de grâces! Il triomphait, si je puis parler ainsi, il triomphait des merveilles de son Dieu; il en triomphait rondement, franchement, de tout cœur, avec piété et humilité. Une des attestations consignées entre ses mains portait ces mots : « J'étais bossue, et je m'en vais droite. » M. Dupont trouvait cela tout naturel. Qu'y a-t-il d'impossible à Dieu? Il s'agit de savoir demander. Le saint homme ne s'attribuait même pas cette science; à l'en croire, il n'était pour rien dans ces merveilles, rien qu'un témoin : vaillant et bon témoin, qui ne reculait pas à rendre témoignage et le rendait joyeusement! fidèle et bon serviteur, qui avait le cœur à la besogne et remplissait bien sa tâche!

« Avec le tact surnaturel et la vive et prompte intelligence dont il était doué, » dit encore M. l'abbé Janvier, « il appropriait ses questions et ses conseils au caractère et à la qualité des personnes. Qui pourrait dire le bien produit par ses entretiens et sa parole enflammée? Que de pécheurs convertis! que d'incrédules, de protestants même ramenés! que d'âmes éclairées et consolées! »

Quelques-uns de ces pèlerins de la Sainte-Face ont parfois cru reconnaître en M. Dupont des clartés et des pénétrations surnaturelles : il les entretenait de douleurs qu'ils ne lui avaient point confiées ; il connaissait leur intérieur avant même qu'ils lui eussent parlé ; il soulageait et pansait des plaies qu'on n'avait pas osé lui révéler. Il y a là tout un ordre de témoignages que nous n'avons pas à peser, mais dont la gravité n'échappera à personne.

Quant aux merveilles tombant sous les sens, elles ne se contenaient pas dans les limites de la chambre ni de la maison du saint homme, devenues véritablement le sanctuaire de la Sainte-Face. La prière atteint partout. Un matin, M. Dupont rentrait de la messe et dépouillait son courrier. Je me rappelle lui avoir quelquefois vu accomplir cette besogne, debout, incliné vers la fenêtre, et prenant l'une après l'autre les diverses missives qu'il avait déposées, en entrant, sur son bureau. Depuis que sa chambre était un oratoire, il se tenait ordinairement le visage tourné vers la Sainte-Face. Le matin dont je parle, parmi les lettres qu'il ouvrait, M. Dupont en trouve une venant d'une des villes du Nord. Il s'agissait d'un enfant malade, bien malade : les parents le recommandaient au serviteur de la Sainte-Face, avec une grande piété et une grande confiance. M. Dupont lit leur lettre, et, le papier entre les mains, jette un regard sur l'image éclairée de la lampe :

— « Seigneur, » dit-il, « vous voyez que cela presse ! »

Qui dira l'accent, la charité, la foi de cette invocation ? A cent lieues de là, à l'heure même, en un clin d'œil, l'enfant était merveilleusement et complètement guéri. Quelques jours après, il était à Tours avec son père et sa mère, agenouillés auprès de M. Dupont, devant la Sainte-Face, rendant grâces à Dieu. Le soir même, un des amis de M. Dupont, que je pourrais nommer, quittait Tours, et trouvait en chemin de fer cette famille radieuse, et l'enfant joyeux et pétulant au milieu d'elle. L'ami recueillit, sans le demander, le témoignage de ces cœurs reconnaissants, et je le consigne ici.

Si la prière atteint partout, l'huile aussi, l'huile que M. Dupont avait eu, dès les premiers jours, la pensée de mettre en œuvre, pouvait se répandre au loin. Les malades guéris voulaient en emporter, par dévotion peut-être, ou pour les besoins du prochain. Ceux encore qui se recommandaient à la Sainte-Face et ne pouvaient se transporter à Tours, demandaient de cette huile, afin de faire les onctions comme on les faisait dans l'oratoire. Ces demandes, à dire vrai, faisaient beaucoup rire M. Dupont, de ce rire qui lui était propre et dont j'ai déjà parlé, rire enfantin, d'aise, de joie, de foi : il riait de toucher ainsi la puissance de Dieu. Il s'empressait de satisfaire à ces demandes, qui le rendaient heureux, parce qu'elles étaient un hommage à l'infinie miséricorde divine. Il puisait l'huile dont il avait empli le godet de sa lampe, pour la mettre dans de petits flacons, qu'il donnait et expédiait de toutes parts. Les demandes se multipliaient. Et tout le temps que le saint homme n'employait pas à prier avec les pèlerins de la Sainte-Face, il l'employait à emplir, à boucher, à ficeler, à cacheter ces petits flacons d'huile puisée au godet de la lampe, incessamment rempli. M. l'abbé Janvier croit pouvoir évaluer à environ deux millions les expéditions faites au loin ; et il remarque que le plus souvent ces envois étaient accompagnés d'une lettre du serviteur de la Sainte-Face.

Ce serviteur n'avait plus un instant à lui : tous ses moments, d'une manière ou d'une autre, étaient consacrés à la sainte Face. Il renonça à la consolation de sa visite quotidienne au tombeau de sa fille : cela dut lui coûter d'autant qu'en visitant la tombe de sa fille, il visitait celle de la sœur Saint-Pierre ; mais le service de la sainte Face exigeait ce double sacrifice.

M. Dupont n'eût même pu suffire à ce service, en continuant celui qu'il aimait à rendre à la Salette. On a vu que, dans les premiers jours, il distribuait l'eau de la sainte montagne aux pèlerins et aux miraculés de la Sainte-Face ; quand les distributions de l'huile devinrent plus abondantes, M. Dupont ne voulut pas laisser la distribution de l'eau de la Salette. Il n'a jamais abandonné une œuvre de zèle, ni de piété. Il garda sa correspondance avec la sainte montagne, et se chargea de procurer toujours les envois de l'eau de la source miraculeuse; seulement il se déchargea du soin d'en distribuer et d'en préparer les fioles : il confia ce ministère aux sœurs de la Purification.

Ces religieuses ont pour but la réparation des blasphèmes, et leur chapelle est dédiée à Notre-Dame Réparatrice. M. Dupont avait encore d'autres raisons de porter à cet humble couvent une prédilection particulière : c'était la fondation d'un de ses premiers amis, de son premier confesseur à Tours, de M. le chanoine Pasquier, un saint prêtre qui a laissé dans le diocèse une grande odeur de zèle et de vertu[1].

Le ministère de M. Dupont auprès de la sainte Face n'était donc pas une sinécure, et à la lettre le bon Pèlerin ne pouvait vaquer à autre chose. « Depuis cinq ans, « écrivait-il en 1856, » il ne m'a pas été possible de m'éloigner de la sainte Face, afin d'être en mesure de donner de l'huile de la lampe aux gens de foi qui en demandent. »

C'était là pour le serviteur de Dieu une obli-

---

[1] Jean-Baptiste Pasquier, né à Loches en 1789, mort à Tours le 21 juin 1842. Sa *Vie*, par M. l'abbé Corbe (Tours, Lebouvier-Poisson, 1888, in-18), est fort intéressante.

gation étroite, à laquelle toutes les autres devaient céder : obligation qui ne fit que croître avec les années. Pendant près de vingt ans, dit son biographe, les foules se succédèrent et se pressèrent dans l'oratoire de la Sainte-Face. Le mouvement se ralentit durant la guerre d'invasion; dans les derniers temps, les visites des étrangers avaient presque totalement cessé : on ne venait plus qu'isolément[1]. M. Dupont ne s'en montra ni étonné ni chagrin. « Dieu le permet ainsi, » disait-il, « parce que, si les foules venaient encore, je n'aurais plus la force pour les recevoir. » Le but, d'ailleurs, était atteint, et au delà de ses espérances. Sous l'influence de la sœur Saint-Pierre et grâce à son serviteur, le culte de la Sainte-Face, non pas nouveau dans l'Église, mais adapté aux besoins du moment par une application nouvelle, a été, dans ce sens, popularisé et comme renouvelé parmi les fidèles de nos jours. Combien de chrétiens, de pieuses familles, d'ecclésiastiques de tous les degrés, de religieux et de religieuses de tous les ordres, professent et pratiquent aujourd'hui, en l'honneur de la Face de Notre-Seigneur, une dévotion dont ils avaient à peine l'idée autrefois! Que de prières ferventes, d'hommages de foi et d'actes réparateurs en ont

---

(1) *Notice biographique de M. Dupont*, par M. l'abbé Janvier.

été la suite! Et dans l'avenir, qui peut prévoir et calculer, au point de vue de la réparation, les heureuses conséquences de la mission exceptionnelle que M. Dupont a si-longtemps et si saintement exercée au milieu de nous?

XVI

RÉVEIL DE LA FOI

La Providence ne dédaignait pas de multiplier les joies du bon Pèlerin. Toutes les merveilles qui, par l'intercession de la sainte Face, se passaient, pour ainsi dire, entre les mains de M. Dupont, étaient une fête pour son cœur. La vraie fête était quand la vertu atteignait jusqu'aux âmes, et qu'elles s'unissaient aux accents de reconnaissance du serviteur de Dieu. Un grand nombre de celles qui l'abordaient, étaient préparées à l'avance et déjà ferventes : à leur contact, sa piété s'épanouissait. Il aimait Dieu, il aimait aussi le prochain, et rien ne peut rendre son affection pour ceux que saint Paul appelle *domesticos fidei*. La foi était encore vivante en France : M. Dupont en avait, tous les jours, désormais, de touchants témoignages. En reportant sa pensée aux jours passés, il se persuadait même que la foi commençait à refleurir au milieu du peuple. Tant d'interventions divines, tant de menaces et tant de fléaux, tant de grâces aussi et tant de miséricordes n'étaient pas tombés sur une terre absolument stérile ! Le serviteur de

Dieu le croyait, le voyait, le touchait. A travers ses indignations contre l'endurcissement et l'imbécillité des hommes, outre l'espérance divine, vertu réservée qu'il n'aurait jamais voulu abjurer, des faits appréciables à l'intelligence et à la raison humaine lui inspiraient une confiance nouvelle dans l'acheminement du monde vers le triomphe sensible de l'Église. M. Dupont croyait pouvoir noter, pour la ville de Tours, l'instant précis où elle avait manifesté publiquement une sérieuse impression de foi, et où s'était accusé, au sein de son peuple, comme un ancien sentiment de cette vie surnaturelle dont les révolutions tendent de plus en plus à éloigner les hommes.

Les communications de la sœur Saint-Pierre n'avaient pas eu de prime abord et ne pouvaient pas avoir de prise sur le sentiment public : les désastres et les troubles des jours cruels de 1846-1847 avaient plus exaspéré qu'éclairé les mauvaises passions ; les menaces de la Salette et leur commencement d'accomplissement avaient préoccupé et non pénétré les esprits ; les catastrophes de février et de juin 1848 les avaient inquiétés et affligés, mais non encore illuminés ni changés. Quand le choléra éclata en 1849, ce fut autre chose. Ses ravages se firent sentir simultanément aux deux extrémités de la ville. Le regard du peuple se tourna tout aussitôt vers

Dieu. On se souvint ; on rendit hommage. M. Dupont, qui tenait tant aux œuvres de réparation, vit tout à coup, par toute la ville, replacer les anciennes statues de la sainte Vierge qui avaient été enlevées au temps de la Révolution. On sait comme nos ancêtres aimaient à se mettre publiquement sous la protection de Marie. En bâtissant les maisons, au-dessus de la porte ou parfois à l'angle de deux rues quand la maison faisait encoignure, on ménageait une niche, où une statue de la Mère de Dieu était exposée aux hommages des passants. La ville de Tours avait eu un grand nombre de ces petites madones, et beaucoup des anciennes maisons avaient laissé subsister au moins les humbles trônes occupés autrefois par la Reine de France. Quelques-unes de ces statues avaient même été remises en place : elles étaient peu nombreuses ; dès les premières atteintes du choléra, elles furent toutes honorées d'une façon particulière, spontanément entourées de fleurs et décorées avec soin. On ne s'en tint pas là. Toutes les niches vides, nettoyées et réparées avec empressement, furent restituées à la Mère de Dieu. Elle en reprit possession au milieu, non pas des acclamations, mais des supplications populaires. Les gens des divers quartiers s'intéressaient à ces petites érections ; ils se réunissaient pour y assister, et, quand la modeste statue avait été posée dans la niche, ils s'agenouillaient sur la voie publique, récitaient quelque prière des plus usitées, le *Sub tuum,* le *Memorare,* une dizaine d'*Ave Maria.* Désormais, en passant, chacun saluait la petite madone; sa présence consolait et fortifiait le voisinage.

Les choses en étaient là, lorsqu'une catastrophe épouvantable atterra la ville. Le choléra se manifesta le vendredi 13 juillet à la prison. Il avait, l'avant-veille, enlevé presque subitement une des personnes logées dans les annexes du bâtiment principal. La prison de Tours est une maison cellulaire. On appelait cela un pénitencier. L'emprisonnement cellulaire avait été extrêmement recommandé par quelqu'un des ministres du roi Louis-Philippe, et l'on n'était pas encore, en 1849, revenu de ces engouements administratifs pour ce régime américain. Néanmoins il avait ses inconvénients : un des plus notables, sans aucun doute, était le suicide. L'isolement et l'hallucination qui peut en résulter, amenaient un certain nombre des patients à ce crime. Quelques-uns tombaient dans l'imbécillité ; il y avait encore d'autres misères. L'aumônier, dans son zèle, ne pouvait arriver à visiter ses cent ou cent vingt pensionnaires aussi souvent qu'il eût voulu. Il comprenait leurs souffrances et le danger où ils étaient. Il avait demandé le concours de la conférence de Saint-Vincent-de-Paul ; un certain nombre des confrères avait été admis à entrer dans les cellules des détenus. Quelque esprit mal fait vit, par hasard, dans ces visites charitables, un empiétement des jésuites. Comme il n'est pas nécessaire de se gêner avec les jésuites, les visiteurs des prisonniers trouvèrent un jour, en allant s'acquitter de leur office de charité, une pancarte affichée contre la porte, qui leur interdisait l'entrée de la prison. Nonobstant, au premier mot qu'ils surent de l'invasion du choléra, les charitables visiteurs se présentèrent au pénitencier, et n'en trouvèrent pas les portes fermées. Ce qu'ils virent dépassait les plus tristes prévisions. Les sœurs et les gardiens ne pouvaient suffire à porter de cellule en cellule des secours aux malades. La rapidité de la peste était effrayante. Un condamné qu'on estimait à peine atteint, paraissant de belle humeur et ne saisissant pas les motifs qu'on avait de s'enquérir de sa santé, était, une demi-heure ou même un quart d'heure après, trouvé dans sa cellule, étendu sans forces, presque sans connaissance. et parfois râlant au milieu des déjections. L'autorité judiciaire fit rapidement lever les écrous de ceux des prévenus dont l'état sanitaire paraissait bon. Cela ne réussit point. Plusieurs de ces malheureux, dont le domicile était hors la ville, moururent avant d'être rentrés chez eux; quelques-uns expirèrent sans secours sur les grandes routes. L'aumônier se multipliait; son insuffisance était flagrante. Un des confrères de Saint-Vincent de Paul courut prévenir l'archevêque. C'était le moment de la retraite pastorale. Le prélat quitta les exercices et arriva en toute hâte, accompagné d'un jeune vicaire de la paroisse, M. l'abbé Allegret, aujourd'hui chanoine de la métropole. La besogne ne manquait pas. L'archevêque s'y mit de tout cœur. Il ne s'agissait plus seulement de consolations ni d'encouragements : il fallait activement proposer et donner les sacrements. A genoux, dans les cellules, au milieu des déjections, le bon pasteur soutenait les pauvres agonisants dans ses bras pour entendre leur confession et leur donner l'absolution. Il passait d'une cellule à l'autre, donnant l'exemple à ses prêtres.

Les confrères de Saint-Vincent de Paul pénétraient partout portant des cordiaux, et indiquaient aux trois ecclésiastiques les cas les plus pressants. Les gardiens en faisaient autant, et faisaient de leur mieux. En même temps, gardiens, sœurs et membres des conférences, à mesure que les voitures requises par l'autorité arrivaient, s'employaient à tirer les malades de leurs cellules, à les descendre et à les faire entrer dans les véhicules qui les conduisaient grand train à l'hospice. Quand l'hospice fut plein, on organisa une ambulance dans la maison commune d'une des paroisses suburbaines. Vingt-quatre heures après l'invasion du fléau, le pénitencier était évacué. Il n'en alla pas beaucoup mieux pour les malades. Quelques-uns avaient succombé avant d'être rendus à destination. Le trajet était court cependant. La plupart des autres ne résistèrent pas plus de trois ou quatre jours. Les détenus ne furent pas les seules victimes : plusieurs des gardiens de la prison furent emportés. Des trois sœurs chargées du service, deux moururent. L'une d'elles avait dit une parole qui a été citée plusieurs fois. Au moment de la plus grande alarme au pénitencier, le guichetier, un ancien sous-officier, tout épouvanté lui-même de ce qu'il voyait, demanda à cette sœur si elle n'avait pas peur. — « Peur ! » répondit presque joyeusement la simple fille, « aviez-vous peur au feu ? Eh bien ! la peste, c'est le coup de feu des filles de la Charité ! » Et elle courut à son héroïque emploi. Elle y mourut. On l'enterra avec sa compagne le mardi soir 17 juillet. Toute la ville, pour ainsi dire, se porta à leur enterrement. On avait rarement vu un tel concours. La population était atterrée ; elle rendait hommage à la charité.

Elle voulait aussi rendre hommage à Dieu et faire acte de foi en implorant la miséricorde céleste. Elle se réclamait hautement du patronage de saint Martin, et demandait une procession publique de ses reliques. L'archevêque ne se refusa pas à ce vœu populaire. Le mercredi matin, la procession eut lieu au milieu d'un immense concours. De ce jour, les décès cessèrent à peu près. Le petit nombre des détenus qui avaient résisté jusque-là, guérirent. Le choléra, qui avait frappé si terriblement la prison, ne s'étendit pas sur la ville. M. Dupont voyait là une preuve de la protection toujours efficace de saint Martin et une réponse au recours unanime du peuple à son glorieux patron.

La piété populaire a de ces réveils soudains qui confondent. Il suffit d'une circonstance pour faire éclater et resplendir au sein d'un peuple entier une dévotion qu'on croyait éteinte et tout à fait oubliée. M. Dupont en a vu plus tard un exemple dans l'explosion de confiance et de vénération qui éclata en 1869, en l'honneur de la vénérable Jeanne-Marie de Maillé, inscrite aujourd'hui au Martyrologe romain avec le titre de Bienheureuse, et dont le nom, qui ne semblait connu que de quelques archéologues, vivait cependant dans l'esprit et la dévotion du peuple.

Le recours de ce peuple de Tours à saint Martin, en 1849, n'eut pas pour résultat immédiat et éclatant le réveil du culte du thaumaturge; les circonstances toutefois contribuèrent à en conserver et à en entretenir le sentiment qui venait de se manifester. Plusieurs des lieux sanctifiés par saint Martin dans la Touraine avaient été, après les outrages de la Révolution, rendus et de nouveau consacrés à Dieu : ainsi Candes, Saint-Martin-le-Beau, et, dans la ville même, Saint-Martin de la Basoche. Mais, outre le glorieux tombeau, dont la place exacte était même ignorée de la plupart des catholiques, le lieu de la retraite du saint évêque, ce lieu aussi célèbre dans le monde que l'insigne basilique, le grand monastère, *majus monasterium,* où le nom et la prière de l'admirable évêque avaient attiré tant et tant de disciples; Marmoutier, avec ses grottes célèbres, où l'on montrait la cellule de saint Martin, celle de ses cousins les Sept Dormants et le rocher de saint Brice, Marmoutier était livré à des usages profanes. L'archevêque de Tours eut la joie de rendre ces grands souvenirs à saint Martin. Les dames du Sacré-Cœur (1849) ramenèrent la vie religieuse et ses saints exercices dans ces lieux vénérés; elles repeuplèrent et ranimèrent ces antiques sanctuaires, où la dévotion pouvait désormais se reposer avec quiétude.

Quelques années plus tard, un des lieux les plus célèbres dans la vie de saint Martin, Ligugé, était aussi rendu à son ancien patron. C'est à Ligugé, sous la conduite de saint Hilaire, que saint Martin s'était formé à la vie monastique; ce fut le lieu de ses plus éclatants miracles : car on sait, selon la remarque du saint lui-même, que, lorsqu'il eut reçu la charge pastorale, il sentit se diminuer sa puissance sur les démons et sur toute la nature. Le 25 novembre 1853, les bénédictins furent rétablis dans ce premier et plus ancien monastère des Gaules. Ce fut une belle et grande cérémonie pour tous les dévots à saint Martin. C'était en quelque sorte le rétablissement solennel du culte du patron de la France. Je ne sais si M. Dupont assista à la fête. Le souci de distribuer l'huile de la lampe de la Sainte-Face aux gens de foi put-il le retenir à Tours? En tout cas, si elle ne retentit pas à ses oreilles, combien retentit dans son cœur la parole pleine d'autorité de l'évêque de Poitiers, qui, rappelant la pensée de notre roi Clovis : Où sera l'espérance de la victoire si l'on outrage Martin? concluait que toute gloire, toute prospérité et toute victoire pour la nation française sont liées au culte de ce grand saint. « Il est temps, » ajoutait le prélat avec un accent prophétique, « il est temps que la réparation se fasse. Tours la fera un jour, la fera avec éclat et dans de grandes proportions. » Qu'on était loin en apparence de cet éclat et de ces grandes proportions! Combien il fallait la foi du saint homme pour entretenir, accepter et caresser une pareille espérance! Le tombeau était toujours profané, et la basilique, si longtemps fréquentée par les pèlerins du monde entier, était dans toute sa longueur une voie publique. La consolation que Marmoutier pouvait donner à Tours, pour être précieuse, était encore bien humble en présence de ce scandale.

XVII

LE MANTEAU DE SAINT-MARTIN

Un an environ après l'installation des bénédictins à Ligugé, il s'était constitué à Tours une petite œuvre du vestiaire des pauvres. Il s'agissait d'habiller ceux qui manquaient de vêtements, de réunir et surtout d'utiliser les diverses ressources dont on pouvait disposer en leur faveur. Les femmes prêtèrent leur concours et leur travail. L'œuvre fut placée sous le vocable du Manteau de Saint-Martin.

Ce manteau dont le saint a revêtu Jésus-Christ, est assez vaste pour couvrir tout le monde : la nouvelle œuvre décida qu'elle étendrait ses bienfaits sur les pauvres de toute religion. La charité, qui est un bien propre à l'Église catholique, pénètre partout. Cette pratique de la nouvelle œuvre de Saint-Martin ne contredisait pas le refus de la conférence de Saint-Vincent de Paul de se prêter naguère à voiler du manteau de la charité la propagande huguenote. M. Dupont, sans se déjuger, put approuver les deux propositions : il fut effectivement de cette double pratique, qui était une en fait et purement charitable, c'est-à-dire, purement catholique.

Il n'avait pas assisté à la première réunion de l'œuvre de Saint-Martin, je ne sais pourquoi; il se trouvait à la seconde, et désormais n'en manqua pas une seule. Il devint bientôt le président, et il était l'âme de l'œuvre. Dès les premiers jours, avant même qu'elle se fût donné un règlement, il avait eu je ne sais quel pressentiment du résultat qu'elle pourrait avoir. « La petite œuvre destinée à donner des vêtements aux pauvres, » écrivait-il (7 novembre 1855), « semble avoir donné jour à la reconstruction de la vieille basilique [1]. » En effet, tout en s'occupant des pauvres, les membres de cette nouvelle association de Saint-Martin s'étaient occupés aussi de leur patron. Ils auraient voulu relever son culte, et recueillir, disaient-ils, les pierres dispersées de la basilique. Ce n'était pas, pour eux, uniquement une manière de parler. La parole de l'évêque de Poitiers les incitait. Par où commencer cette œuvre de la réparation, qu'il était temps de faire? Par la prière, répondait M. Dupont, et par des provocations à la prière.

Le cardinal Morlot, de son côté, songeait bien à la restauration du culte public de saint Martin. Il y avait là une préoccupation dont un

[1] Lettre à M. Léon Aubineau.

archevêque de Tours ne pouvait, en effet, se désintéresser. L'archevêque venait d'arracher à la profanation la belle église de Saint-Julien. On avait songé qu'en la réconciliant, on pourrait la placer sous le vocable de saint Martin, afin de rendre immédiatement, à Tours, un temple magnifique au patron de la France. Le prélat n'avait pas goûté cette proposition : il préférait laisser à saint Julien ce qui était à saint Julien, et il gardait l'espérance, sans cependant voir bien clairement à quoi la rattacher, de faire quelque chose pour saint Martin. Il ne s'effrayait pas à la pensée d'une reconstruction de la basilique. Il avait appelé sur ce projet la bénédiction du Saint-Père, et il s'enquérait des moyens pratiques. Il avait, un instant, songé à une immense loterie. C'était la mode en ce moment. En examinant le projet avec soin, le cardinal le reconnut impraticable. Les frais auraient absorbé plus des deux tiers des produits, et le prélat aurait cru sa conscience intéressée à détourner du but de piété qu'il se proposait une aussi forte partie des aumônes qu'il voulait provoquer au nom de Dieu et de saint Martin.

Au milieu de ces obscurités, la Providence se plaisait à exciter le zèle et les prières des amis de saint Martin par de petites faveurs insensibles à des cœurs tièdes, mais qui remplissaient de reconnaissance et de feu les cœurs que M. Dupont avait pénétrés du désir de la réparation à saint Martin.

Le prix que l'archevêque attachait à leur pensée encore bien vague et inconsistante; la bonne grâce du prélat à approuver le règlement de l'œuvre du vestiaire, où s'était formé, dans la prière et la charité, l'embryon, pour ainsi dire, de leur grande entreprise, où cet immense dessein se nourrissait et se trempait, étaient déjà des encouragements. Vers la fin de 1856, une découverte archéologique avait, en outre, paru de bon symptôme. Il s'agissait d'un petit meuble de l'ancienne basilique, du marteau qui servait à l'office des Ténèbres. Les ténèbres, l'appel au chœur, le réveil des chanoines, le marteau qui non seulement fait du bruit aux portes, mais qui brise aussi les cœurs!... il y avait là divers thèmes que la perspicacité chrétienne de M. Dupont savait pénétrer, et d'où elle tirait toute sorte de leçons et toute sorte d'espérances. La commission de l'œuvre de Saint-Martin crut devoir acquérir l'ancien marteau de la basilique. En attendant d'en recueillir les pierres dispersées, elle en conservait dores et déjà le mobilier. Puisque le cardinal approuvait leur pensée, on commençait d'ailleurs à recevoir des aumônes; et, sans les provoquer, on en faisait collecte.

Sur ces entrefaites, l'archevêque de Tours,

récemment nommé cardinal, s'était rendu à Rome [1]. Il avait porté *ad limina Apostolorum* la pensée de la réédification de la basilique de Saint-Martin. Mais, après la mort violente de Mgr Sibour, et avant même d'être rentré en France, le cardinal était désigné pour le siège de Paris. Son successeur à Tours, Mgr Guibert, tout empressé de répondre au désir des fidèles et jaloux de hâter l'œuvre de la réparation, parut incliner à la pensée de donner à saint Martin la belle église de Saint-Julien, dont nous avons déjà parlé, dont on achevait en grande hâte les travaux de réparation, et qu'on était à la veille de rendre aux fidèles.

Ce projet rencontrait bien quelques adhésions. Il avait l'avantage d'être promptement réalisable, et il ne manquait pas de bons esprits, dévots à saint Martin, qui le trouvaient pratique, estimant chimérique la gigantesque entreprise encore mal définie, à laquelle s'attachait déjà le sentiment populaire, et dont M. Dupont et ses amis ne voulaient pas abandonner l'espérance. Leurs adversaires — car il faut bien donner ce nom à ceux qui redoutaient de voir le diocèse et la piété des fidèles entraînés dans un projet sans

---

[1] Le cardinal était allé à Rome, en 1854, recevoir le chapeau ; il s'était rendu de nouveau dans la capitale du monde chrétien en 1856, et il y était encore lorsqu'il fut nommé à l'archevêché de Paris en 1857.

issue — leurs adversaires insistaient sur l'ignorance où l'on était du lieu précis du tombeau de saint Martin : car, si l'évêque de Poitiers avait annoncé à Ligugé que Tours ferait la réparation dans de grandes proportions, si M. Dupont caressait dans son cœur la pensée de la réédification de la basilique, si ses amis de la commission de Saint-Martin ne reculaient pas devant cette pensée, on ne parlait en somme, on ne discutait ouvertement que de la restauration du culte de saint Martin.

Il ne fallait pas que la pensée chimérique de la restitution du tombeau, si précieuse qu'elle pût être, retardât cette restauration. Parmi les dévots à saint Martin, plus d'un était pressé de rendre un temple au glorieux patron de la France. Ils se laissaient dire, ils répétaient eux-mêmes que l'emplacement de ce tombeau si vénéré de nos pères, l'objet du quatrième grand pèlerinage du monde chrétien, profané par une voie publique, était irrémédiablement perdu pour les fidèles, incapables même à toujours d'en reconnaître exactement le lieu.

Un archéologue distingué, dont l'opinion devait avoir du crédit, soutenait ce sentiment, que le moindre examen des documents encore subsistants de la destruction de la basilique aurait suffi à confondre. Il s'appuyait cependant de l'autorité d'un dévot à saint Martin, M. Jacquet-

Delahaye, qui en 1822, cherchant les moyens de réédifier la basilique, avait déclaré, disait-on, que l'emplacement du tombeau était livré à la voie publique [1].

La basilique de Saint-Martin n'a pas été renversée par l'effervescence populaire. La municipalité de 1793 fit enlever les matières d'or et d'argent ; elle vida le trésor, brisa les châsses. Les reliques furent livrées à la merci de ceux qui les voulurent prendre : un sonneur de la basilique et une pieuse femme purent recueillir les ossements de saint Martin. On détruisit dès lors le dôme qui recouvrait le tombeau, à l'endroit même où saint Perpet avait déposé les reliques du Saint, dans l'axe même du chœur. Les divers reconstructeurs de la basilique avaient respecté

---

[1] *Du Rétablissement des églises en France, à l'occasion de la réédification projetée de celle de Saint-Martin de Tours*, dédié au Roi, 1822, in-4°. Tout en avançant que « le *lieu* du tombeau était livré à la voie publique » (page 93), M. Jacquet-Delahaye n'était pas aussi désespérant qu'on le disait. Il parlait de « l'église où fut ce tombeau », en ajoutant que « les amis de la Religion vont y verser des larmes ». Les projets de réédification qu'il proposait, laissaient, il est vrai, en dehors du sanctuaire l'emplacement précis du tombeau de saint Martin ; mais le plan qu'il donnait de la basilique telle qu'elle existait en 1779 — c'est celui qui a été, au moment de la vente nationale des terrains, reproduit par l'architecte du département — et les autres tracés du quartier qui ornaient son volume, permettaient de déterminer approximativement l'emplacement du tombeau, et démontraient évidemment que le sentiment de l'archéologue distingué (M. l'abbé Bourassé) dont nous parlons, ne reposait pas sur un examen attentif des documents.

cette disposition. Le tombeau de saint Martin, à la fin du dix-huitième siècle, était à la place que saint Perpet lui avait consacrée en 460, qui était celle-là même d'ailleurs où saint Brice avait déposé en 397 le corps du Saint, ramené de Candes.

Après l'enlèvement des richesses qu'elle contenait, la basilique déshonorée fut livrée à des usages profanes. On y fit bivouaquer les troupes dirigées sur la Vendée; le chœur et la chapelle du tombeau furent transformés en écurie. Des rapports faits aux autorités du district, établissent que les chevaux y mouraient. La tradition affirme que des lumières étranges éclairaient les voûtes et effrayaient ces animaux, que l'on ne pouvait contenir. Il est certain qu'on délogea les hommes et les chevaux. L'église resta sans emploi, sans protection, exposée à toutes les injures. On la pillait au jour le jour : on y prenait du fer, on y prenait du plomb; on détruisit ainsi une partie des couvertures; on en emportait même des pierres. Dépouillée et outragée de toutes parts, elle se défendait toute seule par sa solidité; sa masse imposante et grandiose subsistait, dominant et couvrant la ville.

Cependant, quelque temps après l'enlèvement des châsses et la destruction du dôme recouvrant le tombeau, la liberté des cultes avait été proclamée; au mois de février 1795, le droit d'employer à des usages religieux ceux de leurs anciens édifices qui n'avaient pas été aliénés, avait été reconnu aux catholiques. La constitution de l'an III, en outre, avait spécifié que nul ne pouvait être empêché d'exercer son culte. Ces déclarations du législateur n'empêchaient pas la persécution : on emprisonnait encore, on condamnait toujours, on exécutait même les prêtres sous divers prétextes. Néanmoins le culte s'exerçait publiquement et solennellement, en particulier à Paris, où il occupait déjà un grand nombre des anciennes paroisses. Partout il tendait à se réorganiser. L'avènement du Directoire (4 brumaire an IV—26 octobre 1795) suscita un redoublement de persécution. Sur un mot d'ordre venu de Paris, les administrations départementales se prirent à abattre les églises. On soumissionnait leur destruction. Ce fut le moment des pires désastres pour les chefs-d'œuvre de nos arts nationaux et religieux.

Les destructions étaient entreprises et conduites régulièrement, administrativement, radicalement, jusqu'aux dernières pierres. Arras, Cambrai, Mâcon, Avranches, virent alors vendre et renverser leurs cathédrales, en dépit des protestations les plus vives. Les monastères ne furent point épargnés : la merveille de Cluny succomba comme tant d'autres. La basilique de Saint-Martin dut partager le sort de tant d'illustres sanctuaires. Elle ne fut atteinte qu'après la journée du 18 fructidor (4 septembre 1797).

Le Directoire, exaspéré par le mouvement vers la liberté, la raison et la justice, qui se déclarait de toutes parts, et qu'il appelait la conspiration royaliste, pressa plus énergiquement que jamais les ressorts de la persécution ; il renouvela atrocement et sur une grande échelle les déportations de ses adversaires politiques, et surtout des prêtres. Il s'en prit avec plus de rage aux monuments nationaux. Sa haine atteignit, dans les campagnes, jusqu'aux presbytères et aux écoles. Il voulait anéantir tout souvenir du sentiment religieux. Il le voyait cependant renaître et se manifester de toutes parts.

A Tours, la tradition est que les catholiques, voulant exciper des principes de liberté posés par le législateur et énergiquement rappelés par Camille Jordan aux Cinq-Cents, songèrent à rentrer en possession de la basilique; le directoire départemental visa tout aussitôt à la renverser. Le rapport d'un ingénieur, chargé d'examiner l'état des bâtiments, concluait à la nécessité d'une somme « d'au moins trente mille francs » [1] pour les réparer et les consolider. On assure que la somme était offerte. Le directoire départemental, le 5 octobre 1797, répondit à ces offres

---

[1] Archives d'Indre-et-Loire.

et au rapport de l'ingénieur, en ordonnant la vente immédiate et la destruction complète de l'église. Il fallait l'autorisation du ministre des finances : on la demanda à Paris. Craignit-on une salutaire influence ? Le 2 novembre 1797, une partie des voûtes s'écroula. Cet écroulement, dit-on, avait été provoqué. Le département en profita, vu l'urgence, disait-il, pour ne pas attendre l'autorisation du ministre, et procéder à la vente des matériaux.

Dix jours après, la démolition était commencée. Elle rencontra une résistance inattendue. Ces pierres, dont la chute était imminente, avait-on dit, ne pouvaient être séparées les unes des autres. Il fallut employer les procédés les plus énergiques. Les frais furent si considérables, que le département fit remise aux démolisseurs de plus de la moitié d'un prix qui avait paru illusoire en regard des immenses matériaux mis à leur disposition.

Toutefois, si cette démolition, si peu avantageuse, se faisait lentement, elle se faisait avec ardeur. Un an après l'ouverture des travaux, aux approches du 11 novembre 1798, on songea à donner, comme on disait, un bouquet à saint Martin. On voulait un bouquet d'importance, et, afin d'en finir d'un seul coup, on chargea extraordinairement une mine destinée à faire sauter les voûtes et les murs de la chapelle du glorieux tombeau. Le 10 novembre, veille de la fête du Saint, l'explosion eut lieu. Elle entraîna une partie du chevet de l'église. L'effet avait été mal calculé : plusieurs maisons voisines furent endommagées, et l'un des entrepreneurs fut écrasé sous les décombres. Cette catastrophe ralentit peut-être le zèle des démolisseurs. En 1799, l'administration dut leur venir en aide de ses deniers, pour les encourager à poursuivre leur entreprise.

Cependant le Directoire exécutif avait été supprimé. Le premier consul avait signé le Concordat. La basilique de Saint-Martin subsistait toutoujours dans sa masse : le chevet de l'église était percé, le portail ouvert, une partie des voûtes de la principale nef écroulées ; au milieu des décombres, l'ensemble de l'édifice se maintenait encore, et la destruction n'était peut-être pas irrémédiable. On voulut en finir, et vendre nationalement, ou plutôt lèse-nationalement, les terrains qu'il occupait (1802). Le dessein poursuivi jusqu'alors était l'ouverture d'une rue dans toute la longueur de la basilique, de l'occident à l'orient. Ce projet laissait subsister les piliers et les bas côtés de l'église, que les adjudicataires auraient pu utiliser à leur gré et employer dans des constructions nouvelles. L'autorité supérieure s'alarma de cette perspective. Moins il y aura de ratières, disait-elle, moins il y aura de rats.

Pour prévenir le retour des rats, elle s'acharna à renverser de fond en comble la basilique. Le préfet réclama l'élargissement de la voie projetée ; il en ordonna l'inclinaison au nord-est, de manière à la faire passer sur les piliers des nefs. Mais cette direction, destinée à tout ruiner, épargna la majeure partie du chœur, et laissa intact l'emplacement du tombeau de saint Martin. M. de Pommereuil, ce préfet qui n'aimait pas les rats, n'avait pas pensé à ce tombeau perdu déjà sous les décombres ; et ceux qui, en 1857, en croyaient l'emplacement occupé par la voie publique, estimaient la rue de Pommereuil — rendue plus tard au vocable de Saint-Martin — orientée selon les premiers plans, dans le sens de l'église : ils oubliaient le raffinement du préfet à parachever l'œuvre de destruction.

« Il était temps cependant, » comme avait dit l'évêque de Poitiers, « il était temps que la réparation se fît. » Le nouvel archevêque tenait à rendre au plus tôt son éclat au culte de saint Martin. M. Dupont et ses amis comprenaient combien il était important de déterminer l'emplacement exact du précieux tombeau : ils avaient recours à la prière. La partie du chœur que la rue Saint-Martin avait laissée du côté du midi, était couverte de constructions et appartenait à divers propriétaires. Il était impossible d'y entreprendre des fouilles. Un plan exact de l'ancien état des lieux eût bien fait l'affaire. D'aucuns [1] disaient en avoir vu un, annexé aux procès-verbaux de vente de 1802. L'archiviste, en 1857, n'en avait pas connaissance ; le catalogue des plans n'en faisait pas mention. L'insistance de l'agent-voyer du département, très ferme dans ses souvenirs, et qui prétendait avoir souvent consulté et étudié ce plan, semblait uniquement propre à entretenir un vain espoir. Par un hasard providentiel, un des membres de l'œuvre, furetant dans les archives, mit tout à coup la main au bon endroit, et, tirant des rayons, comme machinalement, un papier quelconque, déplia le plan qu'il recherchait, le plan qui portait la date du 24 ventôse an IX. Toute la basilique y est relevée avec soin ; le double tracé de la rue y est même indiqué.

Muni de cette pièce, on se mit aussitôt à l'étude sur les lieux. On fit les relevés géométriques la nuit, dans les rues ; on ne pouvait songer à pénétrer dans les propriétés particulières ; et l'on arriva bientôt à conclure que, pour se saisir à coup sûr de l'emplacement du tombeau, l'acquisition de trois maisons était indispensable.

---

(1) L'ancien archiviste d'avant 1850 était de ceux-là. Il avait tenu le plan en main, et soutenait qu'on le devait retrouver. Il l'avait maintes fois communiqué à l'agent-voyer.

L'acquisition de trois maisons dans un quartier populeux, commerçant, bien habité, n'était pas absolument une petite affaire. Les membres de l'œuvre de Saint-Martin se regardèrent les uns les autres, et ne savaient trop comment s'y prendre. M. Dupont n'était plus au temps où il eût pu donner une grande partie de la somme : son patrimoine était fort entamé, et ses revenus ne lui permettaient déjà plus les générosités où son cœur s'était tant complu. Les autres membres de l'œuvre n'étaient pas de ceux qui disposent de gros capitaux. Ils comptaient parmi eux un prêtre, chargé de la direction d'une œuvre vivant d'aumônes. Toutes les bourses étaient chétives, et il ne fallait pas songer à recourir à une quête publique. Ébruiter, c'était, presque à coup sûr, faire échouer le projet d'acquérir ces immeubles; c'était, au moins, susciter des prétentions plus difficiles à satisfaire. Il fallait acheter cependant. La gloire de saint Martin y était intéressée, la restauration de son culte l'exigeait. Il fallait, en outre, acheter à bref délai. Je laisse à penser si l'œuvre de Saint-Martin insista dans ses prières. Elle s'affermit dans la confiance. Elle n'avait cependant aucun motif humain de rien espérer. A qui pouvait-elle recommander discrètement cette grande œuvre de piété et de patriotisme ? quel capitaliste voudrait jamais prêter les fonds nécessaires, en prenant hypothèque sur la piété publique ?

Je ne sais par qui fut produit, prononcé ou inspiré le nom d'un bon et solide catholique jouissant d'une grande aisance, dont la bourse était ouverte aux aumônes, bien qu'il ne fût pas alors personnellement engagé dans les œuvres de dévouement et de zèle. Deux membres de l'œuvre de Saint-Martin allèrent lui proposer de mettre sa bourse à la disposition du Saint.

M. le comte Pèdre Moisant — je crois pouvoir le nommer — n'hésita pas un instant. Loin de là, il s'applaudit de la proposition comme d'une bonne fortune.

Précisément, il avait une somme de 150,000 francs dont l'emploi le préoccupait ; et il était venu de sa campagne à Tours, pour recommander à son notaire de lui trouver un placement. Saint Martin, du premier abord, lui parut un débiteur fort convenable. Pourquoi ne pas prêter aux saints ? M. P. Moisant mit sa bourse à la disposition du thaumaturge, et donna ordre à son notaire d'aviser au plus tôt à acquérir les maisons dont il s'agissait.

Ce concours généreux fut une fête et comme un triomphe pour l'œuvre de Saint-Martin. On était aux premiers jours de novembre 1857, et l'on comptait bien solenniser de la bonne façon, en son cœur, le glorieux et bien-aimé patron. Le triomphe parut se changer en désastre lorsqu'on apprit à l'improviste que l'archevêque, de son côté, avait pris sa décision et attendait le 11 novembre pour la publier. Dans son impatience d'honorer saint Martin, le prélat voulait en transporter le culte à Saint-Julien : la lettre pour annoncer cette résolution à son clergé était prête.

Les dévots à saint Martin furent consternés. Fallait-il donc abandonner le tombeau, le glorieux et précieux tombeau, au vandalisme? Le chapitre de Tours avait alors pour doyen un homme de bien, un prêtre admirable, usé et brisé depuis longtemps et avant l'âge par les travaux du saint ministère, arraché par sa santé aux œuvres de zèle, mais tout rempli de l'esprit de prière et de lumière. Il avait eu le bonheur, dès sa jeunesse, de goûter la vraie et pure doctrine ; et son dévouement à la chaire de saint Pierre, son attachement à la prière liturgique l'avaient marqué d'une note que nous pouvons appeler glorieuse, dans un temps où beaucoup des esprits et des cœurs, même sacerdotaux, ne savouraient pas aisément la suavité de ces grandes sources de piété. M. l'abbé Laboureau[1], qui sortait peu de sa retraite, crut, comme doyen du chapitre, conseil de l'évêque, devoir porter ses observations au prélat.

Mgr Guibert ne pouvait voir encore dans tous

---

(1) Mort à Tours le 1er juin 1866, à l'âge de 72 ans.

les projets relatifs au tombeau de saint Martin que des chimères, de brillantes mais décevantes chimères. Il ne savait rien de la découverte du plan des archives; il ignorait le concours que M. Moisant apportait à l'œuvre. Ces points étaient encore le secret de la commission. M. l'abbé Laboureau n'avait pas mission de les révéler. Les eût-on fait connaître d'ailleurs au prélat, tout cela ne pouvait encore constituer à ses yeux que des espérances. L'acquisition des maisons restait un projet, qu'on ne pourrait peut-être pas réaliser. Le plan, en outre, était-il une autorité irréfragable? Combien de difficultés, en tout cas, et de lenteurs! Le zèle de l'archevêque refusait de s'y embarrasser. Il n'aimait pas les dettes; les hasards d'argent lui paraissaient périlleux. La restitution de l'église Saint-Julien au culte était une occasion providentielle, économique, et qui ne se retrouverait jamais. L'édifice était ancien, magnifique; il était à deux cents pas de l'ancienne basilique; il pouvait la remplacer immédiatement et sans dépense, pour ainsi dire. La raison, dans ce projet, se trouvait d'accord avec le désir d'honorer saint Martin.

M. l'abbé Laboureau n'obtint rien : l'archevêque resta dans ses intentions. Il y avait trop de risques à courir dans la pieuse entreprise de M. Dupont et de ses amis. A vrai dire, le bon sens ne devait pas se refuser à la trouver un peu folle.

Cependant la cause de saint Martin avait saisi les cœurs. La piété de M. Dupont était comme le levain de l'Évangile : elle commençait à faire fermenter toute la pâte du sentiment populaire. Il y avait dans les conseils de l'archevêque un ecclésiastique qui avait passé toute sa carrière dans les habitudes et les soucis de l'administration. Entré au secrétariat presque au sortir du séminaire, il avait à peine connu un autre ministère. Il avait été, pendant de longues années, secrétaire, et était devenu vicaire général ; les difficultés et les misères de toute sorte qu'il avait rencontrées dans le commerce des hommes, pris toujours au point de vue administratif, n'avaient pas tourné son esprit ni son cœur aux enthousiasmes ni aux entraînements. Il aimait la prudence : en tout, il regardait ce qu'on appelle le côté pratique des choses ; peut-être s'y attachait-il un peu trop exclusivement. Bon prêtre, exact, parfaitement honoré, il était de ceux qui, par caractère comme par expérience, craignant les responsabilités, auraient été portés à juger M. Dupont un peu sévèrement, et, tout en honorant le saint homme, à le taxer d'imagination et même d'exagération. M. l'abbé Vincent[1], cependant, crut devoir embrasser la cause de saint Martin ; après l'inutilité de la démarche

---

[1] Mort à Tours le 7 avril 1875, à l'âge de 70 ans.

de M. Laboureau, il voulut en tenter une seconde auprès de l'archevêque. Il fit connaître au prélat la situation exacte des choses, en le renseignant sur les offres de M. Moisant; en lui apprenant que la commission pouvait, en outre, déjà disposer d'une somme de vingt mille francs, fruit de souscriptions spontanées, prémices et espoir de beaucoup d'autres; en lui exposant enfin les renseignements positifs que le plan donnait sur l'emplacement du tombeau.

Tout cela parut à l'archevêque encore trop éventuel pour retarder l'exécution de son projet. Une note, que la commission de Saint-Martin avait rédigée, sur les inconvénients de donner à saint Martin ce qui appartenait à saint Julien, et d'éloigner la piété du tombeau du grand thaumaturge, ne toucha pas davantage le prélat. Toutefois, avant de publier la lettre qu'il avait préparée et qui devait engager la question, il réunit son conseil. Le conseil fut d'avis de ne rien engager. La cause du tombeau de saint Martin avait, dans le silence, gagné bien des cœurs; et le conseil de l'archevêque se refusait à renoncer à l'espérance de reconquérir un jour le précieux tombeau.

Il fut d'avis d'accorder à la commission l'autorisation d'acheter les maisons qu'elle convoitait, pour élever à leur place, disait-elle, sur le tombeau qu'elle voulait recouvrer, un modeste sanctuaire. L'archevêque acquiesça au sentiment unanime de son conseil ; mais il ne renonça à son projet relatif à l'église Saint-Julien qu'à condition que l'acquisition projetée ne se ferait pas attendre. La commission était intéressée à se hâter.

Le 7 décembre, les trois maisons étaient achetées. On avait pu conclure cette triple acquisition sans que les propriétaires aient su les ouvertures faites à leurs voisins. Ils ne pouvaient cependant, ni les uns ni les autres, se dessaisir immédiatement de leurs immeubles, occupés par de nombreux locataires, dont les nouveaux acquéreurs devaient respecter les droits. Dans son impatience, M. Dupont, accompagné de M. Moisant et d'un autre membre de la commission, descendit, aussitôt le contrat signé, dans la cave d'une des maisons qu'on venait d'acquérir. Son but était d'y prier et d'offrir à Dieu ces prémices si difficilement conquises de la restauration qu'ils complotaient. Ils avaient apporté des cierges, et M. Moisant avait acheté un petit chandelier en fer ou en fonte, à trois branches. Or ce chandelier, pris sans choix chez un marchand, représentait dans son soubassement un démon écrasé. Détail plus touchant : les pieux fidèles étaient, sans le savoir, dans l'ancienne chapelle de la Sainte-Vierge, située au fond de l'abside, dans l'axe même de la basilique. Ils allumèrent les trois premiers cierges qui, depuis plus de soixante ans, aient brûlé auprès du tombeau de saint Martin, dont ils étaient à quelques mètres à peine, sans connaître précisément encore le point où se trouvait cet objet de leur culte,

XVIII

L'INVENTION DU TOMBEAU

Le projet de restauration semblait donc prendre un peu de consistance, et M. Dupont, tout en remerciant Dieu, se livrait à toutes les espérances. Bien des mécomptes, bien des traverses, bien des ennuis l'attendaient encore.

L'acquisition des maisons, avons-nous dit, n'en donnait pas l'usage. Il fallait attendre l'expiration des baux pour déterminer l'état des lieux et aviser à ce qui était praticable. Cela laissait le champ libre aux imaginations; mais les imaginations n'étaient pas un mets dont l'archevêque de Tours voulût se nourrir. Le prélat se montrait délicat, scrupuleux même, en fait d'argent. Il ne voulait pas invoquer la générosité publique avant d'avoir vu clairement et déterminé avec précision ce qu'il pouvait faire; il ne voulait pas s'avancer à la légère, et il défendit d'abord tout appel par le moyen de la presse.

On attendit, on pria. Dans ces angoisses de l'attente, devant les obstacles de toute sorte qui arrêtaient la réalisation des désirs, M. Dupont proposa à ses associés, qui partageaient ce que j'oserais appeler sa passion pour la restauration de la basilique, il leur proposa d'esayer des pèlerinages. Il en avait tant fait, lui seul! Il entraîna ses confrères de l'œuvre de Saint-Martin à cette sainte pratique.

On se rendit d'abord à Marmoutier, prier dans cette grotte où saint Martin se retirait pour vaquer à la prière, à la mortification, et puiser les forces d'accomplir ses devoirs épiscopaux. Deux mois après, la petite troupe était à Candes. C'est là que saint Martin est mort. On y vénère son lit, le sol où il s'était fait étendre et où il expira.

Les affaires ne semblaient pas avancer. On disait même que l'archevêque regrettait d'avoir renoncé à Saint-Julien. Le prélat avait, en effet, de son côté, un vœu à accomplir. Il avait, en arrivant à Tours, fait en présence des reliques de saint Martin la promesse d'employer, dit-il, son zèle à réparer, dans la mesure de ce qui serait possible, les ruines d'un si grand désastre. Ce qui était possible dans un temps comme le nôtre, n'eût-ce pas été le projet de Saint-Julien? et était-il possible de s'engager à l'aveugle, devant les fidèles, à construire une nouvelle basilique dans les proportions de grandeur réclamées par le culte de saint Martin? Comme on lui en parlait un jour et qu'on le sollicitait de donner une approbation explicite, le prélat prit l'Évangile, et, ouvrant au chapitre XIV de saint Luc, il lut les versets suivants : *Quis enim ex vobis, volens turrim ædificare, non prius sedens computat sumptus qui necessarii sunt, si habeat ad perficiendum; ne, posteaquam posuerit fundamentum, et non potuerit perficere, omnes qui vident, incipiant illudere ei, dicentes : Quia hic homo cœpit ædificare, et non potuit consummare?* « Voilà ma règle, » ajouta-t-il en fermant le livre.

Il fallait attendre. Comment supputer les frais nécessaires ?

Ces délais, ces incertitudes ne désespéraient pas, mais désolaient l'âme de M. Dupont. L'entreprise n'existait pas tant qu'elle n'était pas sanctionnée, adoptée, ou tout au moins permise par l'archevêque. C'était avec Dieu seul qu'il fallait s'en entretenir. Dieu ne négligeait pas de répondre ; les tentatives de M. Dupont et de ses amis, pour hâter la décision du prélat et lui faire presser cette supputation des dépenses, où la confiance en Dieu devait avoir encore sa grande part, leurs tentatives trouvaient des encouragements dans la dévotion à saint Martin, non pas renaissante, — car elle n'avait pas cessé de vivre, — mais reflorissante parmi tout le peuple.

Le mouvement populaire s'accusait tous les jours, et se développait. L'archevêque a pu dire avec raison, un peu plus tard, lorsqu'il prit la parole et assuma la responsabilité de l'entreprise : « Ce n'est pas moi qui ai fixé le moment... une voix s'est révélée tout à coup des profondeurs les plus intimes des âmes... l'écho qui a répondu, a été universel. J'ai été moi-même saisi par cette force mystérieuse, et, loin de l'avoir créée, je n'ai fait qu'obéir à sa puissance irrésistible. »

Nous ne pouvons suivre tous les mouvements de cette force mystérieuse et irrésistible, nourrie évidemment et développée par les prières de M. Dupont. Elle s'accusait dans l'empressement du peuple à suivre les prédications de cette neuvaine annuelle, préparatoire à la fête de saint Martin, qu'on avait négligée peut-être quelques années, mais qui reprit alors un grand éclat et un grand retentissement. Cette force mystérieuse s'accusait encore dans la pompe dont s'entouraient désormais les fêtes de saint Martin. Au zèle de l'archevêque pour honorer cet admirable saint, répondait le concours toujours plus empressé des fidèles; les évêques se faisaient une joie d'acquiescer aux sollicitations du successeur du grand thaumaturge, et de venir tour à tour évangéliser son peuple.

En 1858, la solennité de la fête, reportée, selon l'usage de France, au dimanche, se célébrait le 14 novembre Les évêques de Poitiers et de Moulins, qui avaient répondu à l'invitation de

Mgr Guibert, venaient de célébrer la fête du Saint à Ligugé, au milieu de la troupe bénédictine qui, depuis cinq ans déjà, avait rendu la grande prière monastique aux cloîtres d'Hilaire et de Martin. L'évêque de Poitiers, qui porta la parole à Tours, dans une de ces harangues dont il a le secret, nourries des saintes moelles des Écritures et des Pères, toutes pleines des aperçus profonds et délicats qui lui sont familiers ; l'évêque de Poitiers établit, par les exemples et même par les paroles du Saint, l'opportunité de faire revivre son culte dans un siècle qui semble n'avoir hérité que d'un christianisme appauvri et dégénéré, dans un siècle où tous les liens de la société tendent à se relâcher et à se rompre. « Je commencerai à espérer de meilleurs jours pour la France, » disait-il en terminant, « quand la France aura commencé de rebâtir la basilique de Saint-Martin. » Et, s'adressant dans une magnifique prosopopée au métropolitain : « C'est à vous seul, Monseigneur, » disait-il, « qu'il appartient de juger du temps et des moments... Mais le jour où votre voix s'élèvera, la France, le monde entier, j'en ai la confiance, entendront votre appel,... parce que le nom de Martin réveille les deux sentiments qui dominent le monde : le sentiment chrétien et le sentiment français. »

Je laisse à penser la joie de M. Dupont en entendant proclamer publiquement dans la chaire de Tours, par une voix épiscopale, et une voix tellement autorisée, la nécessité de l'opportunité de cette réédification de la basilique. Il n'était plus question désormais d'une chimère caressée par son imagination ; le dessein conçu et nourri par sa piété, ce dessein un peu aventureux peut-être, devenait désormais un projet raisonnable, national, religieux, sanctionné par l'autorité des évêques, annoncé et recommandé aux fidèles comme devant se réaliser. La réalisation n'était plus qu'une affaire de temps.

Le prélat, il est vrai, à qui il appartenait de juger du moment, ne voulait pas se hâter. Il souriait au pieux enthousiasme, il l'encourageait même ; mais il prétendait ne marcher qu'avec la raison, et, comme l'homme de l'Évangile, il supputait les frais nécessaires.

Rebâtir la basilique, selon la parole de Monseigneur de Poitiers, c'était bien, d'ailleurs, une grosse affaire. Peut-être y aurait-il quelque chose à en rabattre ? n'eût-il pas été imprudent de prendre ce langage trop à la lettre ? En supputant les frais, il faut bien toujours supputer avec la Providence ; et il s'agissait, en premier lieu, de démêler sa volonté et d'en attendre une manifestation sensible.

M. Dupont agissait. Aux pèlerinages de Marmoutier et de Candes succéda le pèlerinage à

Ligugé. Dans la cellule où saint Martin a ressuscité un mort, on lui demanda de ressusciter sa basilique. Il y fallait le concours des hommes avec celui de Dieu ; mais les hommes ne se donnent pas aussi aisément que leur Père qui est aux cieux.

Déjà les pèlerinages n'étaient plus les actes privés de la dévotion individuelle d'une demi-douzaine de chrétiens : le mouvement se communiquait, les manifestations devenaient nombreuses. On avait prié à Ligugé, et reçu, en passant à Poitiers, les encouragements de l'évêque, qui approuvait la pensée, les démarches, les prières, et promettait toujours le succès.

Au mois d'août 1859, un pèlerinage fut organisé pour Candes. Ce fut un des premiers de ces grands pèlerinages que l'Église un peu plus tard a vus, avec tant de consolations et d'espérances, se rendre à Lourdes, à Paray-le-Monial et dans d'autres sanctuaires. Quatre cents pèlerins et un nombreux clergé se rendirent de Tours à Candes. M. Dupont ne se tenait pas de joie. Il n'était pas étonné : rien ne pouvait l'étonner dans l'ordre des miséricordes de Dieu ; mais il était ravi. Quel couronnement, quel épanouissement de la dévotion si longtemps solitaire du Pèlerin ! Un détail charmant de celui de Candes, à cette époque, rappelait le souvenir de saint Martin.

C'était l'ancien usage des habitants de Tours

de se rendre à Marmoutier le lundi de Pâques. Avant le neuvième siècle, il n'y avait pas de pont entre Tours et la rive droite du fleuve : c'est ce qui explique la solitude que le saint évêque avait pu trouver et garder aux portes de la ville. Il n'y avait pas de pont, disons-nous, et les pèlerins, pour se rendre à Marmoutier, passaient l'eau en barque. Il y a, dans l'histoire des merveilles qui suivirent la mort de saint Martin, l'anecdote d'un naufrage dont l'invocation du thaumaturge préserva les pèlerins. Ceux du dix-neuvième siècle, à l'aide des chemins de fer, suivaient la rive droite du fleuve ; et, pour atteindre Candes, située sur la rive gauche de la Loire et de la Vienne, à l'embouchure de cette dernière, ils avaient à traverser la Loire tout comme leurs prédécesseurs des anciens siècles, mais dans un sens inverse.

On avait retenu des barques : il fallait toute une flotte pour cette foule. En traversant l'eau, on chantait des cantiques. Après avoir fait leurs dévotions dans cette belle église de Candes illustrée par la possession d'une relique insigne, dont l'invention merveilleuse devait avoir lieu quelques années plus tard, les pèlerins repassèrent la Loire, à la chute du jour, pour reprendre la voie ferrée.

Ce fleuve de la Loire est intimement lié à la vie de saint **Martin**. Combien de fois, dans ses crues immenses comme dans ses sécheresses extrêmes, fut-il traversé par le Saint, allant et revenant de son église à Marmoutier! combien de fois l'évêque, dans ses courses apostoliques, en suivit-il ou en remonta-t-il le cours! Il en connaissait les moindres détails, ces détails immuables de la nature, dont le spectacle ravit aujourd'hui nos yeux comme il a charmé autrefois ceux de saint Martin. C'est sur la Loire, en considérant les grandes hirondelles de mer qui y abondent toujours, rasant de leurs ailes les eaux tranquilles et y saisissant rapidement la proie qui, des abîmes du fleuve, s'aventure au fil de la rivière; c'est sur la Loire que saint Martin montrait à ses disciples les dangers de l'âme chrétienne qui, ne se tenant pas dans la profondeur des eaux de la piété et de l'humilité, et s'approchant inconsidérément d'un élément qui n'est pas celui où elle doit vivre et se mouvoir, s'expose aux atteintes des démons ravisseurs qui la guettent toujours. Ces eaux, tout à la fois matière et instrument de l'apostolat de saint Martin, lui étaient obéissantes : elles portaient contre leur courant, elles poussaient vers Tours la barque qui ramenait de Candes le corps du Saint, escorté des populations priant, chantant, pleurant, mais fières de posséder et d'avoir conquis leur trésor.

C'était encore leur trésor que les pèlerins du

dix-neuvième siècle allaient chercher à Candes, le trésor qu'elles espéraient voir resplendir de nouveau dans leur ville. Il fallait, il est vrai, remonter le courant des opinions révolutionnaires, comme autrefois le cours des eaux ; et, bien que les barques du quatrième siècle voguassent contre le courant du fleuve, elles n'avaient pas moins leurs pilotes et leurs matelots appliqués à la manœuvre. Le pilote était nécessaire pour assurer le succès de l'entreprise merveilleuse de la découverte du tombeau et de la reconstruction de la basilique : il ne manqua pas à sa mission.

Quand le temps lui parut venu, quand il eut éprouvé le mouvement mystérieux qui emportait les cœurs et remontait évidemment ce qu'on appelle le courant du siècle, l'archevêque de Tours, le 8 décembre 1859, par une lettre adressée à son clergé, lui demanda son concours pour l'accomplissement du « dessein de quelques pieux fidèles, qui avaient conçu le projet d'acheter, sous leur propre responsabilité, trois maisons situées sur l'emplacement même du tombeau de saint Martin, afin d'enlever les constructions, rétablir le saint tombeau à la même place, lui restituer les précieuses reliques, élever autour une chapelle pour recevoir et abriter les pèlerins ».

On ne pouvait énoncer le dessein en termes

plus réservés. L'archevêque s'appliquait à suivre et non pas à presser le mouvement qui se dessinait providentiellement; il voulait en abandonner la conduite à l'inspiration divine, la laisser s'accuser, et se borner à la constater et à y conformer sa conduite. La sagesse est une vertu chrétienne, comme le zèle.

L'archevêque de Tours ajoutait qu'il n'avait pu qu'approuver « le noble et généreux projet de ces pieux fidèles », et qu'il s'était engagé à recommander leur entreprise aux âmes charitables. En remplissant cet engagement; en réclamant la charité des personnes aisées « amies de l'art et de la religion, pour ne pas laisser à ceux qui l'avaient assumée la charge entière de solder le prix de ces acquisitions »; en annonçant qu'il y concourrait lui-même, mais « non pas selon son désir », le prélat néanmoins interdisait encore les quêtes publiques. Il réservait cette sollicitation plus pressante pour le moment où il s'agirait d'entourer le tombeau d'un sanctuaire convenable. Il confiait en quelque sorte à l'initiative des souscriptions particulières la gloire de mettre l'Église en possession du sol sacré; et sa lettre, pleine de discrétion, se bornait à publier l'approbation et le concours qu'il donnait désormais à cette grande et difficile entreprise.

C'était beaucoup; mais que ce beaucoup, nous

pouvons bien le dire, était encore peu au gré des désirs de M. Dupont! Si la sagesse est une vertu, la patience en est une autre. Cette dernière est surtout formée d'espérance. Les délais ne pouvaient fatiguer l'espérance de M. Dupont. Au témoignage public du concours et de la protection de l'archevêque, s'ajoutaient d'ailleurs divers autres gages, qu'on peut bien dire que le serviteur de Dieu gardait et conférait dans son cœur.

La pensée de la réparation devenait de plus en plus familière aux fidèles; elle obtenait des triomphes de divers côtés. A Chartres notamment, provoquée par des communications extraordinaires, suscitée tout à coup au milieu d'une ville indifférente par une humble fille du Carmel, avait eu lieu avec un grand éclat la réconciliation de l'église Sainte-Foy (octobre 1859).

Elle servait depuis soixante-dix ans de théâtre. Personne ne songeait à la délivrer de cet esclavage du démon. Le parti en semblait irrévocablement pris, et le deuil irrémédiable. Qui s'y intéressait? Lorsque l'église cependant fut arrachée à l'abomination, les Chartrains furent comme épouvantés de la quantité d'ossements de leurs ancêtres, si longtemps foulés aux pieds par les histrions et les danseurs. La conscience publique fut, au même moment, profondément révoltée et merveilleusement soulagée. Il y a tant d'autres villes en France où la même profanation dure toujours! La Révolution n'insultait pas seulement les sanctuaires dédiés à Dieu : elle s'est attaquée aux tombes et aux ossements des ancêtres; elle se complaisait à transformer les cimetières en lieux de plaisir.

La réconciliation de Sainte-Foy et les circonstances merveilleuses qui l'avaient provoquée et fait triompher, étaient une fête et une espérance pour l'œuvre de Saint-Martin. Celle-ci voyait vraiment refleurir et se manifester avec vigueur la dévotion envers le grand thaumaturge.

Le pèlerinage de Candes, en 1860, entraînait plus de sept cents pèlerins. Le mouvement populaire était entretenu par des témoignages singuliers, où M. Dupont se plaisait à voir le doigt de la Providence, rendu souvent sensible, même aux yeux de la foule. La gloire rendue à Sainte-Foy était un signe; la découverte à Olivet d'une parcelle du manteau de saint Martin (1860) en était un plus touchant encore : c'était un encouragement inattendu et comme une réponse de la Providence. Il s'agissait de ce manteau de soldat dont Martin a donné la moitié au pauvre d'Amiens. L'œuvre du vestiaire des pauvres ne pouvait pas ne pas s'intéresser à cette découverte; l'œuvre de la restauration du tombeau et de la reconstruction de la basilique ne pouvait non plus y rester indifférente. Les membres de la commission de Saint-Martin, comme les avait désignés l'archevêque de Tours, voulurent prendre part aux fêtes qui eurent lieu à Olivet au mois de juillet : ils s'y rendirent presque tous, et ils furent appelés à porter sur leurs épaules, pendant la procession, la châsse renfermant l'insigne relique longtemps soustraite à la dévotion des fidèles.

A ces encouragements publics s'en mêlaient d'autres non moins éloquents pour M. Dupont ; il les commentait et les interprétait avec le feu et la lumière qui lui étaient propres.

D'après l'autorisation de l'archevêque, l'œuvre du vestiaire des pauvres, avec ses ouvrières, ses ateliers, pour ainsi dire, ses magasins d'étoffes et de vêtements hors d'usage, s'était transportée dès le mois de décembre 1859 dans une partie des maisons récemment acquises, et encore occupées en grande partie par des locataires, dont on était tenu de respecter la jouissance. Quelques semaines après cette prise de possession encore incomplète, on apporta une grande pierre trouvée dans un terrain du voisinage. Une des faces portait un bas-relief : on y discernait Notre-Seigneur assis sur un trône ; devant lui six personnages, avec des bourdons et des coquilles, représentant évidemment des pèlerins. Il y avait une inscription ; c'était un texte du premier livre des Paralipomènes, où David, après avoir énuméré les trésors qu'il a ramassés pour la construction du temple et ceux que le peuple a offerts, s'écrie :

« Donc, notre Dieu, nous te confessons, et louons ton nom illustre ! Qui suis-je, moi ? et quel est mon peuple, que nous te puissions promettre toutes ces choses ? Toutes choses sont à toi, et nous te donnons ce que nous avons reçu de ta main : parce que nous sommes pèlerins devant toi et étrangers comme tous nos pères. »

L'inscription du bas-relief, dont manquait la fin, commençait à ces mots : *Peregrini sumus coram te et advenæ...*

Ce nom de « pèlerins » transporta de joie M. Dupont. Les membres de la commission étaient au nombre de six, comme les personnages du bas-relief. *Peregrini sumus coram te et advenæ.* Comme le roi David et son peuple, ils s'occupaient d'amasser des trésors pour la construction du temple, pour redonner à Dieu ce qui était à Dieu. La piété de M. Dupont était en fête. Les pèlerins de la commission de Saint-Martin se trouvaient bien disposés à partager son enthousiasme. L'illustre et pieux abbé de Solesmes, leur conseiller et comme leur directeur, familier lui-même avec les voies de Dieu, quand on lui porta cette inscription, ne put se retenir de s'écrier :

— « Que tardez-vous encore ? qu'attendez-vous désormais pour commencer ? »

Il semblait qu'à travers les âges la parole de Dieu venait exciter les six pauvres pèlerins placés devant Notre-Seigneur pour obtenir de lui la restauration du glorieux tombeau de saint Martin.

Le bas-relief, œuvre du quatorzième siècle, je crois, est pieusement conservé aujourd'hui dans le nouvel édifice de la chapelle de Saint-Martin. Dom Guéranger n'avait pas parlé en vain : l'on devait bientôt se mettre à l'œuvre. Six ou huit mois après la découverte du bas-relief, une partie assez considérable des maisons devint libre. On voulut tout de suite organiser un oratoire. On résolut, sans toucher à la façade des bâtiments, d'en enlever les cloisons, de supprimer les planchers des étages, et d'établir ainsi une chapelle provisoire. La commission visita, à ce propos, les caves. On constata qu'elles devaient s'étendre sous l'emplacement du chœur de la basilique, au-dessous du maître-autel et d'une partie de l'ancienne chapelle, dite *le Repos de saint Martin,* où avait été le tombeau. On ordonna d'abattre les diverses cloisons qui divisaient les caves libres ; un ingénieur fut chargé de diriger des fouilles, et de relever les anciennes maçonneries qui seraient mises à découvert.

Pendant qu'il était appliqué à ce travail, il lui sembla, un jour, entendre des chants retentir autour de lui. Il prête l'oreille ; il perçoit distinctement une mélodie : il ne peut se rendre compte d'où elle provient. Il sort de la cave, de la maison ; il ne voit rien, il n'entend rien. Il retourne à son travail : les chants recommencent. On ne saurait décrire l'émotion de cet homme. Il vint, pâle, ému, tremblant, rendre compte de ce fait étrange. M. Dupont le trouva le plus simple du monde, et aussi le plus encourageant et le plus consolant.

S'il trouvait encore de la difficulté et de la contradiction à ses projets au milieu des hommes, il comptait bien sur les accords supérieurs, et il savait qu'il ne voulait rien que la pure et toujours harmonieuse volonté de Dieu.

Les fouilles effectuées dans les caves, la courbe des maçonneries des fondations qu'on y mit à découvert, permit de déterminer l'axe du chœur et de tout l'édifice. On l'indiqua par une ligne tracée sur la voûte. L'étude et la comparaison des plans confirmèrent qu'on ne pouvait pas être loin du tombeau, son emplacement devait se trouver dans une cave voisine, dont on ne pouvait encore disposer, et que séparait un gros mur de construction moderne. Une croix rouge fut tracée sur ce mur, dans la direction supposée. On avait déjà dressé un autel provisoire au rez-de-chaussée des maisons. Or, quand on eut déterminé l'axe de la basilique, il se trouva que cet autel avait été posé exactement sur la ligne même de cet axe, et, chose plus merveilleuse encore et qu'on reconnut plus tard ! juste au-dessus du précieux tombeau. La Providence, dans ces simples détails et ces fortuites rencontres, se plaisait à manifester sa conduite.

Tous ces préparatifs avaient pris du temps. L'archevêque devait, le 12 novembre, lendemain de la fête de saint Martin, inaugurer la chapelle provisoire. Le 11, jour où toute l'Église célèbre la fête du glorieux thaumaturge, la commission de l'œuvre, les six pèlerins, figurés au bas-relief du quatorzième siècle, descendirent dans la cave débarrassée et nettoyée, s'y agenouillèrent, *coram te*, devant la croix marquée sur le mur pour signaler la direction où devait se trouver le trésor qu'ils convoitaient. Ils suspendirent à la voûte et allumèrent une lampe, qui ne devait plus s'éteindre.

La bénédiction de la chapelle provisoire eut lieu le lendemain. L'archevêque célébra la sainte messe, renouvelant ainsi, au tombeau même de saint Martin, ce saint sacrifice interrompu depuis plus de soixante-dix ans, après y avoir été offert pendant quatorze siècles. Ce fut une grande allégresse pour tous les fidèles. Ils croyaient en être encore à l'espérance ; dans le fait, le bon Dieu avait exaucé les désirs de son serviteur, il avait répondu aux vœux et aux prières du peuple chrétien, qui, sans le savoir encore, possédait le tombeau de saint Martin. Une puissance merveilleuse y éclatait : c'était d'abord une puissance d'attraction. Durant toute la semaine, la messe fut célébrée sans interruption. Tous les prêtres du diocèse auraient voulu consacrer dans la chapelle provisoire. La foule s'y portait avec empressement : une relique de saint Martin avait été exposée à sa vénération. Les fidèles priaient avec ardeur et confiance. Ils descendaient dans ce qu'on osait bien appeler la chapelle souterraine ; ils s'agenouillaient sous la petite lampe suspendue à la voûte; ils baisaient avec dévotion la croix tracée sur le mur, qui marquait la direction où se devait trouver l'objet de leurs désirs. Diverses grâces, quelques guérisons éclatèrent dès cette première semaine, comme pour renouer l'ancienne tradition des miracles. La chapelle avait été bénite avec de l'eau consacrée dans l'ancienne basilique, précieusement conservée et entretenue par un chanoine et ses héritiers.

Ces premières prières auprès du tombeau de saint Martin eurent un grand retentissement : l'émotion s'était communiquée à tout le peuple. Ce réveil de ferveur et d'espérance frappait et préoccupait tous les esprits. Quinze jours environ après la bénédiction de la chapelle, un érudit, accoutumé à fureter les archives, donnait lecture à la Société archéologique d'une pièce que « l'empressement de la piété publique », disait-il, « à la recherche du tombeau de saint Martin, lui avait fait remarquer ». C'était un procès-verbal de 1686, contenant une description du caveau existant alors dans la basilique, sous le tombeau restauré après les profanations des protestants en 1562 [1]. On sait que ce tombeau, placé au fond du chœur, derrière le maître-autel, était élevé d'une marche au-dessus du niveau du chœur; il était entouré d'une grille et surmonté d'une coupole en cuivre, qui avaient été autrefois en argent. En 1686, les chanoines de Saint-Martin faisaient réparer le pavé du chœur. « La marche qui reignoit autour du tombeau de saint Martin fut levée, et on aperçut une petite voulte sous le tombeau. » Les chanoines, aussitôt prévenus, s'assemblèrent extraordinairement, firent descendre en la voûte le vicaire perpétuel du chapitre, et l'on dressa procès-verbal de sa visite. Ce procès-verbal constate la longueur de la voûte, sa hauteur et sa largeur, la qualité et la provenance de la pierre dont elle était construite : une « pierre de Bourré fort blanche » ; il énumère les objets qu'on reconnut dans cette crypte : « une caisse en bois, fermée à clef, posée sur deux pierres, accostée de deux grands morceaux

---

[1] On trouvera à l'appendice des renseignements sur les profanations des huguenots en 1562.

de marbre blanc, contenant de la poussière mêlée à des ossements et à des fragments de marbre blanc ». Cette cendre, ces ossements, c'était ce qui restait des reliques de saint Martin brûlées par les protestants. On avait précieusement ramassé ces cendres, dit un historien du dix-septième siècle; on les avait renfermées dans une caisse mise dans le caveau où elles avaient autrefois reposé. On avait en outre ramassé, ajoute le même historien [1], « les fragments de l'ancien marbre blanc que saint Eufrône d'Autun avoit envoyé à saint Perpète pour couvrir le tombeau ».

Ces détails étaient signalés à la Société archéologique de Touraine le 28 novembre; et l'érudit [2] qui les avait relevés, produisait le document, « à cause des sympathies que le culte vénéré du thaumaturge des Gaules réveillait en ce moment dans toute la ville ». Le document donnait une description complète du caveau contenant les reliques de saint Martin, tel qu'il était en 1686.

En quel état retrouverait-on l'emplacement de ce caveau? La perplexité était vive. Devant la ferveur de désirs qu'il partageait, celui des membres de la commission qui avait déjà ouvert généreusement sa bourse, se décida à un nou-

[1] MAAN, *la Sainte et Métropolitaine Église de Tours,* 1669.
[2] M. Lambron de Lignim.

veau sacrifice pour hâter le départ du locataire occupant la cave où l'on était descendu dès le premier jour, située derrière le mur moderne marqué d'une croix, et où l'on avait espoir de retrouver au moins l'emplacement du tombeau. On était au 14 décembre 1860, jour où l'Église de Tours célèbre la fête de la Réversion, c'est-à-dire, l'anniversaire de la rentrée merveilleuse à la basilique du corps de saint Martin, que la crainte des Normands avait fait transporter à Auxerre, où il est resté plus de trente ans (853-887).

On voulait rétablir la communication entre les deux caves. Celle dont on venait d'entrer en possession, avait été débarrassée. Pour laisser les ouvriers y procéder paisiblement à leur pieux travail, à l'abri de l'empressement de la foule, on fit d'abord murer les diverses entrées qui y donnaient accès. Quelques ouvriers, avec l'ingénieur qui avait bien voulu s'adjoindre à la commission, qui avait déjà dirigé les travaux des premières fouilles et levé le dessin des diverses maçonneries retrouvées sous le sol, étaient ainsi enfermés dans la cave encore inexplorée. Ils n'en devaient sortir qu'en s'ouvrant un passage à travers le mur, par la partie de la basilique déjà rendue au culte, où se trouvaient les membres de la commission. Quelques fidèles des plus fervents étaient avec eux, et aussi un certain nombre d'ouvriers, pour concourir de ce côté aux travaux. On les attaqua énergiquement des deux parts. La lampe brûlait sous la voûte déjà bénite ; et ceux dont les mains n'étaient pas occupées, priaient. On était convenu d'ouvrir la muraille à l'endroit même marqué de la croix. Pour procéder d'accord, on avait percé le mur ; et ce qu'on appelle en termes techniques un *trou de mèche*, mettait les deux groupes d'ouvriers en communication. On reconnut clairement dans la cave, qu'on explorait pour la première fois, la continuation des maçonneries anciennes, constatées de l'autre part. On était bien au rond-point du chœur. Les caves en occupaient l'extrémité, et s'étendaient sous la chapelle de la Sainte-Vierge. L'ouverture à pratiquer était dirigée suivant l'axe de la basilique. On y travaillait ardemment, lorsque l'ingénieur vit, au milieu des décombres, tomber sous le marteau des ouvriers des fragments de pierre blanche. Il regarde avec attention : ces pierres sont liées évidemment par une maçonnerie ancienne ; c'est de la « pierre de Bourré fort blanche », la pierre signalée par le procès-verbal de 1686.

A un intervalle de 65 centimètres l'un de l'autre, se dressent, encastrés dans l'épaisseur du mur moderne, deux petits murs parallèles en « tuffeau très blanc », portant à leur sommet les traces d'un commencement de voûte. Pour l'ingénieur, pour ceux auprès de lui qui ont pris connaissance du procès-verbal de 1686, on est en présence des deux côtés du petit caveau, large de deux pieds, où les cendres de saint Martin avaient été déposées en 1562. L'ingénieur, au premier aspect des pierres blanches, en communiquant par le trou de mèche, avait fait interrompre les travaux dans la cave où brûlait la lampe. Après un pieux et rapide examen, il n'hésite plus : par la même voie, il annonce la découverte à M. Dupont et aux fidèles prosternés et haletants de l'autre côté du mur. Les cœurs s'épanouissent alors, et se soulagent : le chant du *Magnificat* est entonné spontanément ; il retentit sous ces voûtes qui depuis si longtemps n'entendaient plus la prière. Le chant alterne entre les deux côtés du mur moderne : c'est un chœur réglé, unanime, que n'oublieront jamais ceux qui y ont pris part.

Après le *Magnificat,* on se remet au travail avec énergie et prudence. La percée est achevée ; l'espace entre les deux murs en tuffeau est débarrassé. Les membres de la commission peuvent ainsi passer à travers le caveau même, admirer de leurs yeux et baiser ces pierres blanches qui ont si longtemps abrité les reliques de saint Martin, au lieu même où saint Perpet avait déposé le corps du thaumaturge en 473.

XIX

LA BASILIQUE DE SAINT-MARTIN

La découverte, ou, pour parler le langage de l'Église, l'invention du tombeau de saint Martin, eut un grand retentissement au milieu des fidèles. La piété envers l'ancien patron de la France prit un nouvel élan. La dévotion avait désormais un lieu pour se recueillir. Les paroisses du diocèse accouraient les unes après les autres, et le mouvement s'étendit bientôt à toute la France. On s'occupa activement de déblayer les caves où l'on venait de retrouver l'ancien tombeau; on les accommoda provisoirement en manière de crypte; on en ménagea l'accès aux pèlerins. Ils devenaient chaque jour plus nombreux; et l'on dut bientôt s'occuper de protéger contre leur piété les pierres vénérées qui formaient les parois du sépulcre. Je ne veux pas entrer dans le détail des travaux. M. Dupont y contribua toujours de ses prières, de son activité, de sa bourse et de ses conseils.

La Providence paraissait mettre une certaine complaisance à encourager les joies, les désirs et les projets de cette ferveur. Il semble qu'elle prît soin de montrer comment le nouveau, modeste et insuffisant sanctuaire se rattachait aux anciens pèlerinages, dont on voyait reluire comme une nouvelle aube. Dans les premiers mois de l'invention du tombeau, arriva à Tours un personnage de l'Orient, nourri des vieux souvenirs de nos gloires, ignorant de nos désastres, et qui, après avoir accompli comme nos pères le pèlerinage de Jérusalem et celui des Saints-Apôtres, s'était encore proposé ceux de Saint-Martin et de Saint-Jacques. La déception de ce chrétien des pays lointains, et, pour ainsi dire, des anciens âges, fut extrême de ne rien trouver de l'illustre basilique. Quelques mois plus tôt, son long pèlerinage sur cette terre sanctifiée par saint Martin eût paru sans but; au moins put-il s'agenouiller dans la nouvelle crypte, et constater la ferveur et l'empressement des pèlerins.

L'oratoire qui avait été agencé rapidement avant la découverte du tombeau, était insuffisant. C'était le désir et le vœu de tous de le voir orné, agrandi et mis en quelque rapport avec le concours des fidèles et la gloire du Saint. Les désirs et les vœux allaient plus loin.

Réédifier la basilique était encore une pensée chimérique peut-être; ce n'était déjà plus une pensée étrange : elle entrait au contraire dans le sentiment populaire. Tout contribuait à la nourrir et à l'exalter. Ce n'était pas seulement le concours des pèlerins arrivant désormais sans cesse; la présence des évêques, dont les uns voulaient consacrer au saint tombeau, dont les autres relevaient de leur présence les fêtes du Saint et fomentaient de leurs paroles la dévotion du peuple. Cette dévotion s'imposait et se manifestait. Les débris de l'ancienne basilique étaient désormais sacrés. Une des deux tours, la tour Charlemagne, qui fermait jadis le bras septentrional de la croisée de la basilique, et au pied de laquelle avait été ouverte une large rue sur l'emplacement même de l'arc triomphal de l'église, la tour Charlemagne était devenue le point culminant des processions publiques. On disposait, aux fêtes du Saint et à celles du *Corpus Domini*, des estrades ou des reposoirs au pied de cette tour. De là, plusieurs fois par an, les évêques, quelquefois en grand nombre, et, aux jours de la Fête-Dieu, le Sauveur lui-même sous les espèces sacramentelles, répandaient sur ce terrain sanctifié par nos pères des bénédictions abondantes et fécondes.

Cette terre, qu'une voie publique occupait en partie, dont une grande partie était profanée par des maisons livrées aux usages vulgaires, cette terre conservait dans ses entrailles les restes de son ancienne gloire. Ces restes gisaient sous le sol, pleins de force et de vie, tels que les pères les avaient établis, n'attendant pour germer et refleurir au grand jour que le dévouement, le courage et la volonté des fils. Les fouilles exécutées sur les parties de la basilique reconquises par la piété des fidèles, avaient démontré que les démolisseurs s'étaient bornés à raser les anciennes constructions au niveau du sol : au-dessous, on retrouvait les fondations et les premières assises de l'édifice. Il subsistait ainsi sous terre dans son intégrité, avec ses piliers énormes, ses puissants contreforts, tout son dessin et toutes ses efflorescences. On reconnaissait aisément l'œuvre de l'ancienne basilique d'Hervé [1], reposant tout entière sur un immense béton étendu sous le sol de toute l'église; béton inattaquable, dont la vigueur avait émoussé les outils et tous les engins des divers propriétaires, contraints de reconnaître que leurs caves étaient fondées sur un sol impénétrable.

Autour de la basilique d'Hervé, le douzième et le treizième siècle avaient, comme dans beaucoup d'autres églises, brodé, à l'extérieur du chevet et le long des nefs, comme des couronnes et des guirlandes de chapelles puissantes encore, dont les grâces et les fioritures architecturales, les sveltes colonnettes et les élégantes découpures s'appuyaient, se fondaient et se reliaient

---

[1] On trouvera sur ce saint personnage et sur son œuvre des renseignements historiques à la fin du volume, à l'appendice.

en terre à des massifs de maçonnerie énormes et intacts.

Ces constructions, les études dont elles étaient l'objet, les découvertes qu'elles amenaient, n'étaient plus désormais le privilège et la joie de quelques dévots agenouillés au fond d'une cave, auprès d'un pauvre chandelier de fer à trois branches; le rétablissement de la basilique n'était plus le but lointain, le couronnement spéculatif des fatigues et des désirs de six pauvres pèlerins sans relations avec le gros du peuple, n'ayant de recours et de conversation qu'auprès du trône de Dieu : c'était une pensée répandue par toute la cité, qui s'imposait à tous les esprits, qui gagnait tous les cœurs; une pensée vraiment populaire, qui ne s'épanouissait pas seulement en prières de dévotion, en cérémonies de piété, en démonstrations et en solennités religieuses, mais qui allait s'affirmer et se manifester par les organes publics et administratifs de la ville.

Au sein de la prospérité matérielle où l'on vivait alors, la ville de Tours, suivant des exemples et des pratiques en vogue, rêvait de s'embellir à la mode nouvelle, d'ouvrir à travers ses maisons élégantes de nouvelles artères à la circulation, de créer de nouveaux édifices, nécessaires, disait-elle, à sa splendeur, et appliqués aux besoins de l'existence matérielle de ses habitants. A travers ces désirs de luxe et de bien-être, ces recherches de l'élégance et des aisances de la vie, la pensée de saint Martin, présente désormais à tous les cœurs, avait conquis et pris sa place : au milieu des marchés et des promenades dont on rêvait, il fallait honorer publiquement saint Martin d'une façon particulière, consacrer à son tombeau un monument, donner un édifice au protecteur de la patrie, qui commençait à attirer de nouveau les foules sur les bords de la Loire. Quel serait cet édifice? quelle proportion prendrait-il? quelle place accorderait-on, au milieu des magnificences du jour, à l'ancienne gloire du thaumaturge ? Chacun raisonnait sur ce point à sa guise ; personne ne contestait le principe.

L'archevêque, fidèle à sa devise, modérateur de tout ce mouvement, qu'il voulait suivre et satisfaire, tout en en disciplinant les énergies populaires aux limites du possible et à des lois pratiques, l'archevêque prit la parole pour demander le concours du conseil municipal, afin d'élever à saint Martin, sur l'emplacement de son tombeau, un sanctuaire qui répondît à la piété des fidèles. Toujours modeste et discret, le prélat se bornait à indiquer la reconstruction de certaines parties de l'ancienne basilique, qu'il voulait cependant suffisantes à enserrer glorieusement le tombeau. Cette construction devait exiger le déplacement de certaines rues; elle pouvait se combiner avec l'ouverture de nouveaux débouchés; enfin, elle devait entraîner un remaniement assez considérable de la voirie municipale.

Une pareille proposition touchait si vivement aux préoccupations du conseil, elle répondait surtout à un sentiment populaire si puissant et si énergique, que la commission nommée pour l'examiner l'accueillit à l'unanimité. Tenant même le projet pour insuffisant, elle voulut le développer, et sollicita le prélat de songer à la reconstruction d'une partie plus considérable de la basilique. Réservant même expressément et sauvegardant scrupuleusement la pensée d'une reconstruction totale de l'œuvre du Bienheureux Hervé, elle proposait d'en relever le chœur, la croisée et la majeure partie de la nef. En énonçant cette entreprise déjà gigantesque, la commission municipale en donnait un plan étudié; elle regrettait de laisser en dehors de ses projets une des deux tours; elle confiait à l'avenir le soin de rattacher cette tour occidentale à la basilique nouvelle, dont on pourrait toujours prolonger la nef, en complétant l'œuvre du onzième siècle. Le conseil municipal s'associa à ces vœux; il promit l'aliénation du sol des rues, l'accommodement de la voirie urbaine, et une participation pécuniaire, évaluée à la somme de 5 ou 600,000 francs, dans les frais du monument.

Appuyé sur ces promesses et cédant à ce désir vraiment unanime, l'archevêque annonça alors (1861) à son peuple qu'il prenait en main la résurrection de la basilique. Sans se prononcer sur l'étendue de l'entreprise aussi énergiquement que le conseil municipal, il en acceptait les principales données. « L'édifice nouveau », disait-il, « devra être construit sur les fondations de l'ancienne église, que l'on retrouve, à peu de profondeur, en creusant dans le sol, afin que le tombeau, qui est le point invariable, se trouve placé comme autrefois vers le fond de l'abside, et il faudra relier la basilique à la belle tour Charlemagne (la tour septentrionale), qui est dans un état de parfaite conservation ; l'ensemble de tout l'édifice devra présenter, par son ampleur et la beauté du style, un caractère monumental digne des grands souvenirs qu'il est destiné à perpétuer. » C'est à la veille de la fête de saint Martin que l'archevêque parlait ainsi ; et sa parole, son engagement, ses promesses, répandirent l'enthousiasme dans tout son peuple. Les fêtes en revêtirent une nouvelle splendeur, et manifestèrent une confiance et une ferveur particulières. On inaugura une procession des reliques de saint Martin à travers les rues de la ville : on conduisit solennellement le Saint reprendre, pour ainsi dire, possession du sol qui lui appartenait.

Du pied de la tour Charlemagne, les évêques accourus autour du successeur du thaumaturge donnèrent simultanément leurs bénédictions à la foule dévote.

En annonçant son projet de relever la basilique, l'archevêque avait ordonné des quêtes et promis de faire appel au monde entier. En circonscrivant, comme nous avons vu, son premier dessein, il n'en avait pas moins déclaré dès lors que la splendeur de la basilique n'aurait d'autre mesure que la libéralité des cœurs chrétiens. On sait bien, dans le peuple catholique, que cette libéralité n'a pas de mesure, qu'elle peut tout, et qu'elle mène à bonne fin les œuvres les plus grandioses. « Ce n'est pas pour nous seuls », avait dit l'archevêque, « que nous voulons réédifier le sanctuaire de saint Martin, mais pour les fidèles de la catholicité entière... L'œuvre que nous commençons est une œuvre nationale, puisqu'elle a pour objet de glorifier le plus illustre saint de notre pays ; elle intéresse aussi toute l'Église, car je sens au fond de mon âme un pressentiment qui me dit que le rétablissement du culte de saint Martin dans son ancienne ferveur sera le signal et le point de départ d'une rénovation religieuse pour notre pays et pour bien d'autres.»

Ce pressentiment de l'âme de l'archevêque résumait les aspirations des âmes de son peuple.

La rénovation religieuse est la solution de tous les problèmes politiques et sociaux qui oppressent et agitent le monde moderne ; c'est la constitution solide et bienfaisante de la société ; c'est l'ordre, la paix, la prospérité, la gloire, l'honneur de la nation entière. Tous les cœurs étaient à l'espérance, l'enthousiasme ne connaissait point d'obscurité. La lumière était toute prochaine : on allait la voir éclater dans des torrents de grâces. Il s'agissait uniquement de s'y préparer et de se mettre à l'œuvre. Chacun s'y disposait de grand cœur, et l'anniversaire de l'invention du tombeau de saint Martin, quelques semaines après la grande fête de novembre (1861), amena encore à Tours un prodigieux concours de pèlerins.

C'était fête, on peut le dire, dans toutes les âmes, une fête que le démon ne pouvait souffrir, et dont cet antique adversaire, qui jadis rôdait terrible, affamé et ardent, autour du lit de saint Martin, devait chercher à retarder les joies et les bienfaits.

XX

LES ENTRAVES ET LES CONCOURS

Le gouvernement mit le premier entrave à l'allégresse populaire.

L'Empire, ce qu'on appelle le second Empire, avait fait reposer son établissement sur l'instabilité du suffrage universel. Il voulait y puiser un élément de gouvernement : il n'y trouva qu'un principe de révolution et de tyrannie. Il avait toutes les raisons politiques et honnêtes de respecter la volonté populaire au sujet de la réédification de la basilique de Tours : cette volonté était évidente, elle était énergique et salutaire ; elle n'impliquait aucun danger, elle se bornait à espérer du Souverain et du pouvoir central quelque concours, après avoir reçu des magistrats municipaux l'encouragement que nous avons signalé. Comment et pourquoi le gouvernement prit-il parti contre saint Martin ? Il y a là un mystère, un de ces mystères d'aveuglement et de sottise qui ne s'expliquent que par le suprême domaine de Satan sur les esprits et les cœurs livrés à ses suggestions.

Le préfet d'Indre-et-Loire n'eut pas l'esprit de

suivre ou de laisser aller le sentiment général : peut-être en eut-il peur. Il crut bien de s'y opposer. Se rappelait-il l'animosité de son prédécesseur de 1802 ? Au nom du gouvernement, il refusa d'autoriser la délibération du conseil municipal de Tours en faveur de la basilique de Saint-Martin.

Cette ineptie fut un des sacrifices offerts par l'Empire à la démocratie, dont il se flattait de faire un parti gouvernemental. La décision du préfet rompit l'unanimité du concert à la gloire de saint Martin ; elle fit sortir des bas-fonds de la société ces haines du bien, de la religion, de l'honneur, de la liberté et de la lumière, qui depuis un siècle sont la devise et la force de la Révolution. Nous ne décrirons pas le travail du démon. Il n'épargna rien pour insulter son ancien adversaire, ce Martin qui, durant sa vie, poursuivait, chassait et contraignait partout les esprits impurs à rendre hommage à la puissance divine, et qui, toujours victorieux de l'enfer, renversait après sa mort les lois de la nature et attirait les peuples à son tombeau. Les libelles de toute sorte, les pamphlets et les journaux firent rage contre le projet de la nouvelle basilique. Tout ce vain bruit, confiné dans la ville de Tours, où la main de la Providence éclata à diverses reprises par ces coups extraordinaires qui sont tout à la fois des châtiments et des leçons, tout ce vain bruit trouva l'archevêque impassible. Le prélat avait été lent à prendre son parti ; il n'en démordit pas. « Je ne me laisserai arrêter par aucune difficulté, » disait-il. « Le monde entier connaît mon dessein : je le conduirai jusqu'au bout, et ne m'arrêterai que devant l'impossible. » Le prélat était allé à Rome demander la bénédiction du Souverain Pontife. Pie IX avait non seulement béni le projet des Tourangeaux ; il aurait voulu y contribuer des ressources du pauvre trésor pontifical, nourri désormais des aumônes des fidèles.

Le Souverain Pontife donna au moins à l'archevêque un mandat spécial, une mission définie et formelle, au nom de Dieu et au nom de saint Pierre, disait-il, de poursuivre et d'achever cette œuvre nationale ; il y intéressa l'Église de France, et recommanda aux évêques d'y subvenir de tous leurs efforts.

Sous cette bénédiction et ces recommandations, les aumônes abondèrent aux mains de l'archevêque. Les grâces aussi se multipliaient : les mandements du prélat, où il rendait compte, chaque année, de l'état de l'œuvre, rapportent divers exemples de ces faveurs extraordinaires, obtenues par l'intercession de saint Martin et intéressant des familles, des villes entières. « Quoique nous soyons, par la disposition naturelle de notre esprit, » disait le prélat, « et par le devoir de notre charge, fort en garde contre la faiblesse et la crédulité, nous n'avons pu nous empêcher de nous écrier : « Le doigt de Dieu est « là ! »

Le doigt de Dieu se manifestait dans l'attitude et le progrès de l'œuvre. « Ce n'est pas moi », se plaisait à répéter l'archevêque, « qui l'ai créée. Elle est sortie de l'âme, je dirais volontiers des entrailles de notre religieuse Touraine. Cette idée, à peine connue, s'est propagée avec la force et la rapidité du mouvement électrique ; elle est devenue, en un instant, populaire, universelle ; elle s'est imposée à moi plutôt que je ne l'ai inspirée. »

En 1863, il disait encore : « L'œuvre s'avance d'elle-même sous la protection du Ciel, par la force inhérente à toutes les œuvres de la Foi. »

Le conseil municipal, en dépit de l'hostilité de la Préfecture et malgré les menées démagogiques, maintenait son vote et refusait publiquement de le rétracter. Tous les esprits ne montraient pas la même stabilité : quelques-uns, frappés de la mauvaise volonté du gouvernement et effrayés de la guerre qu'elle avait suscitée, s'offraient de concilier tout le monde et d'accommoder la négation avec l'affirmation, en restreignant les projets d'édification de la basilique. On proposait de changer l'axe et l'orientation du nouveau monument, d'abandonner toute la nef à la destruction, et de se contenter de rendre au culte la seule croisée. Ce projet dut être examiné sérieusement. On lui donnait une certaine couleur de piété, en disant que la nouvelle église aurait les proportions et affecterait les formes de la belle église de Candes. Il y avait là une confusion et un vain prétexte : on ne put rien asseoir d'ailleurs, et l'on dut bientôt se convaincre que tout ce projet était illusoire et impraticable.

Saint Martin tenait le sol, il ne voulait pas l'abandonner. Ses amis multipliaient les prières, les pèlerinages et toutes les dévotions. Les aumônes s'amassaient entre les mains de l'archevêque : 400,000 fr. en 1862 ; 600,000 fr. en 1863. Le prélat cependant ne se hâtait pas. Il avait estimé à deux millions environ la dépense de son entreprise. Il attendait, pour songer à se mettre à l'œuvre, d'avoir les deux tiers de la somme entre les mains. Afin de pouvoir attendre avec plus de sécurité, la petite chapelle provisoire avait été agrandie autant que possible : elle pouvait désormais contenir environ quinze cents personnes. On l'avait inaugurée en grande solennité, le 11 novembre 1863.

Le tombeau, protégé tout d'abord contre la piété même des fidèles, et enchâssé dans une grille, fut revêtu quelques années après (1866) d'une magnifique armature de bronze doré, « aussi remarquable par la richesse de la matière que par l'élégance de la forme. C'est une œuvre définitive, qui restera pour orner la crypte de la future basilique, » disait l'archevêque [1]. En donnant déjà cette satisfaction à la piété des pèlerins, l'archevêque remarquait que tout cela était en attendant le jour où le grand projet recevrait sa complète exécution. Ce grand projet, c'était celui de la commission municipale : une église d'au moins soixante-dix mètres de largeur, « du style roman, qui était celui de l'ancienne église », ajoutait l'archevêque.

On ne se bornait pas d'ailleurs, on le voit, à attendre et à prier ; on agissait dans la mesure du possible. C'était le souci de l'archevêque : ne rien forcer, ne pas aller au delà des intentions de la Providence, les suivre seulement, mais les remplir toutes, et se tenir sans relâche prêt à saisir l'heure propice. Si l'on ne pouvait, sans le concours que le gouvernement refusait, commencer les travaux de construction, l'on pouvait au moins acquérir des terrains nécessaires, qui n'étaient pas livrés à la voie publique. Les adversaires de saint Martin suscitaient toute sorte d'oppositions. Au lieu de livrer le sol de la voie publique, ils voulaient reconquérir les maisons

---

[1] Ce beau *ciborium* était le don du catholique généreux qui avait pourvu aux frais des premières acquisitions. « Si Dieu », disait encore l'archevêque, « daignait mettre au cœur de quelques catholiques des pensées aussi élevées et aussi généreuses, la basilique serait bientôt reconstruite. »

déjà acquises : ils comptaient sur la loi d'expropriation ; et aux projets d'embellissements de la ville, qui avaient embrassé la reconstruction de la basilique, ils rêvaient de substituer l'établissement de jardins et de squares, afin d'évincer de son petit domaine l'œuvre de Saint-Martin. Tout à coup l'on apprit que cette œuvre venait d'acquérir toutes les maisons qui couvraient le sol de l'ancienne basilique, de sorte que tout le terrain nécessaire à la construction de l'église, hormis celui de la voie publique, se trouvait désormais entre les mains de la commission.

Cette opération, où furent employés près de six cent mille francs, avait été conduite avec une célérité et un secret où l'intervention des bons anges et la puissance de saint Martin n'avaient sans doute pas été étrangères. En quinze jours, les divers contrats avec une vingtaine de propriétaires furent débattus et signés, sans que personne n'en eût eu connaissance ; et le projet se trouva réalisé avant d'être ébruité.

Cette conquête exaspéra les esprits pervers qui avaient consenti à se faire les instruments de la vieille haine de Satan contre saint Martin. Il y avait au sein même du conseil municipal quelques-uns de ces malheureux esprits. Ils firent rage contre les dévots à saint Martin. Ce fut en vain : ils ne purent entamer la majorité, qui resta fidèle à son premier projet et repoussa énergiquement toute proposition pouvant tendre à en affaiblir la vigueur.

Cependant les élections de 1865 modifièrent le conseil municipal. La démocratie, que le gouvernement avait voulu flatter et conquérir, se trouva victorieuse ; son premier soin fut de rapporter la décision de 1861, favorable à la reconstruction de la basilique. A la rigueur, l'œuvre pouvait se passer du concours financier de la ville : les aumônes que l'archevêque avait recueillies, et qui atteignaient déjà presque le chiffre d'un million, répondaient de l'avenir. Mais la question d'argent, qu'on pouvait tenir pour résolue, n'enlevait pas les pires obstacles. Humainement parlant, on ne pouvait construire sans l'agrément du conseil municipal, maître du sol de la voirie.

Comment triompher de cette mauvaise volonté ? comment la tourner ? On agita de nouveau un projet de construction restreinte, modifiée dans son axe : on chercha le possible, tout le possible. Le résultat de ces examens fut que rien n'était possible, rien n'était praticable que le projet sorti de l'âme du peuple, le projet qui s'était imposé dès les premiers jours, le projet de la reconstruction de la basilique du Bienheureux Hervé.

Voilà treize ans bientôt que les autorités démocratiques qui, après avoir dominé la ville aux dernières années de l'Empire, ont perpétué leurs pouvoirs despotiques à l'aide du gouvernement républicain; il y a treize ans que ces autorités s'opposent au vœu populaire et résistent à un projet national. La dévotion ne se lasse pas; elle persiste, elle espère. Martin a vaincu d'autres tyrans. Cela finira par la reconstruction de la basilique, gage, espoir, aurore de la résurrection de la France. C'est le sentiment des évêques, c'est la conviction des fidèles. Le triomphe est assuré; la résistance du conseil municipal retarde, mais n'empêchera pas l'accomplissement de l'œuvre. Elle s'affirme en présence des oppositions et des contradictions: les impossibilités humaines ne peuvent renverser l'espérance, qui est divine. Il faut que le mouvement de piété et de confiance en saint Martin se propage partout, et soulève la France entière. Nous ne pouvons noter et décrire tous les pèlerinages que les dévots au puissant patron de la France ont organisés et accomplis, depuis déjà vingt-cinq ans, dans tous les lieux sanctifiés par saint Martin: nous avons nommé Candes, Ligugé, Marmoutier, Olivet.

Tantôt c'étaient les membres de l'œuvre de Saint-Martin qui allaient, au milieu de leurs perplexités, invoquer seuls modestement le secours du Saint et le triomphe de la volonté et de la gloire de Dieu; tantôt c'étaient des foules immenses qui partaient de Tours dans les mêmes intentions. Le pèlerinage de Candes est entré désormais dans la dévotion du peuple de Tours. Tous les ans c'est une fête nouvelle, toujours plus solennelle, plus imposante et plus nombreuse. On unit depuis quelques années le culte de la sainte Vierge à celui de saint Martin : après leur station à Candes, les pèlerins vont visiter et honorer Notre-Dame des Ardilliers, au diocèse d'Angers, qui n'est qu'à peu de distance.

Ces pèlerinages qui sortent de Tours, alternent avec ceux qui y accourent. Les diverses fêtes de saint Martin, auxquelles la piété des fidèles a ajouté l'anniversaire de l'invention de son tombeau, attirent de grands concours. Le 11 novembre est surtout célébré avec pompe. Les orateurs les plus illustres s'y font entendre. Les grandes voix de l'épiscopat se complaisent à redire la gloire de saint Martin : après l'évêque de Poitiers, qui inaugura, nous l'avons vu, tout le mouvement, qui le prédit véritablement, et le précisa avec la force et la délicatesse de sa parole pénétrante, l'évêque de Tulle [1] avait fait entendre sa voix prodigieuse et charmante, nourrie des éruditions et des doctrines les plus élevées et les plus profondes, pleine des illuminations de la plus exacte théologie, et tout

---

(1) Mgr Bertheaud.

imprégnée des splendeurs, toute revêtue des clartés fulgurantes de la vérité.

Nous ne pouvons nommer tous les orateurs qui, depuis vingt ans, sont allés célébrer sur son tombeau la grandeur de saint Martin, et presser la résurrection de la basilique. Notons cependant l'évêque exilé de Genève, le successeur de saint François de Sales, qui, comme son saint et son père, ainsi qu'il dit lui-même, au milieu des tristesses de son exil et des sollicitudes de la persécution, aime à dépenser son zèle et à donner sa vivante et pénétrante éloquence aux œuvres de la France.

Faut-il remarquer qu'au milieu de tout ce mouvement, l'empereur, qui ne savait pas arrêter la guerre que ses agents faisaient à Dieu et à ses saints, s'était séparé de son gouvernement et avait voulu personnellement concourir à cette réédification de la basilique, que contrariaient et suspendaient ses préfets et ses ministres? Les aumônes de l'empereur et celles de l'impératrice ont, en effet, grossi le trésor de saint Martin.

Mais ce n'était pas seulement en recueillant des aumônes, en gagnant du terrain, en attirant des pèlerins à Tours, en en envoyant au loin, que l'œuvre de Saint-Martin manifestait sa vie. Autour du tombeau retrouvé, elle n'avait pas seulement fait germer des ornements splendides, établi des autels, accommodé une chapelle, où les visiteurs ne manquaient jamais; elle s'était encore affirmée en attachant au tombeau une prière particulière et permanente.

Dès les premières années, l'archevêque avait installé un chapelain à la garde du tombeau. Le jeune et pieux abbé Albert de Beaumont, d'une des meilleures familles de Touraine, avait dépensé son zèle et sa vie à répondre aux ardeurs des pèlerins. Au mois d'août 1867, il mourait épuisé, consumé d'amour et de prière, après avoir donné à saint Martin, avec sa vie, tout ce dont il avait pu disposer en ce monde.

Le service du saint tombeau excédait désormais les forces d'un chapelain. « Nous devons », disait l'archevêque, « y attacher un plus grand nombre d'ouvriers »; et, en attendant qu'il lui fût donné d'y « rétablir, comme dans les temps anciens, la prière publique et le chant quotidien des louanges du Seigneur », le prélat appela les religieux oblats de Marie au ministère apostolique et à tous les travaux de la piété et de la charité, auprès du saint tombeau.

Désormais un corps de missionnaires desservit le sanctuaire de Saint-Martin. D'autres œuvres étaient depuis longtemps installées à l'entour. Nous avons parlé de l'œuvre du vestiaire des pauvres, rappelant, tous les jours et à chaque instant, le grand acte qui préluda à la vie apostolique de saint Martin, le partage de son manteau de soldat avec un pauvre. Nos rois, jadis, avaient voulu perpétuer parmi le peuple la mémoire sensible de cet acte : ils avaient institué à la basilique de Saint-Martin une fondation pour subvenir aux besoins d'un pauvre, qui devait porter un habit de deux couleurs. La nouvelle œuvre du vestiaire, en appliquant au service des pauvres les vêtements de toute sorte mis à sa disposition par la charité, ne rappelle-t-elle pas plus heureusement et plus directement encore le manteau coupé en deux par saint Martin ?

Le titre de soldat et le long exercice du métier des armes du grand Saint appelaient aussi à son tombeau les œuvres militaires. Elles sont installées, en effet, depuis plusieurs années déjà, dans les maisons et les dépendances de la nouvelle chapelle : ainsi, en attendant que les autorités municipales soient vaincues, ou tout au moins lasses de résister au sentiment populaire, ces terrains, où la piété des fidèles voudrait relever les splendeurs de la maison de Dieu, faire étinceler la gloire de saint Martin, éclater les magnificences du culte et de l'honneur du Saint, sont consacrés au salut et à l'édification des âmes, à toutes les salutaires pratiques de la prière et de la charité.

XXI

LA BIENHEUREUSE JEANNE-MARIE DE MAILLÉ.
LE SANG DE SAINT MAURICE

Il y a sans doute, dans tout ce que nous venons de rapporter, des motifs puissants d'entretenir la dévotion des fidèles. La Providence paraît prendre, en outre, le soin de susciter et de raviver leurs espérances. Je ne veux pas seulement parler de diverses grâces éclatantes, obtenues auprès du tombeau. Les murs de la chapelle sont recouverts, et la chapelle est remplie d'ex-voto de toute sorte. Nous avons déjà fait allusion aux merveilles qui avaient touché parfois une ville entière et attiré de nombreuses populations en actions de grâces. Nous ne voulons pas nous arrêter à cette faveur des premiers jours, qui rendit instantanément la santé au supérieur du grand séminaire de Tours et amena, auprès du tombeau, une démonstration solennelle de gratitude de la part du séminaire et d'une grande partie du clergé du diocèse.

Nous voudrions insister sur des manifestations plus singulières, des manifestations de piété et de reconnaissance, éveillées tout à coup au milieu de ce peuple de Touraine qui paraissait depuis longtemps endormi dans la tiédeur, et qui s'est montré plein d'enthousiasme et de tendresse pour ses saints, d'amour et de foi pour son Dieu. Nous avons signalé l'émotion profonde, subite, inouïe, qui emporta toutes les âmes dans la louange et la confiance au sujet de la Bienheureuse Jeanne de Maillé. Nous avons dit combien avait été ardente la piété populaire envers cette gardienne du tombeau de saint Martin ; cette grande dame devenue, pour l'amour de Dieu, une simple *érémitière,* et plus tard une servante des pauvres et de tout ce qu'il y a de plus dégradé parmi les pauvres. La longue vie de Jeanne de Maillé, ses aventures merveilleuses, l'illustration de sa naissance et de son mariage, les humiliations qu'elle embrassa et garda durant son long veuvage, avaient laissé des traces profondes dans l'esprit du peuple de la Touraine. Ces traces semblaient effacées depuis la Révolution. Le procès de la béatification, comme tant d'autres, avait été suspendu ; et le résultat de l'émotion extraordinaire qui s'éveilla parmi ce peuple, qu'on tenait pour indifférent, lorsqu'il se persuada à tort qu'en déblayant le terrain du théâtre [1], on avait trouvé le tombeau de cette Vénérable ; le résultat fut de porter la cause de-

---

(1) L'ancienne église des Cordeliers, dont nous avons déjà parlé.

vant la Congrégation des Rites, qui approuva le culte de Jeanne de Maillé et donna le titre de Bienheureuse à cette pieuse gardienne du tombeau de saint Martin.

Si le corps de la Bienheureuse semble désormais perdu, sa mémoire était restée et demeure vivante. Son portrait est bien placé aujourd'hui dans la chapelle du tombeau de saint Martin, et le culte de ces deux saintes mémoires devait être uni. C'est à l'avant-veille de la grande fête annuelle de saint Martin, en 1869, que le témoignage populaire se produisit en faveur de Jeanne de Maillé, et retentit au milieu des pèlerins du thaumaturge. La procédure ouverte par l'archevêque fut portée à Rome. Au bout de trois ans, l'Église de Tours fut autorisée à solenniser la fête de cette dévote de saint Martin et de son tombeau.

L'éclat de cette solennité, les fêtes et les manifestations publiques dont elle fut l'occasion, n'étaient pas pour arrêter la piété des reconstructeurs de la basilique. Quelques mois après, on découvrait à Candes le sang de saint Maurice. On sait la belle et touchante histoire de cette admirable relique.

Saint Martin, en revenant de Rome, passa par le Valais, et ne put s'y procurer des reliques des martyrs de la légion Thébaine. Il se rendit alors dans le petit vallon où avaient été immolés les martyrs, et s'y mit en prière, demandant au Dieu qui doit, au jour du jugement, en un clin d'œil, rassembler la poussière de tous les corps, de lui donner quelques gouttes du sang des martyrs dont avait été imbibée la terre qu'il foulait. Le saint évêque se courba ensuite, et, saisissant l'herbe d'une main, de l'autre armé d'un couteau, il en coupa les brins. Il vit alors dégoutter des brins d'herbe un sang merveilleux, dont il emplit avec respect diverses fioles, que lui présentaient des anges, dit une légende. Saint Martin distribua à ses amis ces fioles doublement miraculeuses. Il en donna une au monastère même de Saint-Maurice, où on la voyait encore en 1668, quand le musée hagiographique des Bollandistss en prit la description. C'est une manière d'agathe, et le travail en est d'une finesse merveilleuse. Un autre de ces vases était conservé dans la basilique du tombeau de saint Martin. Un troisième, donné par le Saint à son disciple saint Maurille, était révéré à Angers. Saint Martin en portait toujours sur lui un quatrième. A sa mort, cette dernière fiole resta à l'église de Candes, où son existence avait été constatée plusieurs fois [1].

[1] Les *Bollandistes* de la fin du dix-huitième siècle ne se sont pas montrés fort respectueux pour cette relique doublement miraculeuse du sang de saint Maurice ; et le P. Jean Clé en méprise l'histoire comme fabuleuse. Les raisons qui le conduisent à cette conclusion, ne paraîtront peut-

Cette relique, vénérable à tous les fidèles, devait singulièrement réjouir M. Dupont. Il passait sa vie, depuis des années et des années,

être pas très solides. La première est le silence de Sulpice Sévère sur le passage de saint Martin dans le Valais. Mais Sulpice a pris soin lui-même de déclarer qu'il ne mentionnait pas tous les faits de la vie de son héros, et véritablement il n'avait pas besoin de faire cette remarque : elle est de bon sens. Le témoignage de l'historien de saint Martin ne corrobore pas, mais n'infirme pas l'assertion de l'Église de Tours : car il faut dire que les faits relatifs à l'invention du sang de saint Maurice par saint Martin sont consignés dans les offices de la sainte Église de Tours. Le P. Jean Clé est bien un peu léger envers ce témoignage. Il prétend qu'il n'a d'autre origine qu'une lettre des chanoines de Saint-Martin à un évêque de Cologne, vers 1168. Cette source ne laisse pas cependant d'être grave ; il ne suffit pas, pour en détruire la valeur, de dire que les détails en ont été consignés par écrit dans un temps où les écrivains étaient jaloux de mêler des fables aux monuments sacrés. Pour accuser de la sorte un grand corps ecclésiastique, comme le chapitre de Saint-Martin, peut-être eût-il fallu produire autre chose qu'une réflexion générale, vague et un peu arbitraire? En tout cas, il ne fallait pas rejeter ceux des témoins subsistant encore du temps du P. Clé, invoqués par les chanoines du douzième siècle. Ces témoins sont les fioles de sang conservées et vénérées dans les églises de Sion et d'Angers, dans la basilique de Tours et dans la paroisse de Candes. La fiole vénérée à Saint-Martin de Tours préoccupait beaucoup le Bollandiste ; sans s'occuper de celle que son confrère, le P. Bierman, avait vue à Agaune, et qu'il a décrite à la demande de Henschenius, il insistait sur la disparition de celle de Tours, comme s'il eût été difficile d'admettre qu'elle avait pu périr, en 1562, avec tant d'autres reliques vénérables que les huguenots brûlèrent pendant qu'ils dominaient la ville. On sait qu'ils avaient établi des fourneaux, dont on retrouve les traces, dans la basilique, pour brûler les reliques et fondre les reliquaires. L'inventaire qu'ils dressèrent des objets précieux qu'ils détruisirent, note expressément une grande châsse de vermeil contenant les reliques de saint Maurice et de ses compagnons.

Pour étayer son argumentation, le P. Jean Clé argue de raisons auxquelles Papebrock, le grand Papebrock, qui,

à remplir des fioles, comme avait fait un jour saint Martin dans le Valais. La liqueur qu'il versait dans ces petits vases, lui rappelait l'huile que saint Martin avait employée plusieurs fois à ses miracles, et cette autre huile non moins bien-

malgré certaines tendances à la témérité, qu'on ne peut reprocher à Henschenius ni à Bollandus, avait les principales qualités dont se compose le génie de l'érudition, n'aurait jamais voulu souscrire. Le P. Jean Clé essaye, en effet, de confondre la fiole du sang de saint Maurice, conservée et vénérée pendant tant de siècles à la basilique, avec une fiole d'huile de saint Martin, conservée à Marmoutier. On sait que l'huile a été plusieurs fois employée par saint Martin pour accomplir ses miracles. Sur son tombeau, cette liqueur a été l'occasion et le sujet de plusieurs merveilles. La fiole, l'ampoule qui se conservait à Marmoutier, sous le titre d'huile de saint Martin, aurait servi au sacre de Henri IV; et le Bollandiste, s'efforçant de la confondre avec celle du sang de saint Maurice, gardée dans le trésor de la basilique, se demande si le plus merveilleux des miracles n'est pas que cette fiole ait pu contenir tour à tour du sang ou de l'huile, de saint Maurice ou de saint Martin, au gré et au goût de chacun. Il ne faut pas s'arrêter sur une telle discussion : elle est vraiment indécente. On peut remarquer que le P. Jean Clé, qui s'en rendait coupable peu d'années avant la suppression de la Compagnie de Jésus, prêta ensuite, dans son grand âge, quelqu'un des serments que la Révolution réclamait du clergé et qui furent condamnés par la sainte Église. Les derniers Bollandistes, qui ont consigné ce triste fait, ne disent pas si cet hypercritique eut le bonheur et la grâce de se rétracter avant de mourir.

N. B. — Un père de la Compagnie de Jésus, sans prétendre défendre l'indécente dissertation du P. Jean Clé, a bien voulu me donner avis que cet hypercritique avait pu rétracter ses mauvais serments et était mort dans la communion de l'Église. Dieu fasse la même grâce à tous les détracteurs de ses merveilles !

J'ajoute, sur le sang de saint Maurice recueilli par saint Martin, qu'au témoignage de l'Église de Tours il faut joindre celui de l'Église de Reims. Saint Hildegarde avait assisté à la fête de l'Extraction (*Excerptionis*) du sang de saint Maurice, dont cette Église faisait un office solennel.

faisante, recueillie sur le saint tombeau et aux lampes qui jadis y brûlaient sans cesse, huile dont la tradition redit les merveilles.

Je ne m'étendrai pas sur la constatation du sang de saint Maurice par la sainte Église métropolitaine de Tours, sur le précieux travail et la matière singulière du vase retrouvé à Candes, et sur les divers caractères de la plus vénérable antiquité reconnus à cette précieuse relique. Le vase que l'église de Sion conservait encore en 1668, et qu'elle s'enorgueillit de tenir des mains de saint Martin, comme la paroisse de Candes s'applaudit d'avoir reçu le sien de la volonté même du Saint, qui en avait disposé pour l'église du lieu où il mourrait, et qui, on le sait, fut prévenu, avant de quitter Tours, qu'il mourrait à Candes; ce vase de Sion existe-t-il toujours? La description qu'en a faite un Bollandiste, — 1668, — concorde avec les étranges caractères du vase retrouvé à Candes, et proposé de nouveau désormais à la vénération des fidèles.

Le culte des reliques est un ferment de dévotion : ces inventions se rapportant à saint Martin et les manifestations qu'elles suscitaient, ne pouvaient que nourrir et développer la piété des fidèles. Le mouvement qui se faisait autour du tombeau, et qui doit se résumer par la reconstruction de la basilique, s'accroissait tous les jours. Il était, nous l'avons déjà constaté, manifeste aux yeux de tous. Les grandes attractions qui amenaient à certains jours des foules immenses au tombeau, proclamaient à haute voix la confiance populaire, toujours fervente, en saint Martin, et l'inépuisable vertu du thaumaturge. Ces cérémonies splendides, présidées et encougées par les divers évêques de France; ces troupes innombrables qui, à de certains jours, partaient de la ville pour aller, quelquefois au loin, honorer le Saint, dans quelque lieu consacré par sa présence ou enrichi de quelqu'une de ses reliques; cette reprise de possession d'une partie du sol de la ville qui lui avait été autrefois consacré : tout cela était le réveil éclatant, singulier, incompréhensible, d'une puissance avec laquelle il fallait compter désormais, et contre laquelle s'étaient ligués les préjugés, les passions, la sottise, en un mot, toutes les forces de l'enfer. Le gouvernement de l'Empire s'était mis à leur dévotion; celui de la République y était bien davantage encore : il déployait contre le sentiment populaire toutes les ressources du suffrage universel. Les manifestations se renouvelaient néanmoins plus nombreuses, plus solennelles, plus imposantes que jamais.

XXII

LE LEVAIN. — LA CORRESPONDANCE DE M. DUPONT

Si les contradicteurs ou les indifférents ne pouvaient se rendre compte de la vertu de ce mouvement, éclatant tout à la fois et mystérieux à leurs regards, ils savaient bien néanmoins en démêler le principal agent, ils en désignaient le promoteur. M. Dupont avait beau ne pas se produire, s'appliquer à honorer chez lui la sainte Face et à en distribuer l'huile bienfaisante; si l'on raillait la vertu de ses procédés, on en voyait, on en palpait les effets. La voix publique proclamait que c'était bien lui qui avait soulevé les foules, qui les avait ramenées autour du tombeau de saint Martin, qui avait reconquis ce tombeau, et qui voulait relever la basilique. Comment remuait-il les pierres? comment agitait-il les hommes? Là était le mystère irritant. Le résultat ne pouvait se nier. C'était M. Dupont qui, tour à tour, envoyant ou attirant les masses de fidèles dans tous ces pèlerinages, en arrivait à bouleverser et à transformer la ville de Tours.

On se rappelait cette ville paisible, endormie

dans les délices de la terre, sans zèle extérieur, où le nom de saint Martin éveillait à peine un écho, où les fêtes de ce grand patron n'attiraient aucun étranger, ou du moins n'interrompaient pas le cours ordinaire des choses de la vie. On ne se rendait pas compte comment le dévot à toutes les dévotions, le croyant facile à tous les miracles, le propagateur assidu de l'eau de la Salette, l'adorateur nocturne du saint Sacrement, l'apôtre obstiné de la sainte Face, le disciple ardent d'une petite portière du Carmel, avait pu conquérir une telle influence, et communiquer ses ardeurs mystiques à tout un peuple. Le fait, néanmoins, était sensible et flagrant : tous en convenaient.

Un Tourangeau qui, après n'avoir pris qu'un petit lustre dans l'armée, en a conquis un assez ridicule dans les lettres; un écrivain dont la perspicacité n'est pas le fort, et qui n'a jamais constaté que ce qui crève les yeux à tout le monde, a proclamé, dans une feuille que nous ne voulons pas nommer et qui s'honore de sa collaboration, que cette transformation de sa ville et tout l'élan de dévotion qu'elle attire et auquel elle répond envers saint Martin, était bien uniquement l'œuvre de M. Dupont.

M. ***, qui se dit Saint-Genest, a vu M. Dupont; il a été à même de connaître son mode de vie. Il ne s'explique pas l'influence prodigieuse du saint homme, qu'il traite de « fou » d'ailleurs, et dont il décrit la prière persévérante et « extravagante ».

Sans discuter avec M. ***, dit Saint-Genest, on peut constater l'écho qu'il rend du sentiment général. Ce que ce soi-disant Saint-Genest écrit en effet, d'habitude il ne l'invente pas; on entend en lui la voix commune. Amis et ennemis, partisans et adversaires des pieuses manifestations et des pèlerinages, associés ou dédaigneux de toutes ces prières, de tous ces efforts pour la reconstruction de la basilique, tous proclament que, du fond de son oratoire, dans sa vie isolée et fervente, dans ses oraisons persévérantes et ses communications intimes avec le Seigneur, M. Dupont a été l'instigateur de la reconstruction de la basilique, le restaurateur des pèlerinages de Saint-Martin. Lui, le saint homme, il reportait la gloire de tout à la médiation de la sœur Saint-Pierre et à la puissance de la sainte Face. Sa correspondance en fait foi : ses lettres le montrent toujours uniquement appliqué au service de la sainte Face, sans un moment de répit. Il n'en allait pas moins saluer de tout cœur ses amis éloignés; il eût été jaloux de les voir. « Je ne « puis bouger, » écrivait-il : « vous qui avez « moyen de le faire, venez donc. Que de choses « nous aurions à nous dire devant la sainte « image! »

Sa cordialité ne se ralentissait pas au service de Dieu. Un des membres de la conférence de Saint-Vincent de Paul, en familiarité avec lui, venait de se marier et avait quitté Tours. « Ah ! » lui écrivait M. Dupont, « venez nous voir, et « amenez madame ***. Ma mère tient à la rece- « voir. Maintenant que vous êtes marié, vous « nous échappez à moitié, et nous voulons vous « connaître encore tout entier. »

Comme il vivait, nous le savons, dans le cycle de l'Église, son cœur et sa piété saluaient tour à tour ses amis éloignés; il était heureux quand ceux-ci le prévenaient. « C'est à notre glorieux « patron que je dois le bon souvenir de votre « chère lettre, et je suis bien disposé à lui en « rendre grâces. Nous pouvons croire que le « vainqueur d'Attila veille d'une manière parti- « culière sur Pie IX. Cette pensée m'a infini- « ment consolé depuis les premières vêpres de « saint Léon » (avril 1864).

Une autre fois, c'était lui qui prenait l'initia-tive; comme le temps lui manquait souvent, il saisissait parfois des occasions un peu prématu-rées : « Je prends les devants pour vous souhaiter « la bonne fête prochaine, » écrivait-il dès le 1er avril (1870). Mais il ne manquait pas à rappeler avec bonheur « la fraternité établie « entre nous par notre glorieux patron, notre « grandissime patron, » écrivait-il un jour (1874).

La gloire de ce puissant patron le préoccupait vivement ; les événements contemporains ne faisaient qu'exciter le recours et la confiance du vieux Pèlerin. « C'était hier la fête de notre
« saint patron (1857) ; j'y ai songé tout particu-
« lièrement à la réception de mon courrier.
« L'abbé d'Outremont entra au moment où j'en
« achevais la lecture, et nous fîmes une excur-
« sion dans son bréviaire. Je vous en envoie un
« extrait. La pensée nous vint de mettre à pro-
« fit, pour les besoins actuels de l'Église, l'inter-
« vention du grand Pontife du cinquième siècle,
« moins fécond en fléaux de Dieu que le dix-
« neuvième. Je dois proposer à Hallez de faire
« un petit dessin qui représenterait Attila ren-
« gaînant son épée, et au bas on mettrait quel-
« que chose qui ressemblerait à l'invocation que
« je soumets à votre correction [1]. Je pense en
« même temps qu'il serait mieux encore de faire
« prendre une copie du tombeau de saint Léon,
« à Rome. La scène d'Attila y est fort belle, dit
« l'abbé d'Outremont, et assurément la contri-
« bution que nous ferions payer à Rome dans la
« circonstance, ne nuirait pas à l'effet que

---

[1] Voici cette invocation : « Grand saint Léon, qui avez été si merveilleusement secondé dans votre entrevue avec Attila, obtenez-nous, par votre puissante intercession, d'être visiblement protégés par les anges, quand nous combattons pour la gloire de Dieu et le triomphe de la sainte Église, notre mère. Ainsi soit-il ! »

« l'image de saint Léon peut, avec la grâce de
« Dieu, produire. J'attends un petit mot de ré-
« ponse, » ajoutait-il humblement, avec insistance.

Il aimait ce commerce de devises et d'images;
s'il se complaisait à en faire faire, il se plaisait
aussi à en offrir. Tout lui servait de témoignage
et de souvenir. Ses lettres étaient brèves : la
pensée et le sentiment étaient réduits aux plus
justes mots. Au bas d'une de ces courtes épîtres,
il inscrivait de sa plume, toujours courant : *Vue
prise de mon jardin;* et il mettait sous le pli une
petite vue des deux beaux clochers de Saint-
Gatien, qu'on aperçoit en effet de son jardin.
Leur vue devait rappeler, à l'ami qui recevait
ce souvenir, tant de détails touchants de l'hos-
pitalière et bienfaisante maison.

Le saint homme traitait tout avec délicatesse.
Les vues généreuses de la foi, que les hommes
trouvent parfois si rudes, s'unissaient sous sa
plume, dans les douleurs de ses amis, à une
force et à une onction extraordinaires.

« Je voudrais avoir le moment de vous dire
« que ma mère et moi nous prenons une part
« sincère à la douleur que vous venez d'éprou-
« ver. Cette douleur n'aura pas été sans conso-
« lation, j'en ai la douce pensée. Samedi dernier,
« le bon abbé*** payait, lui aussi, sa dette à la
« mort. C'est une grosse affaire, et la sainte
« Église engage à porter bien tristement le deuil

« de ceux qui ne s'en préoccupent point. Mais
« quand il s'agit des âmes saintes, éprouvées
« par une longue vie, ou qui ont fait prématuré-
« ment pénitence, la sainte Église ne craint pas
« de blesser le cœur des survivants en disant :
« *Beati mortui!* » (mai 1855). C'est le cœur
qui parle; et, comme toujours, il parle bien. Le
cœur de M. Dupont était tendre et riche.

C'était une de ses tristesses de ne pas voir ses
amis autant qu'il eût voulu. « Quand nous re-
« verrons-nous? Moi qui me fais vieux, dois-je
« penser que ce ne sera que dans le ciel? » Il
saisissait tous les prétextes pour demander une
visite. « Faites donc le projet de venir à la fête
« de saint Martin » (1855). Et quand le tombeau
fut découvert : « Ne viendrez-vous pas visiter le
« tombeau de saint Martin? Quelle grande affaire!
« quelle heureuse affaire, au dire de dom Gué-
« ranger et de Mgr Pie! » (1863). « Ah! « écrivait-il un autre jour, « que de grâces obtenues
« (par la sainte Face)! Je voudrais que vous
« pussiez passer quelques jours en manière d'en-
« quête, avec votre vieil ami de la rue Saint-
« Étienne. » Le vieil ami n'avait pas le temps
de s'épancher : « Deux mots seulement au-
« jourd'hui, » écrivait-il, « parce que mon cour-
« rier est de quinze lettres. » (octobre 1859).

« Le pauvre Pèlerin est tellement encombré
« d'affaires devant la sainte Face (1863) toujours

« miséricordieusement penchée vers ceux qui
« mettent en elle leur confiance, qu'il n'écrit
« plus que des lettres d'affaires. Je le regrette :
« nous aurions bien des pensées à échanger....
« Toujours le même terre à terre (1869)! cloué,
« rivé à la besogne de la Sainte-Face! jamais
« un moment de loisir! jamais l'initiative d'une
« correspondance!... » En même temps, la vieillesse arrivait avec ses ralentissements. Il en prenait son parti assez gaiement : « Vous vous faites
« vieux, je le suis depuis plusieurs années
« (1864); et ce qui est assez piquant, je me
« trouve avoir sur les bras une besogne de jour
« en jour croissante, tout en même temps que
« j'entre dans l'isolement qui se fait autour de
« moi. » Et il ajoute aussitôt : « Continuation
« des grâces devant la sainte Face. »

C'était là pour lui désormais la vie, la joie, la force, la vivifiante jeunesse, malgré l'isolement dont la mort de sa mère lui faisait sentir le poids. Cette mort avait été en effet le dernier dépouillement. Son cœur, uniquement à Dieu, ne s'en reportait pas moins vivement encore vers ses amis. Il ajoutait en post-scriptum à l'avis funèbre qu'il faisait donner à un absent : « Ce
« matin (6 février 1860), mon cher ami, au mo-
« ment où le ciel s'ouvrait pour ma mère, ma
« pensée s'est vivement reportée sur le secours
« que vous et d'autres amis m'avez prodigués

« en décembre 1847 (à la mort de sa fille). J'en
« ai trouvé d'autres encore aujourd'hui. Dieu est
« toujours bon. »

Tout l'homme est dans ce dernier mot. Il envisageait la bonté de Dieu dans ce dernier isolement de sa vie, et il acceptait avec une certaine gaieté la vieillesse, ses ralentissements et même ses infirmités : car les infirmités se mirent aussi de la partie pour restreindre et arrêter les commerces où il aurait pris plaisir. « La
« goutte, qui me tient les mains, me force d'a-
« bréger. Comme vous continuez à dire de bonnes
« choses (cette lettre est adressée à l'un des ré-
« dacteurs de *l'Univers*) je pense que vous ne
« serez pas pris par les mains... Que de choses
« on aurait à se dire ! » (mars 1875). C'est à cela qu'il en revient toujours.

Quand il reçoit des nouvelles des amis absents, son cœur déborde. « Ces jours-ci, j'ai reçu une
« bonne lettre de l'ami E. de N., datée de Tri-
« chinopolis : Maduré, Indes, voie de Suez. Telle
« est l'adresse. Il me parle de la joie qu'il éprou-
« vait, tous les quinze jours, à faire le caté-
« chisme aux apprentis... lorsque vous ne lui
« preniez pas sa place. Aujourd'hui personne ne
« prend sa place de catéchiste au milieu de ses
« petits Indiens, ses *perles* et ses *délices,* d'où il
« a extrait une petite congrégation de châles
« noirs et gris. »

E. de N. était un jeune membre de la conférence de Saint-Vincent de Paul, d'un esprit fin et un peu bizarre, qui, après avoir goûté avec zèle aux œuvres de charité à Tours, avait fait ses études théologiques à Rome, et était entré dans la Compagnie de Jésus, avec le désir de s'y vouer, sans prétendre à l'honneur du sacerdoce, aux travaux apostoliques, et surtout aux œuvres de la jeunesse. A Tours, il avait cru faire une remarque sur la tenue des dévotes fréquentant les églises; et il appliquait les expressions de *châles gris* ou *noirs* aux filles modestes, de bon esprit et de grande piété, allant droit et ferme vers Notre-Seigneur. M. Dupont et ses amis s'étaient prêtés à cette folie : de là les mots que nous avons reproduits. Les adeptes en étendaient et en appliquaient la signification à toute âme vivante et claire, tenant hardiment la voie de la simplicité et de l'amour de Dieu.

Heureux et joyeux, on le voit, de recevoir des nouvelles de ses amis, M. Dupont savait entrer dans leurs joies et dans leurs devoirs, les féliciter rapidement, et rapidement aussi leur donner de bons conseils. « J'ai devant moi une « minute pour vous souhaiter pour Rome bon « voyage, bon retour. Chargez-vous de nos vœux. « *Angelus Domini comitetur te euntem, commo-* « *rantem et revertentem* » (avril 1875). « Nous « prierons pour vos enfants à l'adoration noc-

« turne, mais tout particulièrement pour celui
« qui se dispose à recevoir la sainte communion.
« Faites-lui lire en manière de préparation quel-
« ques lettres de Marie-Eustelle, l'apôtre du Nom
« de Jésus et de la sainte Eucharistie. Son jeune
« cœur deviendra un brasier capable de con-
« server le feu qui doit descendre en lui. N'est-il
« pas évident que Jésus ne peut pas résider
« dans un cœur froid et glacé ? » (janvier 1863).

La connaissance des misères du temps où nous vivons faisait vivement sentir au saint homme le besoin de correspondre à la grâce. Cette grâce, nous l'avons dit, nous ne saurions trop le répéter, il en avait tous les jours entre les mains des témoignages extraordinaires : « Tous les jours, » écrit-il (septembre 1866), « de grandes grâces obtenues. » Mais ces grâces qu'il obtenait par la sainte Face, et dont il se dégageait si allègrement, ne lui laissaient pas moins une responsabilité devant Dieu, dont il était pénétré et qu'il rappelait aux autres. « Vous
« avez vu ici le cher capitaine de *l'Arche d'al-*
« *liance* (Marceau), qu'il est bon de proposer
« comme modèle à nos contemporains : il est
« évident, d'après ce grand nombre de grâces
« répandues en nos tristes jours, qu'il est de
« toute importance que nous correspondions gé-
« néreusement à la grâce. » (23 juin 1859).

Aussi ces grâces, eût-il voulu les faire connaître à tous : non pas, sans doute, les grâces miraculeuses et particulières qu'il appartient à l'Église de constater, mais les grâces publiques qui éclatent au milieu de tout le peuple. Il souffrait quand certaines circonstances, qu'il ne peut toujours énoncer, l'empêchaient de les publier et de les faire publier comme il aurait voulu. Les fêtes qu'il voit autour de lui, le transportent ; il en triomphe ingénument, j'en conviens ; il eût voulu faire retentir par toute la France les beautés et les grandeurs splendides des pèlerinages à Candes, par exemple.

Nous savons qu'il avait observé l'instant précis où, sous le coup du fléau de Dieu, la foi de la ville de Tours avait paru se réveiller. Il suivit avec passion, je puis dire, les divers mouvements de cette piété renaissante. Avec la perspicacité aiguisée qui lui était familière, il constatait à ce propos l'étonnement et la confusion parfois comiques de ceux qui ne partageaient pas ces beaux et salutaires entraînements populaires. Une des manifestations qui surprirent le plus les pauvres âmes qui vivent et se plaisent à vivre sous les illusions de Satan, fut celle de l'Immaculée Conception. « Il me serait impos-
« sible », écrit M. Dupont (mai 1855), « de m'en-
« tretenir aujourd'hui avec vous sans vous parler
« de la journée d'hier, notre fête de l'Immaculée
« Conception. Nous sommes venus les derniers ;

« mais des personnes qui ont vu Angers, Poi-
« tiers, Orléans, disent que nous avons fait plus
« et mieux. C'est à n'y pas croire, même après
« avoir été témoin de la merveille. Plus de cent
« mille bougies, lampes, verres de couleurs ! des
« autels partout ! des Vierges sur les toits ! plus
« de cinquante mille personnes en circulation
« dès huit heures du matin à plus de onze heures
« du soir ! joie paisible ! pas le moindre inci-
« dent ! La journée de samedi n'avait été qu'une
« tempête mêlée de pluie : les impies se réjouis-
« saient, les bonnes âmes continuaient avec con-
« fiance les préparatifs de la fête. Les autorités,
« qui se mordent les doigts, ont seules fait
« défaut... Il y a eu procession. Le produit d'une
« quête de deux mille francs a été distribué en
« pain et viande aux pauvres. Je n'entre pas
« dans les détails. Vous saurez ce qu'ont fait vos
« amis... La petite chapelle des Lazaristes, »
(c'était, on le sait, la chapelle de l'adoration
nocturne), « vue du Mail, ressemblait à une ca-
« thédrale. »

Le cœur du Pèlerin débordait évidemment. Les fêtes de saint Martin lui donnèrent plus tard le même accent de triomphe. Cependant les fêtes de saint Martin s'étaient préparées lentement, pour ainsi dire. M. Dupont les avait eues longtemps en prévision. Dès les premiers jours, il en avait pressenti les extraordinaires résultats.

« Nous allons grandement nous occuper de saint
« Martin, » avait-il écrit tout d'abord, en ajoutant ces paroles quasi prophétiques, que nous avons déjà citées : « La petite œuvre destinée à
« procurer des vêtements aux pauvres semble
« avoir donné jour à la reconstruction de la
« vieille basilique » (novembre 1855). Il espérait ainsi avant même que le règlement de l'œuvre fût arrêté. Il avait bien raison de dire que cette œuvre de Saint-Martin avait, dès son début, « pris assez de vie pour offrir des res-
« sources aux pauvres et des consolations à
« ceux qui prennent l'œuvre à cœur » (mai 1855). Mais il n'est peut-être pas inutile de remarquer — et l'historien de M. Dupont ne manquera pas d'insister sur ce fait — que les progrès de l'œuvre de Saint-Martin et les prévisions de M. Dupont sur le but qu'elle devait atteindre, avaient été devancés par cette fête populaire, que le bon Pèlerin vient de décrire si vivement, en l'honneur de la Vierge Immaculée.

Cette manifestation-là avait éclaté comme un coup de foudre : il ne faut pas s'étonner du déconcertement des autorités, qui n'avaient rien prévu et n'auraient jamais pu imaginer ce qu'elles ont vu. Je ne sais pas si M. Dupont ne mettait pas de la malice à reconnaître ces déconfitures de l'empire de Satan ; il ne manquait pas de s'en réjouir, et les moindres succès où lui semblait intéressée l'Église, étaient une fête pour lui.

Nous avons dit ses sympathies pour *l'Univers*, et sa volonté de s'associer à cette œuvre. Quand il la vit assise et prospère, quand il eut un signe matériel de cette prospérité, et, disons simplement les choses, quand il sut que les actions donnaient un assez fort dividende : « Ah ! » écrit-il, « *Dominus dedit... : sit nomen Domini benedic-« tum !* Il y aura des gens qui n'applaudiront « pas comme je le fais au succès de *l'Univers :* « mais à cela le remède ? » (mai 1870). La parole est brève, mais l'accent est manifeste.

Le saint homme avait d'ailleurs exprimé plus amplement sa pensée et sa tendresse dans une lettre adressée à M. Du Lac. Celui-ci, en 1856, se prévalant d'une foi commune et aussi des relations de quelques-uns de ses collaborateurs avec M. Dupont, avait écrit au cher Pèlerin, en lui demandant le secours de ses prières devant la sainte Face pour un enfant malade et une famille désolée. M. Dupont lui répondit (11 août 1856) moins brièvement et moins familièrement qu'il ne faisait avec le correspondant dont nous avons mis les lettres sous les yeux du lecteur.

« Monsieur, il est bien vrai qu'il existe un « lien très grand entre nous, parce que depuis « longtemps, sans être mêlé aux affaires publi-« ques, je ne cesse de faire des vœux pour la

« prospérité de *l'Univers*. A chaque crise, je me
« suis trouvé priant pour le triomphe de la cause
« qui me paraît la meilleure, et je suis heureux
« de me voir aujourd'hui tout à fait d'accord
« avec les évêques qui interviennent avec une
« incomparable autorité pour mettre un terme
« aux jouissances de Satan *diviseur*. Hélas! qu'il
« y a peu de foi pratique dans les hommes qui
« veulent poser les principes et réglementer la
« méthode de combattre la presse irréligieuse!
« Notre-Seigneur n'a-t-il pas dit : *Ponite ergo in*
« *cordibus vestris non præmeditari quemadmodum*
« *respondeatis : ego enim dabo vobis os et sapien-*
« *tiam, cui non poterunt resistere et contradicere*
« *omnes adversarii vestri?* La véritable charité
« consiste à ne pas cacher aux ennemis de Dieu,
« de l'Église et des hommes, le danger qu'ils
« courent. C'est ce que vous faites, ainsi que vos
« nobles amis; et je crois qu'il n'y a guère d'autre
« moyen de se faire du bien à soi et d'en faire
« aux autres.

« J'ai été bien honoré d'une petite visite que
« me fit en 1848 M. Louis Veuillot. Pour Aubi-
« neau, j'ai de très bons motifs de l'aimer d'une
« manière toute particulière. Il le sait bien.

« Nous prierons demain à l'adoration nocturne
« pour le pauvre petit : il y aura encore des
« prières pour lui dans la nuit du mardi 19.
« Veuille le Seigneur nous donner lieu de rendre

« actions de grâces ! Veuillez accepter comme
« signe d'union de prières la petite image qui
« nous ramène si fortement aux douleurs de la
« passion (une sainte Face, sans doute ?) et me
« croire, Monsieur, en Notre-Seigneur et aux
« pieds de Marie... »

Cette petite visite, dont, comme il disait humblement et poliment, l'avait honoré M. Louis Veuillot, revient souvent dans la correspondance du saint homme. C'était un souvenir : il y mêlait son affection pour les Petites Sœurs des Pauvres. C'est accompagné de M. Dupont que le rédacteur en chef de *l'Univers* avait, en effet, en 1848, vu pour la première fois les Petites Sœurs des Pauvres. Il a raconté dans *l'Univers* du 12 septembre 1848 [1] cette première visite, et nous avons remarqué ailleurs que la Providence s'était servie de cette circonstance pour encourager et développer l'œuvre naissante, à laquelle les divers rédacteurs purent encore, plus tard, rendre d'autres services, qui n'étaient pas pour refroidir l'affection de M. Dupont pour *l'Univers*. Les Petites Sœurs tenaient au cœur du Pèlerin. « Ce que vous me dites des Petites Sœurs des
« Pauvres me va au cœur », écrivait-il un jour.

Son cœur et sa pensée ne quittaient guère l'humble et admirable petite famille qu'il avait

---

[1] L'article a été reproduit au quatrième volume de la seconde série des *Mélanges* de M. Louis Veuillot.

tant aidée. Il voyait ces simples petites filles occupées à guerroyer avec succès contre Satan. « Plus je vais, » écrivait-il, « plus j'admire, stupé-
« fait, les Petites Sœurs des Pauvres. Il y a là-
« dessous un dessein bien miséricordieux de la
« Providence. C'est probablement le seul remède
« à l'affreuse maladie du siècle » (avril 1870).
« Vous me réjouissez le cœur en me parlant de
« la vocation de votre sœur. *Optimam partem*
« *elegit*. Soyons assurés que Marie a confié aux
« Petites Sœurs le soin d'écraser la mâchoire de
« Satan. La vieille bête ne semble-t-elle pas dire,
« comme aux premiers jours de l'incarnation :
« *Cur venisti ante tempus torquere me?* » (avril
« 1864). « Avez-vous connaissance de la prière
« *Auguste Reine des cieux?*... Il paraît bien cer-
« tain qu'elle a été révélée à une religieuse des
« environs de Bayonne : donc il faut nous at-
« tendre à un prochain *hallali* » (avril 1864).
Cet hallali du démon, M. Dupont s'y préparait toujours.

« Ces jours-ci, mon cher ami, la pensée m'est
« venue de voir en Pie IX le Noé des derniers
« temps, ayant la commission de faire entrer
« dans l'arche tous les hommes de bonne vo-
« lonté... Priez pour que je ne sois pas des re-
« tardataires à monter à bord » (novembre 1869).

XXIII

LE DRAPEAU DE LOIGNY

Avant de l'appeler à la joie de monter à bord de l'arche éternelle où il recueille ses élus, le Seigneur voulait donner à son serviteur la consolation de concourir efficacement à la défense de son pays. Toutes les joies, même celles de la terre, sont pour les amis de Dieu. Les livres saints affirment qu'il accomplit jusqu'à la lettre les moindres désirs du cœur de ceux qui l'aiment.

Tel que nous connaissons M. Dupont, il n'est pas difficile de comprendre ses douleurs aux désastres de 1870. Ce Français de la Martinique ne mettait pas de mesure, avons-nous dit, dans son amour pour la mère patrie. Les assiégés renfermés dans Paris ont eu l'illusion de la lutte : ils n'ont pas eu sous les yeux le spectacle dégoûtant et navrant de l'effondrement absolu de toutes les forces et de tous les conseils du pays; ils n'ont pas vu cette agonie de la patrie livrée à des charlatans, soucieux de se goberger, sans s'inquiéter au milieu de la ruine publique, de prendre des attitudes, d'énerver le dévouement des vrais

Français. Les âmes chrétiennes, surtout celles de France, ne peuvent pas ne pas unir la cause de leur patrie à celle de l'Église. Si la nation française perd quelque chose de son prestige, le dommage n'est-il pas ressenti par l'Église entière ? La fille aînée est le principal agent de la Mère au milieu de ce monde : *Gesta Dei per Francos.*

Lorsque cette fille aînée veut s'émanciper et s'échapper de la maison maternelle; lorsqu'elle est frappée, blessée et agonisante, les antiques et perpétuels ennemis de la sainte mère Église tentent de lui porter les coups décisifs. C'est une loi de l'histoire.

Quand Charlemagne est loin et appliqué à des guerres difficiles, Didier s'attaque à la ville éternelle; quand le souvenir de Charlemagne est même effacé depuis longtemps, que sa grande ombre ne se projette plus sur le monde, et que son peuple même, le peuple franc semble perdu, c'est le moment pour les odieux Lombards d'accomplir leurs funestes complots. Le 20 Septembre vint bientôt après Sedan.

Ces divers coups retentirent dans le cœur de M. Dupont. Le renversement où était la France applaudissant misérablement, par l'organe de l'ambassadeur de son prétendu gouvernement de la Défense nationale, au sac de Rome et aux dernières insultes prodiguées au Saint-Père; ce renversement complet, et si ignominieux qu'on n'ose en rappeler le souvenir, avait brouillé et suspendu toutes les relations sociales; il avait arrêté le concours des fidèles vers la sainte Face, et mis son serviteur dans une manière de solitude et une sorte de loisir dont il usait pour repasser dans ses prières toutes les amertumes de son cœur devant Dieu.

La pire des amertumes n'est-elle pas le sentiment de l'impuissance?... Mais un chrétien peut toujours agir; il n'est jamais réduit à se croiser les bras devant l'effondrement de son pays. La prière est une arme. M. Dupont en connaissait la vertu.

Il n'était pas seul à prier : dans cette déroute générale, les âmes vouées à la prière redoublaient leurs efforts et s'ingéniaient pour venir au secours de la patrie coupable et foulée aux pieds de ses ennemis. A Paray-le-Monial, les sœurs de la Visitation voulurent, autant qu'il dépendait d'elles, répondre au désir que Notre-Seigneur a exprimé, il y a deux siècles, à la bienheureuse Marguerite-Marie. Il demandait la consécration de la France au Sacré Cœur. « Mon « cœur adorable », disait-il (17 juin 1689), « veut « régner dans le palais du Roi, être peint sur « ses étendards et gravé dans ses armes, pour « les rendre victorieuses. » La mère de Saumaise, supérieure du monastère de la Visitation de Dijon, ne négligea rien pour faire passer cet avis à la cour. Parvint-il jusqu'à Louis XIV?... A défaut du roi, les religieuses de Paray-le-Monial tentèrent d'obéir à ces injonctions, dont le peuple ne se faisait non plus beaucoup de souci. Elles ne pouvaient consacrer la France au Sacré-Cœur : elles essayèrent au moins de faire arborer l'emblème de ce Cœur divin sur les drapeaux de l'armée française. Du fond de leur monastère tout rempli des souvenirs de la bienheureuse Marguerite, tout retentissant encore, pour ainsi dire, du concert des anges célébrant autour de la Bienheureuse la gloire et la puissance de ce Cœur divin qui a tant aimé les hommes, elles brodèrent un étendard au Sacré-Cœur avec cette devise : Cœur de Jésus, sauvez la France!

La bannière achevée, les religieuses voulaient l'expédier à Paris. Elles désiraient la faire tenir au général Trochu, en qui l'on croyait pouvoir mettre quelque confiance. Selon le vœu des religieuses, cette bannière devait être déployée sur les murs de Paris, devant l'ennemi, afin d'attirer la protection de Dieu sur nos défenseurs. Ces pensées étaient excellentes; elles étaient, néanmoins, de simples pensées humaines. Elles n'entraient pas dans le dessein de la Providence, qui avait inspiré les bonnes sœurs de Paray pour un but qu'elles ne devaient pas déterminer elles-mêmes, et qu'elles ne pouvaient concevoir.

L'investissement de Paris, qui empêcha l'étendard de Paray de parvenir jusqu'à la capitale, mit quelque déroute dans les projets de la Visitation. Les Sœurs n'avaient pas à songer à M. Dupont. Elles envoyèrent leur étendard à leur supérieur, Mgr l'évêque d'Autun[1], en soumettant à Sa Grandeur leur désir devenu inexécutable. Qui eut à l'évêché la pensée de s'adresser à M. Dupont? Toujours est-il que l'étendard de Paray arriva à Tours, et fut remis au Serviteur de Dieu, pour être présenté à la sainte Face et être ensuite adressé aux *Défenseurs de l'Ouest*. La dénomination était vague. M. Dupont, habitué cependant à recevoir des messages parfois assez obscurs, ne savait comment interpréter celui-ci.

L'extrême détresse de la patrie avait suscité de nobles efforts; divers corps de volontaires s'organisaient pour la défense du sol national et se préparaient de leur mieux. M. Cathelineau avait mis sous la protection de la sainte Vierge la troupe qu'il annonçait vouloir organiser. Était-ce à lui qu'il fallait remettre l'étendard de Paray-le-Monial?

Cependant le régiment des zouaves pontificaux, après la profanation de Rome, était rentré en France. Débarqués le 28 septembre à Toulon, les

---

[1] Frédéric-Gabriel-Marie-François de Marguerye, évêque d'Autun en 1851, démissionnaire en 1872, décédé à Paris en 1876.

zouaves avaient été conduits à Tarascon, et leur lieutenant-colonel, M. de Charette, s'était rendu immédiatement à Tours. Il allait offrir à l'indigne gouvernement de la Défense nationale les services généreux et disciplinés de cette troupe intrépide et merveilleuse. Il demandait qu'on en conservât les cadres. Le gouvernement de la Défense hésita plusieurs jours. Ce furent des jours de supplice pour M. de Charette, sachant sa troupe débarquée sans argent ni bagages, casernée par la charité d'un commandant dans un manège de cavalerie, composée d'hommes impatients de servir leur pays et de revoir un instant leurs foyers; sans solde d'ailleurs, sans vivres même, et ne subsistant que des ressources de l'ancien comité des zouaves pontificaux à Marseille.

Le ministre de la guerre voulait bien le concours des zouaves, mais leur nom lui faisait peur; leur uniforme lui portait ombrage : il eût voulu les fondre dans d'autres corps. Il se résigna cependant à leur laisser leur vie propre; il accepta même leur uniforme, mais il ne put se résigner à leur nom. Il offrit celui de Volontaires de l'Ouest, que M. de Charette agréa. On se trouva ainsi d'accord; et le lieutenant-colonel des zouaves pontificaux, devenu le commandant de la légion des Volontaires de l'Ouest, après avoir télégraphié à sa troupe de le rejoindre au plus vite, se rendit, tout joyeux, chez une de ses parentes, lui porter la bonne nouvelle de sa nomination et de la conservation de son corps.

Il y avait quelques personnes chez cette parente : toutes prirent part à la joie du commandant et s'empressèrent de lui offrir leurs services. M. de Charette ne pouvait rien refuser. Il avait fort à faire. Le gouvernement, en acceptant son concours, ne lui avait pas ouvert les ressources financières qu'il prodiguait d'autre part à des intentions moins aptes à servir efficacement la France. Au moment où M. de Charette annonça le nouveau nom qu'il venait d'accepter pour son héroïque troupe, un personnage de la compagnie se leva et dit au commandant :

— « Monsieur, les religieuses de Paray-le-Monial ont brodé une bannière du Sacré-Cœur, qu'elles m'ont chargé aujourd'hui même de remettre à l'un des commandants des forces de l'Ouest. Votre nomination, le hasard qui m'amène ici en ce moment, sont également providentiels : c'est à vous que revient de droit le drapeau du Sacré-Cœur [1]. »

M. de Charette s'ouvrit de toute son âme à cette proposition ; et de tout le concours qui lui fut promis en ce moment, l'on peut croire que ce-

---

[1] *Souvenirs du régiment des zouaves pontificaux, notes et récits*, par le général baron Ath. de Charette. V^e partie, *Campagne en France*, p. 141.

lui de M. Dupont ne fut pas le moins apprécié.

Le hasard qui avait conduit M. Dupont ce jour-là chez sa parente, — car il avait un lien de sang avec la cousine de M. de Charette, — ce hasard, qui avait tiré le saint homme de devant la sainte Face, n'était rien moins, j'imagine, que le dessein des catholiques de Tours de s'entendre et d'unir leurs ressources pour subvenir aux besoins de la troupe fidèle au Saint-Père, dont il fallait assurer les services à la patrie.

Ce fut devant la sainte Face que le drapeau de Paray-le-Monial fut présenté, le lendemain, au colonel de Charette. Quelques amis de M. Dupont, les jeunes enfants de M. de Charette venus à Tours pour embrasser leur père, étaient présents. On pria devant la sainte Face ; on ouvrit la caisse adressée aux *Défenseurs de l'Ouest;* on en tira et l'on déploya la bannière. Elle était blanche ; le Sacré-Cœur y est brodé en rouge, avec la devise : Cœur de Jésus, sauvez la France !

M. de Charette ne se saisit pas tout aussitôt de cette bannière. On décida qu'il irait la prendre sur le tombeau de saint Martin : on voulut ainsi compléter la pensée des religieuses de Paray-le-Monial et unir saint Martin au Sacré-Cœur. Quelques-unes des dames du vestiaire, qui étaient dans la petite compagnie devant la sainte Face, dessinèrent au revers de la bannière l'invocation :

Saint Martin, patron de la France, priez pour nous. On chargea les carmélites, les compagnes de la sœur Saint-Pierre, de broder cette seconde devise et de parachever ainsi le travail des héritières de la bienheureuse Marguerite-Marie.

Ainsi complétée, la bannière fut portée au tombeau de saint Martin. Elle y passa une nuit, et le lendemain, après la messe, en présence de M. Dupont et de ses amis, le colonel prit ce glorieux étendard, qui devait, moins de deux mois après, être déployé à Loigny.

On en sait l'histoire. M. de Charette conservait précieusement cette bannière. A la veille du combat de Loigny, quand le général de Chanzy avait commencé son mouvement vers Pithiviers, et qu'il eut dirigé le général de Sonis [1], avec son corps, de Coulmiers sur Saint-Peravy-la-Colombe, le général de Sonis marchait en tête de sa colonne et causait avec le commandant des Volontaires de l'Ouest. Il ne se dissimulait pas le mauvais arroi de la plus grande partie de sa troupe : les divisions n'étaient pas complètes, les régiments de marche n'étaient pas solides, les hommes manquaient de chaussures. Le général comprenait qu'il ne pouvait guère compter que sur les

---

(1) Louis-Gaston de Sonis, décédé à Paris, le 15 août 1887, dans un grand et légitime renom d'héroïsme et de piété. Son corps repose à Loigny, où, le 22 septembre, l'oraison funèbre a été prononcée par Mgr Freppel.

Volontaires de l'Ouest et les mobiles des Côtes-du-Nord. Il allait néanmoins allègrement au combat, à l'honneur, au devoir, et tout naturellement son regard s'élevait vers la Providence. Il avait eu déjà l'occasion de s'ouvrir avec M. de Charette, l'avait assuré que c'était toujours une consolation de mourir au milieu de braves gens fidèles à Dieu, et lui avait demandé de partager ensemble prières et sacrifices.

Or, le premier décembre 1870, tout en devisant, ils envisageaient le péril qu'ils avaient à affronter de concert. Le général de Sonis exprima au colonel le regret de n'avoir pas un emblème religieux sur son fanion. M. de Charette lui parla aussitôt du drapeau du Sacré-Cœur et du désir qu'il avait de le déployer devant l'ennemi. Le général accorda volontiers cette permission; mais il exigea que le lendemain, avant le départ de la colonne, un des aumôniers des zouaves célébrât la messe, à laquelle il voulait assister. Ce lendemain, 2 décembre, était le premier vendredi du mois, jour consacré au Sacré-Cœur. L'aumônier désigné pour célébrer la messe dans l'église de Saint-Peravy-la-Colombe était un dominicain; le rite de son ordre l'obligeait à dire, ce jour-là, la messe du Sacré-Cœur. Ce sont là des rencontres, mais des rencontres où s'intéressent les âmes pieuses.

Une autre précieuse et touchante rencontre

encore, c'est que des quinze assistants à cette messe du Sacré-Cœur, à trois heures du matin, autour de la bannière de Paray-le-Monial, six devaient être tués dans la journée; les neuf autres furent blessés.

Parmi les six qui succombèrent, trois furent atteints en portant la bannière. Le comte de Bouillé avait été désigné par le colonel pour la tenir devant l'ennemi; il refusa cet honneur, qu'il voulait laisser à un des zouaves de Rome. Or le sergent de Verthamon, à qui échut la mission refusée par M. de Bouillé, avait plusieurs fois demandé au colonel de consacrer le régiment tout entier au Sacré-Cœur. Cette proposition, peut-on dire, fut signée de son sang.

Au moment où le général de Sonis enleva les zouaves, en leur disant : « Montrons ce que peuvent des hommes de cœur. Vive la France! vive Pie IX! En avant! » le fanion fut déployé. Il n'était pas fixé à une hampe de bois. Le sergent comte Henri de Verthamon l'élevait de toute la hauteur de son bras; il s'avançait ainsi, fier et calme, au centre et en avant du bataillon des zouaves marchant tous silencieusement, en cadence, *égayés,* au milieu des obus, vers le petit bois qui couvrait Loigny et qu'occupaient les Prussiens.

On sait comme ceux-ci en furent promptement délogés quand l'héroïque troupe, décimée déjà, ouvrit le feu à son tour, aux cris ardents de : « Vive la France! vive Pie IX! » Mais avant d'avoir atteint le bois, la bannière n'était pas restée aux mains du sergent, frappé deux fois à mort. Relevée d'abord par le comte de Bouillé, ramassée ensuite sur le corps de ce dernier et portée toujours en avant par son fils Jacques, elle tomba encore plusieurs fois dans la bataille, se teignant du sang des blessés après avoir été couverte de celui des morts, et elle fut enfin, le soir, rapportée à Patay, empourprée de ce sang des héros, et consacrée à tout jamais dans les annales de la patrie.

M. Dupont était uni à cette gloire et à ce martyre. Son âme retentit comme celles de toute la vaillante troupe, lorsqu'au mois d'août suivant, le général de Charette, dans la chapelle du séminaire de Rennes, lors du licenciement de la légion, prononçait ces ferventes paroles : « A
« l'ombre de ce drapeau teint du sang de nos
« plus nobles et plus chères victimes, moi, gé-
« néral baron de Charette, qui ai l'insigne hon-
« neur de vous commander, je consacre la légion
« des Volontaires de l'Ouest, les zouaves ponti-
« ficaux, au Sacré-Cœur de Jésus, et, avec ma
« foi de soldat, je dis, et je vous demande à tous
« de dire avec moi : « Cœur de Jésus, sauvez
« la France! »

La bannière de Loigny ne devait plus se déployer que deux ans plus tard, devant le tombeau de la bienheureuse Marguerite-Marie, lors du pèlerinage à Paray-le-Monial. Une reproduction de cette précieuse relique est pendue aux murs de la chapelle de la Visitation. Mais, le 20 juin 1873, M. de Charette avait invité les zouaves à se réunir à Paray pour la fête du Sacré-Cœur, et il avait apporté la bannière avec lui. « Maintenant, » dit le pieux et saint historien du *Pèlerinage du Sacré-Cœur en* 1873[1], « maintenant, l'étendard est attaché à une hampe « qui s'aiguise au sommet en un fer de lance. « Dieu veuille que ce soit un présage ! C'est un « fer de lance qui a fait jaillir la vie du Cœur « sacré du Sauveur ! » Le vendredi après l'octave de la Fête-Dieu, c'est-à-dire, le jour même de la fête du Sacré-Cœur, « les zouaves, » dit encore le fidèle et aimable annaliste, « ont eu leur « messe de communion générale. Comme à la « bataille, Charette s'est levé le premier, et, « après avoir reçu la sainte hostie, avant de re- « gagner sa place, il est allé baiser l'oriflamme « déposée aux pieds de la Bienheureuse. Tous « ses zouaves ont fait comme lui. » La vaillante et pieuse bannière resta tout le jour, à sa place, devant la châsse de la Bienheureuse : elle con-

---

(1) Le P. Joseph Dugas, de douce mémoire, religieux de la Compagnie de Jésus, décédé en Afrique à la fleur de l'âge, au mois de novembre 1877.

tinuait là sa garde auprès du Sacré-Cœur, montrant le sang des martyrs au Cœur percé de Jésus-Christ.

Cette bannière que M. de Charette garde et garde bien, on devait la revoir encore au lieu même où elle avait été déployée pour la première fois, dans la maison de M. Dupont, le jour de la bénédiction de l'oratoire de la Sainte-Face, fête de saint Pierre, en 1876. Le général avait voulu qu'elle fût présente à cette cérémonie, et qu'elle rendît hommage à la sainte Face, comme elle avait rendu hommage au Sacré-Cœur. C'est le Sacré-Cœur, en effet, qui a brodé et préparé la bannière ; c'est la sainte Face, par les mains de son adorateur dévoué, qui l'a confiée au général de Charette. Le nom de M. Dupont, que M. de Charette, par respect pour la modestie du Saint Homme, n'a pas *osé* prononcer dans ses *Souvenirs du régiment des zouaves pontificaux,* n'en est pas moins pour toujours uni à celui de ces vaillants et de ces héros. C'est à juste raison qu'une reproduction du glorieux étendard est appendue, à Tours, à la muraille de ce petit salon de M. Dupont, transformé, par la dévotion de l'archevêque de Tours, en oratoire de la Sainte-Face.

XXIV

LE TERME DU PÈLERINAGE

M. Dupont n'avait pu assister aux fêtes de Paray (1873), où son cœur a dû se porter si joyeusement, et où il eût accompagné avec tant d'enthousiasme les pèlerins de Tours. Ce n'était plus le service de la sainte Face qui le retenait à la maison ; son culte était toujours aussi fervent ; mais, depuis la guerre, le concours des pèlerins avait cessé. « Dieu le permet ainsi, » disait M. Dupont, « parce que, si les foules venaient encore, je n'au-« rais plus la force de les recevoir. » Il y avait longtemps qu'il voyait ses forces décroître. Il en avait ri tout d'abord, et avait trouvé « piquant », on se le rappelle, de se voir sur les bras des besognes toujours croissantes à mesure que l'isolement se faisait autour de lui et que ses forces diminuaient.

Nous avons dit à quelle occasion il avait cessé d'habiter sa chambre du rez-de-chaussée ; il avait voulu passer les derniers jours de la vie de sa mère tout auprès d'elle ; peut-être trouvait-il aussi quelque douceur à occuper la petite chambre où était morte son Henriette ; le respect de la sainte

Face et le développement prodigieux de la vénération populaire devaient bien être aussi pour quelque chose dans sa détermination. Avec sa lampe et son image vénérée, la chambre de M. Dupont était devenue comme un sanctuaire ; la miséricorde de Dieu y éclatait par des manifestations si merveilleuses, que l'on comprend la réserve du Serviteur de Dieu.

Outre la lampe qui brûlait devant la sainte Face, il en avait installé une autre devant la sainte Bible. Nous avons dit que le livre était toujours ouvert à ses yeux, sur un grand pupitre. En enlevant son lit, il s'était gardé de déranger la sainte Bible. Il goûtait les rapports de la sainte Écriture et de la sainte Face. *Deprecatus sum faciem tuam in toto corde meo : miserere mei secundum eloquium tuum,* dit David au psaume CXVIII. La sainte Face était la prière de M. Dupont, la sainte Parole était son espérance.

Tous les versets d'ailleurs des livres sacrés qui désignent l'homme comme un pèlerin et la vie comme un pèlerinage, avaient une saveur particulière pour le bon Pèlerin. Il s'appliquait à les goûter et à les pénétrer ; le psaume CXVIII, où sont ainsi accolées la sainte Face et la sainte Écriture, dit encore : *Cantabiles mihi erant justificationes tuæ in loco peregrinationis meæ* (v. 54). David y chante ainsi la louange, le Verbe et les préceptes de Dieu : *Faciem tuam illumina super servum tuum,* dit-il au même endroit ; et il ajoute : *Lucerna pedibus meis verbum tuum.* Le Verbe de Dieu, lumière! la parole divine, source et sève de miséricorde! la sainte Face, objet des ardentes prières de tout le cœur de David! la justice de Dieu qu'il faut chanter dans le lieu de pèlerinage! ces pensées de pèlerinage, de prière, d'illumination de la sainte Face, de miséricorde annoncée et donnée en vertu de la parole, non pas seulement de la parole éternelle, le Verbe, seconde personne de la sainte Trinité, qui demeure au sein du Père, mais en vertu de la simple parole sortie des lèvres divines, confiée à l'oreille et au stylet des hommes, *eloquium*, avaient sollicité M. Dupont à illuminer la Bible comme la sainte Face. Il aimait les manifestations « éclatantes » : on se souvient de son mot. Ayant donc suspendu une lampe devant sa Bible, il désira que ce petit appareil d'honneur envers la sainte Écriture pût se perpétuer même après sa mort. En léguant à M. le curé de la paroisse sa Bible et le pupitre qui la portait, il demandait que le livre saint fût exposé dans le salon du presbytère, et il exprimait le désir que les bonnes âmes qui s'étaient déjà constituées en une petite œuvre de vierges prudentes et sages pour l'entretien de la lampe, pussent continuer et perpétuer leur acte de dévotion envers le texte sacré.

C'est au milieu de ces lampes, en adoration de

la sainte Face et en méditation de la sainte Écriture, que M. Dupont passa les dernières années de sa vie. La solitude, par la mort de sa mère, avait été faite autour de lui; les infirmités croissantes la rendirent chaque jour plus austère. Les foules ne venaient plus vers le Pèlerin, et voici que le Pèlerin ne put bientôt plus accomplir ses plus chers et plus prochains pèlerinages. Plus de grands offices désormais! La cathédrale, qui était à deux pas de sa maison, et dont il pouvait de son jardin contempler les beaux clochers, la cathédrale était-elle trop loin pour ses forces? Ses incommodités ne lui permettaient déjà plus d'en suivre les offices. « Je suis bien misérable! » disait-il. Pendant la guerre, au moment où il remettait à M. de Charette la bannière du Sacré-Cœur, il n'osait déjà plus paraître à la grand'-messe. Il assistait encore, tous les matins, à la messe chez les carmélites, ses chères carmélites! Il avait sa place tout auprès de la table de communion. Cette table de communion lui était commode, disait-il. Il allait à la première messe, à cinq heures du matin. Il rentrait ensuite chez lui, et la journée se passait devant la sainte Face et devant la sainte Écriture : son cœur était bien aussi comme une autre lampe ardente et éclatante. Peu de visites d'ailleurs auprès du Pèlerin, et de plus en plus rares. La réunion de l'œuvre de Saint-Martin se tenait toujours chez lui, devant la sainte Face et auprès de la sainte Bible. Quelques œuvres encore se recommandaient de quelque commerce avec lui ; ses correspondances durèrent encore quelque temps, mais les mains refusèrent bientôt leur service, et il fut obligé d'emprunter le secours d'un secrétaire. Toutes les relations devaient s'éteindre ; et les rares pèlerins qui venaient isolément invoquer la sainte Face, cessèrent même de voir le Saint Homme, quand l'impotence le cloua tout à fait dans son fauteuil, le laissant seul à seul, cœur à cœur avec Dieu, dans la chambre d'où s'était envolée vers le ciel son Henriette.

Tant qu'il avait pu sortir, il avait conservé son commerce avec les Petites Sœurs des Pauvres. C'était sa récréation, son luxe, si l'on veut. Deux fois par semaine, après son dîner, il prenait une voiture et se faisait conduire à l'asile. Il passait là, avec les Sœurs, le petit moment de leur récréation du soir. J'ai fait la course avec lui, pendant la guerre, la dernière fois qu'il me fut donné de voir le Serviteur de Dieu. Chez les Petites Sœurs, il s'informait de tout, et, autant qu'il pouvait, subvenait à tout. Ses ressources étaient bornées désormais, on le sait, mais il avait toujours ses industries. Dans le temps où il pouvait encore faire de larges aumônes, il aimait à payer de sa personne, et non pas seulement en servant de ses mains les vieillards ou en leur procurant toutes les petites friandises qu'il pouvait imaginer. On riait, et on admirait en même temps ; on riait de ses poches pleines de gâteaux et de dragées, qu'il allait distribuer si souvent, quand il était ingambe, à ces pauvres vieillards. C'était encore là une attention de charité, dont la charge incombait uniquement à sa bourse. Il avait des attentions plus chétives et où sa personne même était en jeu. Il s'était donné la mission, dès que les Petites Sœurs furent à Tours, de les fournir d'épingles, elles et leurs pauvres. Il n'imposa pas cette petite charge à sa bourse ; il prit la peine de faire la collecte lui-même ; et pendant que la Petite Sœur quêteuse passait sa journée à courir la ville pour recueillir les croûtes de pain et les morceaux de viande pour nourrir tout son pauvre monde, M. Dupont recueillait une à une les épingles destinées à l'asile. Il ne les mendiait pas : c'eût été trop tôt fait, et aurait eu l'air d'une plaisanterie ; il les ramassait lui-même dans les rues comme dans les appartements. Partout où il apercevait une épingle, il se baissait, la relevait, et la serrait précieusement dans un étui qu'il avait à cette intention dans ses poches, à côté de ses fioles d'eau de la Salette. La collecte des épingles était-elle bien fructueuse ? fournissait-elle suffisamment et véritablement aux besoins des Petites Sœurs ? Je ne sais. Mais elle fournissait au Saint Homme l'occasion de faire, avec un petit acte de charité, une petite invocation de piété : car il ramassait les épingles en louant le nom de Dieu et en esprit de réparation des blasphèmes.

Il savait trouver des enseignements parmi les choses les plus vulgaires, et son cœur tout plein de Dieu, son esprit tout nourri de l'Écriture lui suggéraient sans cesse, à propos de ces épingles, toute sorte de rapprochements, de leçons et de lumières de la vie spirituelle et sur l'amour de Dieu.

La récréation des Petites Sœurs est, je crois, d'une demi-heure. Après ce court délassement, M. Dupont rentrait chez lui et se retirait dans sa chambre : c'était, au temps où ses forces le lui permettaient, le moment de ses mortifications corporelles. Aux dernières années, les infirmités lui en imposèrent de plus dures que toutes celles qu'il avait pu embrasser. Dès l'hiver de 1870-71, au temps où il se trouvait si misérable, il avait à peu près perdu le sommeil. Retiré dans sa chambre à huit heures du soir pour vaquer à ses prières et de plus en plus à ses misères, il était debout à deux heures du matin. Les heures qui le séparaient de la messe, étaient consacrées à la louange de Dieu et à la préparation eucharistique. Mais quand il fallut, à la fin, cesser même d'entendre la messe quotidienne ; quand il fallut se priver du sang de Jésus-Christ, dont, depuis tant d'années, le cœur du Saint Homme se fortifiait et se délectait tous les jours, que les heures durent lui paraître longues! et quand il fallut même s'abstenir de descendre vers la sainte Face, renoncer à la vénérer devant sa lampe, ainsi que la sainte Écriture!...

Au moins dans cette dernière douleur, dans la privation de ne plus voir les « éclatantes » manifestations de sa piété envers la sainte Face et la sainte Bible, M. Dupont pouvait-il se réjouir d'avoir quitté sa chambre, afin de laisser aux fidèles la liberté de venir isolément vénérer la sainte Face et perpétuer le culte inspiré par la sœur Saint-Pierre. Mais à la privation eucharistique, quelle consolation! quelle compensation! Comme nous savons qu'il avait failli faiblir un moment auprès du lit de mort de sa fille, et qu'il avait craint de céder au poids de sa douleur paternelle, il faillit aussi faiblir, un jour, devant cette privation eucharistique ; il s'ouvrait à un ami :

— « Vous savez », disait-il, « ce qu'était pour moi la sainte communion : jugez de mon supplice! »

L'accent était si douloureux, la lumière sur les tortures de ce cœur affamé de Jésus-Christ fut si éclatante aux yeux de l'ami clairvoyant, que celui-ci, s'empressant de consoler le Pèlerin, lui fit remarquer qu'il était possible de célébrer la messe dans sa chambre, qu'il s'agissait d'obtenir l'autorisation, et qu'il se chargerait très volontiers de la demander.

Cet ami avait de l'autorité et du crédit : sa proposition eût pu se réaliser. La seule pensée fit entrer M. Dupont en confusion.

— « Oh! » s'écria-t-il, « un misérable et un pécheur comme moi ! N'est-ce pas trop que Notre-Seigneur se dérange une fois par semaine ? Le privilège n'est-il pas déjà trop beau pour ce que je suis ? Jamais, non, jamais, disait-il avec feu, je ne pourrais supporter que mon Dieu se dérange davantage pour moi ! »

Les larmes lui montaient aux yeux : on dut respecter son humilité ; mais que les semaines étaient longues à attendre le Sauveur ! Pour apprécier ce supplice, il faudrait avoir l'amour du cher et saint Pèlerin. Dieu lui demandait ainsi, l'un après l'autre, les sacrifices les plus durs, ceux où son âme était le plus intéressée. Il semble que chaque jour, pendant ces dernières années, venait briser une des fibres de ce cœur si aimant et si généreux. Le sacrifice eucharistique fut le suprême assurément ; il dut couronner et dépasser toutes les douleurs. Cependant la sérénité persistait chez le Saint Homme : je ne dis pas la patience, le courage, la force ; je dis la sérénité, la joie au milieu de l'isolement, malgré les plus dures privations, à travers les douleurs les plus cruelles et les plus profondes, cette joie inénarrable et incompréhensible qui remplit les parvis du Paradis et que nous sommes tous appelés à connaître et à goûter.

L'agonie dura ainsi des années. A mesure que des retranchements étaient imposés au cœur et que les fibres en étaient rompues, quelque puissance échappait aux membres : en dernier lieu, il fut condamné à l'immobilité absolue ; son cœur restait à Dieu, sensible, vivant, ardent. Il avait trouvé son rapport avec son divin Maître. « Je suis cloué », disait-il en désignant ses pieds et ses mains.

Quand Satan le vit ainsi cloué, Satan, à qui il avait dit si souvent *vade retro*, essaya, dit-on, de s'approcher de lui. On s'aperçut d'une inquiétude extraordinaire chez le cher Pèlerin ; il était comme troublé par la vue d'un objet odieux : « Oh ! » dit-il, « le misérable ! il m'offre un cadeau. » Il demanda qu'on l'aspergeât d'eau bénite, et reprit son calme. A diverses reprises, la tentation à laquelle avait été exposé saint Martin, parut se renouveler auprès de son fidèle serviteur ; et toujours, selon le procédé recommandé par sainte Térèse, quelques gouttes d'eau bénite suffisaient à délivrer de cette obsession le Saint Homme.

La sainte Face était restée jusqu'à la fin l'objet de ses adorations. Tant qu'il put parler, il répéta souvent une invocation qui lui était familière : « Que j'expire altéré de la soif ardente de voir la Face adorable de Notre-Seigneur Jésus-Christ! » Il se mourait, vraiment altéré de cette soif. Les dévotions suggérées par la sœur Saint-Pierre lui restaient chères, et aussi la mémoire de cette Sœur. On vint lui annoncer, quelques jours avant qu'il perdît la parole, que Mgr Colet avait retiré les papiers concernant les révélations de cette tourière du Carmel de dessous le sceau où les avait enfermés le cardinal Morlot, et qu'il les avait confiés à l'examen des bénédictins de Solesmes. A cette nouvelle, le visage de M. Dupont s'illumina, il leva les yeux au ciel ; ses mains étaient désormais immobiles : *Nunc dimittis*, dit-il. La cause dont il se croyait chargé, lui paraissait en bonnes mains. A quelque temps de là, tournant tout à coup ses regards du côté du petit Carmel, où, depuis plusieurs années, reposait le corps de la sœur Saint-Pierre : « Oh ! » dit-il, « comme le Carmel est brillant! il resplendit de rubis et d'émeraudes. » Que voyait-il ainsi, au moment d'aborder la lumière éternelle?...

Il avait reçu le sacrement de l'extrême-onction en pleine connaissance ; il avait suivi les prières liturgiques, qu'il savait par cœur, répondant avec beaucoup de calme et de présence d'esprit. La dernière parole qu'il put prononcer, fut pour réclamer le Dieu eucharistique. On voulait différer.

— « Non, non, » dit-il, « tout de suite ! Cela sera agréable au Seigneur. »

On lui apporta son Dieu. Il l'enferma dans son cœur, et ne prononça plus aucune parole. Il remuait les lèvres, il priait encore ; mais la prière ne s'épanchait plus de sa bouche. Cœur à cœur avec Jésus. Cette agonie silencieuse dans cette intime union avec le Sauveur dura plus de huit jours. Après lui avoir administré le saint Viatique, on avait récité auprès de lui les prières des agonisants. Il les suivit ; et lorsque le prêtre, commençant le psaume CXVIII, où sont célébrées la sainte Face et la sainte Écriture, en prononça le premier verset : *Beati immaculati in via qui ambulant in lege Domini*, un sourire plein de douceur, le sourire angélique et paisible qu'on avait remarqué aux lèvres de sa mère, épanouit le visage du Serviteur de Dieu. Les triomphes de la patrie s'ouvraient-ils à ses yeux ravis ? les illuminations de la sainte Face et de la sainte Écriture éclataient-elles devant lui ? Après les prières des agonisants, l'on adressa une invocation à saint Martin, et son confesseur, lui parlant comme il avait autrefois parlé lui-même à sa fille, lui dit : « Nous venons de prier pour vous saint Martin, en qui vous avez eu toute votre vie une si grande confiance ; à votre tour, vous prierez pour nous dans l'éternité. »

Ces huit derniers jours, immobile, couché sur

le dos, les yeux fermés, le visage empreint d'une grande sérénité, il avait, dit son biographe témoin de sa mort, une respiration haletante, exprimant assez bien le sens de son invocation chérie à la sainte Face. Son cœur, à défaut de ses lèvres, la répétait encore. Le jeudi matin, 18 mars 1876, vers quatre heures, sans faire entendre aucun râle, sans ouvrir les yeux, il poussa trois grands soupirs à des intervalles assez longs, et expira.

XXV

L'ORATOIRE DE LA SAINTE-FACE

M. Dupont avait écrit dans son testament : « Ce n'est pas oubli de ma part si je ne parle « pas dans mon testament de la Sainte-Face. Je « ne veux pas intervenir dans les questions qui « peuvent survenir alors que je ne serai plus là « pour soigner les lampes de mon oratoire. Dieu « y pourvoira selon sa très sainte volonté. »

La divine Providence accepta le legs du Saint Homme : elle pourvut elle-même aux lampes, à l'oratoire et à la Sainte-Face.

Dès que M. Dupont fut mort, en effet, la piété des catholiques s'émut et s'inquiéta de ce qu'allait devenir sa maison, cette maison qu'il avait habitée pendant quarante-quatre ans, où s'étaient accomplies tant de merveilles, et qu'entourait, depuis si longtemps déjà, tant de vénération. Allait-on la voir livrée à des usages profanes? Le bon Dieu y veilla. Il accommoda les choses au gré de ses serviteurs. Les religieuses carmélites de Tours, fidèles à la mémoire de M. Dupont, purent aisément, grâce à leur désintéressement, devenir les propriétaires de la maison de la rue Saint-Étienne. Une fois entre ces mains affectueuses et dignes, toute sollicitude dut cesser. Il ne s'agissait plus que de perpétuer l'usage auquel cette maison avait été consacrée depuis si longtemps : usage de prières, nous pouvons presque dire, usage de miracles !

Depuis plusieurs années que M. Dupont avait cessé d'habiter le rez-de-chaussée, les appartements en avaient été possédés et occupés, véritablement, par la sainte Face. Les bonnes carmélites n'avaient pas le projet de la déloger, ni d'éloigner la dévotion des fidèles. Le vœu populaire allait au delà : il demandait une consécration. L'archevêque se prêta à ce désir de la piété de son peuple. Il permit de disposer l'oratoire de la Sainte-Face, dans la maison de M. Dupont, en chapelle publique ; il voulut y ériger une confrérie réparatrice, affiliée à l'archiconfrérie de Saint-Dizier, au diocèse de Langres, dont nous avons parlé.

Les amis de M. Dupont concoururent religieusement à l'exécution de ce projet. Le salon et la petite salle à manger, qui le précédait, formèrent la chapelle ; la petite pièce qui suivait, où M. Dupont entassait les béquilles et les autres *ex-voto* des miraculés de la sainte Face, et où il avait coutume autrefois de procéder à ses actes de mortification et de pénitence, tint lieu de sacristie. Un autel fut mis à la place de la cheminée. La sainte Face resta au lieu où M. Dupont l'avait placée lui-même, entre l'autel actuel et la porte de la sacristie. Tout fut disposé et agencé avec goût et religieusement, à l'honneur de la sainte Face et en souvenir de son serviteur.

C'est une chapelle d'expiation : la décoration intérieure, où dominent le rouge et le noir, couleurs de la Passion, l'indiquent, ainsi que les divers emblèmes dont sont décorés les murs. Les inscriptions placées de toutes parts le disent. Au-dessus de l'autel en ébène, est placée une statue du Christ au roseau; à droite est la sainte Face, dans le cadre de bois noir que M. Dupont lui avait donné. La piété des amis a enserré cette relique dans un cadre magnifique de bronze doré orné de pierreries. La lampe est posée devant; deux chandeliers de surcroît l'accompagnent, et au-dessous du cadre on a écrit :

Ostende faciem tuam, et salvi erimus.

Au-dessus de la sainte Face est placée l'inscription de la vraie Croix ; tout autour, des *ex voto* abondent déjà ; au-dessous, on lit l'inscription française suivante :

Ici, pour la première fois, le mercredi saint de l'an 1851, a été exposée publiquement et honorée d'une lampe devant brûler à perpétuité, jour et nuit, une image authentique de la sainte Face venue de Rome et remise par le

Carmel de Tours en souvenir des communications divines faites à une pieuse fille de Sainte-Térèse, morte en odeur de sainteté, le 8 juillet 1848.

Deprecatus sum faciem tuam in toto corde meo.

De toutes parts les versets de l'Écriture et les inscriptions célèbrent ainsi la sainte Face et rappellent son serviteur. Au-dessus de la statue du Christ au roseau qui surmonte l'autel :

Respice in faciem Christi tui.

Sur la poutre qui séparait jadis le salon de la salle à manger, on lit d'un côté :

Faciem tuam illumina super servum tuum, et doce me justificationes tuas.

Et de l'autre :

Dispersit, dedit pauperibus : justitia ejus manet in sæculum sæculi.

Au-dessus de la porte d'entrée :

Sanctissimæ Faciei Christi.

Sur un des battants :

Ici la sainte Face de Notre-Seigneur Jésus-Christ a été, pendant vingt-cinq ans, vénérée et glorifiée en toutes manières par un fervent serviteur de Dieu, mort en odeur de sainteté le 18 mars 1876.

Sur l'autre battant :

Benedicat tibi Dominus et custodiat te; ostendat Dominus faciem suam tibi et misereatur tui; convertat Dominus vultum suum ad te et det tibi pacem.

Toute la vie et les dévotions de M. Dupont sont ainsi rappelées :

Ici a été pieusement conservée et efficacement distribuée l'eau de Notre-Dame de la Salette, prise à la sainte montagne par un des premiers et des plus fervents pèlerins.

Ici a été renouvelée de nos jours et popularisée l'antique et puissante dévotion à la médaille de Saint-Benoît.

Vade retro, Satana!

Sur un panneau décoré de la couronne d'épines, les inscriptions rappellent les infirmes et les malades guéris et soulagés par la vertu des onctions de l'huile de la Sainte-Face et des prières du Serviteur de Dieu, la conversion des indifférents et des pécheurs, la lumière de la foi obtenue pour des protestants ou des incrédules, l'encouragement, la joie, la consolation et l'édification des âmes fidèles, et le texte latin ajoute :

Quæcumque orantes petitis, credite quia accipietis, et evenient vobis.

Le choix des textes de l'Écriture qui célèbrent de toutes parts la sainte Face et son Serviteur, semble inspiré par l'esprit de pénétration et d'intelligence qui distinguait M. Dupont.

Dans cette chapelle qui célèbre le Serviteur de Dieu, saint Martin ne pouvait être oublié : il a sa statue auprès de l'autel, de l'autre côté de la sainte Face.

Une première inscription dit :

> Ici est le point de départ de la rénovation du culte de saint Martin dans la ville de Tours, des solennelles manifestations dont il a été périodiquement l'objet, et de tout le mouvement religieux qui s'en est suivi.

Une seconde reprend :

> Ici a pris naissance l'œuvre du vestiaire de Saint-Martin, et ont été exposés et pour la première fois discutés les projets de recherche du tombeau de saint Martin et les plans de reconstruction de sa basilique.
>
> *Benigne fac, Domine, in bona voluntate tua, Sion, ut œdificentur muri Jerusalem.*

Un peu plus loin, d'autres inscriptions célèbrent encore saint Martin, et rappellent les pèlerinages :

> Ici ont été décidés et organisés les premiers pèlerinages à Candes et autres lieux dédiés au Thaumaturge des Gaules, qui furent comme le signal et le point de départ des grands pèlerinages contemporains.
>
> Ici sont venus successivement s'agenouiller des pèlerins innombrables de toutes les parties de l'univers catholique.

Peregrini sumus coram te et advenæ, sicut omnes patres nostri.

A côté de la statue de saint Martin l'on a placé, sur son pupitre, la Bible que M. Dupont avait léguée à M. le curé de Saint-Gatien ; celui-ci a bien voulu se dessaisir de ce trésor en faveur de l'oratoire de la Sainte-Face. La lampe que M. Dupont avait placée devant la sainte Écriture, est suspendue et brûle au devant. A côté de la sainte Écriture, tout à côté de la statue de saint Martin, se trouve aussi une copie du drapeau de Paray-le-Monial. Le panneau est consacré au Sacré-Cœur et à la Bible. Le mur chante et dit :

> Ici a été remis à un vaillant capitaine le drapeau du Sacré-Cœur qui s'est couvert de gloire à Patay.

> *Surge, Domine, et dissipentur inimici tui, et fugiant qui oderunt te a facie tua.*

> Ici la sainte Écriture, honorée d'une lampe brûlant jour et nuit, a été l'objet de lectures assidues et la source de pensées salutaires et d'ineffables entretiens.

> *Interpretabatur illis in omnibus Scripturis.*

On entre aussi dans l'intime de la vie du Serviteur de Dieu :

> Ici la mort prématurée d'une fille unique et chérie a été accueillie par un père chrétien avec une expression de joie surnaturelle, qui a fait l'admiration des anges et des hommes.

Ici a été conçue la première pensée de l'établissement des Petites Sœurs des Pauvres de Tours et de l'œuvre de l'Adoration nocturne du très saint Sacrement par les hommes.

Descendit in hortum suum, ut lilia colligat.

D'autres inscriptions célèbrent la bonne odeur de Notre-Seigneur Jésus-Christ et le parfum de la conversation céleste qu'on respirait en ce lieu ; les actes héroïques qui y ont été produits et les ferventes prières qui ont été inspirées par la foi, l'espérance et la charité :

Christi bonus odor sumus Deo.

Ici tout se disait, se faisait ou s'écrivait à la plus grande gloire de Dieu.

Ici Satan, l'ennemi de Dieu et des âmes, a trouvé un homme de prière, toujours prêt, comme saint Martin, à le combattre et à le vaincre.

Tanquam leo rugiens circuit quærens quem devoret : cui resistite fortes in fide.

Ici toutes les bonnes œuvres de piété, de zèle et de charité de la ville de Tours ont pris naissance, ou reçu encouragement et appui.

Ici le nom du Dieu trois fois saint et le nom adorable de Notre-Seigneur Jésus-Christ ont reçu d'éclatants hommages de louange, d'action de grâces et de réparation.

Benedictum nomen majestatis ejus in æternum.

Les inscriptions qui décorent la partie de la chapelle qui servait autrefois de salle à manger, rappellent cet usage, et célèbrent la stricte observance de la pénitence quadragésimale et des autres lois du jeûne ou de l'abstinence, gardée jusqu'à la fin par le Serviteur de Dieu; sa délicate et généreuse hospitalité envers les pèlerins de toute condition et de tout pays, les prêtres, les religieux et les pauvres; elles disent encore que jamais, à la table du Serviteur de Dieu, n'a été entendue aucune parole troublant la sécurité de la paix, blessant la délicatesse ou choquant l'urbanité chrétienne :

Charitate fraternitatis invicem diligentes : honore invicem prævenientes.

Ici les bons anges gardiens ont été fréquemment salués et invoqués pour les voyageurs et les convalescents.

Monita salutis dabat eis.

Des inscriptions rappellent encore les pieuses sollicitudes, les catholiques émotions, les charitables libéralités, les touchantes prières du Serviteur de Dieu pour le Souverain Pontife, l'Église et la France, les ordres religieux et les instituts de tous les pays :

Ego servus tuus et filius ancillæ tuæ.

Elles rappellent que Tours et son vénérable archevêque, le chapitre métropolitain, le clergé de la paroisse et du diocèse, ont eu pour concitoyen, serviteur, auxiliaire et ami, un fervent laïque dévoré du zèle de la maison de Dieu et prêt à toute sorte de bonnes œuvres :

Multum orat pro populo et universa civitate.

Dans la petite sacristie, on a placé la discipline de M. Dupont, avec cette inscription :

Ici le Serviteur de Dieu se macérait secrètement par de rudes et sanglantes flagellations.

Castigo corpus meum et in servitutem redigo.

On y a placé un groupe de béquilles, et l'inscription constate les merveilles :

Ici le Serviteur de Dieu mettait en dépôt les béquilles et les bâtons que lui laissaient les malades et les boiteux guéris.

Date gloriam Deo.
Oleum gaudii pro luctu.

Dans la chambre où est mort M. Dupont, au premier étage de la maison, on lit encore l'inscription suivante :

Ici le Serviteur de Dieu, longtemps cloué par la souffrance, muni des sacrements de l'Église et victorieux du démon, s'est endormi dans la paix du Seigneur, le 18 mars 1876.

Une image le représente après sa mort; la sainte Face est appendue auprès de lui; d'un côté du cadre, on a inscrit ce verset du ps. CXVIII qu'il aimait tant, où se trouvent unies la sainte Face et la sainte Écriture :

Deprecatus sum faciem tuam in toto corde meo; miserere mei secundum eloquium tuum.

De l'autre côté du cadre, est inscrite cette pensée de saint Edme que nous avons déjà signalée, la dernière ligne que le Serviteur de Dieu ait tracée de sa main avant qu'elle fût frappée d'immobilité, les derniers mots que ses lèvres aient prononcés avant que la parole leur fût enlevée :

Que j'expire altéré de la soif ardente de voir la Face désirable de Notre-Seigneur Jésus-Christ. Amen.

Au-dessous du cadre on a écrit :

Defunctus adhuc loquitur.

Puisse-t-il parler au lecteur dans ces pages, consacrées par un ami indigne et reconnaissant à la mémoire du Saint Homme de Tours !

ALLELUIA !

APPENDICE

I

PILLAGE DE LA BASILIQUE

PAR LES HUGUENOTS EN 1562

(Article de *l'Univers,* novembre 1854.)

Saint Martin est un des saints que le bon Dieu a paru glorifier avec le plus de complaisance. Les grands docteurs qui vivaient de son temps ou qui brillèrent quelques années après sa mort, ne jetèrent pas sur le monde plus d'éclat que cet évêque d'une petite cité des Gaules, située aux limites extrêmes des régions civilisées. De son vivant, la terre était remplie du bruit des merveilles dont Dieu comblait l'humilité de son serviteur. L'Orient était insatiable des récits qu'on en faisait : « Heureuse Gaule, » répétaient les contrées illustrées par saint Ambroise, saint Jérôme et saint Augustin, « heureuse Gaule de posséder un homme comme Martin ! » La grâce l'accompagnait dans toutes ses démarches. Avec son humilité et sa charité, il renversait les lois de la nature : il guérissait les malades, ressuscitait les morts, mettait en fuite les démons. Ce n'était pas la science qui le rendait recommandable : ancien soldat, il ne connaissait rien que la prière, la pénitence et la charité. Objet du respect des grands de la terre et de la vénération des peuples, entouré de disciples accourus de toutes parts pour s'instruire à son école, il persévérait avec constance dans toutes ses pratiques extrêmes d'humilité, qui avaient failli l'exclure du siège épiscopal. Sulpice Sévère raconte avec émotion l'accueil que lui fit, au monastère de Marmoutier, le saint évêque, s'abaissant, pour servir son hôte, à lui laver les pieds.

Chacune des actions du Saint était, pour ainsi dire, marquée par un miracle. Le bon Dieu répondait aux vœux de son serviteur, sans attendre des circonstances extraordinaires : sa toute-puissance était, pour ainsi dire, mise en tout temps au service de Martin. Celui-ci en usait sans effort, pour satisfaire à son gré toutes les compassions où s'apitoyait son cœur. Sans doute, pour ressusciter le catéchumène mort avant d'avoir reçu le baptême, le cœur de Martin poussait des gémissements plus passionnés que pour délivrer le lièvre de la dent des chiens, détourner les mouettes de la poursuite des poissons de la Loire, ou renvoyer au pâturage la vache furieuse. Dans ces dernières circonstances, un simple attendrissement du cœur de Martin, un signe de croix, une parole avait suffi pour que Dieu changeât le cours naturel des choses : pour ressusciter le mort, Martin persévéra dans la prière pendant plusieurs heures ; sa prière achevée, il attendait toujours, sans laisser faiblir son espérance.

Après la mort de saint Martin, les merveilles qui avaient éclaté entre ses mains, ne cessèrent point : ses funérailles, accomplies au milieu d'un immense concours de peuple et à travers les mélodies des anges, ne furent pas le terme des grâces que Dieu voulait dispenser à la terre par l'intercession de son serviteur ; le tombeau où il fut déposé, illustré chaque jour par de nouveaux miracles, devint un lieu célèbre de pèlerinage. Le nom de Martin, déjà si retentissant de son vivant, ne perdit rien quand l'Église y eut reconnu l'auréole des saints. Les hommes implorèrent souvent la protection du grand thaumaturge des Gaules. Des communautés, des villes, la France entière, se mirent sous son patronage. Aucun autre saint n'eut, dans notre pays, un plus grand nombre d'autels : dans un seul diocèse, celui d'Amiens, on comptait cent quarante églises dédiées à Dieu sous le vocable de saint Martin. Le foyer de ce culte était le tombeau du Saint, à Tours. Les origines de la nation française sont liées à la basilique élevée sur ce sépulcre. La chape de saint Martin était l'étendard national, et Clovis exprimait le sentiment général des Francs, lorsqu'il demandait où serait pour lui l'espérance de la victoire, si l'on méconnaissait saint Martin.

Cette confiance n'est pas encore évanouie : partout le Saint est fêté avec éclat ; mais, au lieu où il a vécu, combien les choses sont changées ! Le tombeau du Saint a disparu, son église est détruite, ses reliques ont été brûlées. La dévotion à saint Martin manque de l'aliment que trouvait celle de nos pères à s'agenouiller au tombeau de leur protecteur, à prier dans tous les lieux où il a vécu et prié. Le pèlerinage de Tours n'aurait plus de but aujourd'hui : la ville, découronnée désormais, n'a pas même une église consacrée sous le vocable du Saint qui fut sa gloire.

Les protestants, en 1562, commencèrent l'œuvre de destruction. Ils avaient formé un parti dans la ville de Tours, et s'étaient ménagé des intelligences jusque dans le cloître de Saint-Martin ; ils étaient insolents et exerçaient toute sorte de sévices contre les catholiques. Les chanoines de Saint-Martin s'adressèrent à la cour. Charles IX régnait alors, sous la régence de Catherine de Médicis, et le chancelier de l'Hôpital était le principal ministre. Au lieu d'opposer la force aux violences des calvinistes, le chancelier envoya des parlementaires à Tours, et crut pouvoir se vanter d'avoir calmé les esprits.

Muni d'un ordre du prince de Condé, chef des huguenots, la Rochefoucauld cependant, appuyé de quelques-unes des autorités de la ville, qui, à l'exemple du chancelier, trahissaient le roi et leurs devoirs, la Rochefoucauld souleva les partisans de la Réforme, et, ayant introduit quelques renforts dans la place, s'empara d'abord de la cathédrale, et de là se porta à la basilique de Saint-Martin, dont il livra le trésor au pillage. On agissait déjà avec cette régularité qu'affectent les révolutions qui veulent se faire passer pour légales : on dressa l'inventaire des richesses dont on s'emparait. Il est lamentable de parcourir aujourd'hui cet acte. Les objets les plus rares étaient accumulés dans le trésor de Saint-Martin. Les débris de l'antiquité y étaient en grand nombre ; ils étaient conservés comme objets d'art, de curiosité, à cause du prix de la matière ou de la perfection du travail. Il y avait deux statues de divinités païennes en agate et en sardoine ; des vases d'or, d'agate, de vermeil et d'argent ; un grand vase d'or à deux anses avec son couvercle, enrichi de perles et de pierreries, était appelé la coupe de Charlemagne. Les souvenirs des rois étaient mêlés à tous les chefs-d'œuvre de l'orfèvrerie religieuse : l'or, l'argent, les pierres précieuses, étaient la matière, mais non pas le plus bel ornement de ces merveilleux travaux des artisans du moyen âge. L'inventaire ne donne aucun détail sur la perfection des objets qui furent détruits ; il en mentionne seulement le poids et la matière, avec quelques descriptions sommaires. On a calculé que les protestants se procurèrent environ douze cent mille livres de l'or et de l'argent qu'ils fondirent : on ne compte pas les pierreries, qu'il est impossible d'évaluer aujourd'hui ; on ne compte pas le prix de la main-d'œuvre.

Un seul article de l'inventaire comprend la mention de trente-six figures de saints en vermeil; en outre, un grand tableau et plusieurs images plates en vermeil, enrichies de saphirs. Une des figures en relief, celle de Notre-Dame, pesait soixante-seize marcs et sept onces. Les croix et les reliquaires d'or et d'argent, les vases sacrés de toute sorte, les lampes et tous les divers objets du culte, un orgue même dont les tuyaux étaient d'argent, furent brisés et fondus. La châsse qui renfermait le corps de saint Martin, toutes celles des autres saints vénérés dans l'Église, qui avaient été les disciples et les successeurs du saint évêque, saint Brice, saint Perpet, saint Grégoire, etc., eurent le même sort. On avait établi les fourneaux dans la basilique; pendant trois semaines, du 15 mai au 7 juin, ils furent en activité. Pour retirer l'or qui les enrichissait, on brûlait même les vêtements sacerdotaux, les chapes, les chasubles, les dalmatiques, les tuniques, les aubes, toutes les merveilles de la broderie du moyen âge, relevées de perles et d'émeraudes; on brûla les livres dont les couvertures étaient d'or, d'argent et d'ivoire. Au milieu de cette désolation et de ce pillage, on jeta dans les fourneaux les reliques des saints et tout ce que contenaient les châsses; on y jeta aussi les hosties consacrés trouvées dans les custodes.

Le chancelier de l'Hôpital, impassible devant ces abominations, n'avait pas imaginé d'autre remède que de pérorer mélancoliquement contre les termes injurieux, disait-il, de luthériens, de huguenots et de papaux. Les catholiques ne trouvèrent pas la protection efficace : ils recoururent à d'autres moyens, et prirent les armes. Le parlement de Paris, effrayé des violences que les protestants exerçaient partout où ils pouvaient s'emparer de la domination, rendit un arrêt enjoignant à toute sorte de personnes de leur courir sus et de les tuer partout où on les trouverait, comme gens enragés et ennemis déclarés de Dieu et des hommes, dit Mézerai. Une sommation faite aux gens de Tours de se remettre sous l'obéissance du roi, appuyée, il est vrai, de la prise de Blois par le duc de Guise, suffit pour rétablir la paix dans la ville de Tours. Les huguenots en sortirent au nombre de quinze cents. Ce petit nombre et les excès qu'ils avaient commis, auraient dû éclairer le ministre de la régente sur les conséquences de ses ménagements, si la tolérance de l'Hôpital n'avait jamais été autre chose qu'une faveur déguisée du protestantisme et des désordres qu'il entraînait. Les chanoines de Saint-Martin purent rentrer dans leur église. Quelques parcelles des reliques de saint Martin, un os du bras et un morceau du crâne, avaient été sauvées du désastre par un prêtre dévoué et entreprenant ; elles purent être exposées de nouveau à la vénération des fidèles.

On sait quels liens attachaient le chapitre de Saint-Martin de Tours aux rois de France. Depuis Hugues Capet, les rois portaient le titre d'abbé de Saint-Martin ; et les membres de la famille royale, avec le titre de chanoine, avaient leurs stalles dans le chœur de la basilique. Le dernier chanoine de Saint-Martin qui ait survécu à la ruine de l'église, était le roi Louis-Philippe. Son installation au sein du chapitre avait eu lieu quelque temps avant la convocation des États-Généraux...

II

LE BIENHEUREUX HERVÉ

(Article de *l'Univers*, décembre 1859.)

La lettre de Mgr l'archevêque de Tours, en date du jour de l'Immaculée Conception, au clergé de son diocèse, n'a pas échappé à nos lecteurs (1). Le pieux archevêque y proclame la promesse faite par lui, devant les reliques de saint Martin, de travailler à réparer autant que possible les outrages de nos révolutions envers ce thaumaturge de l'Occident; et il annonce que, pour commencer cette grande entreprise, il désire rendre au culte et à la vénération des pèlerins un des lieux les plus illustres de la chrétienté, l'emplacement même du tombeau du glorieux Saint dont la France et nos rois s'enorgueillissaient d'avoir choisi le patronage.

Depuis près de quatre-vingts ans, la profanation du tombeau de saint Martin est un sujet de douleur et de scandale. Il n'est aucun voyageur qui ne soit péniblement affecté en reconnaissant que la ville de Tours n'a pas une seule église consacrée à ce grand Saint, qui a été tant de siècles la couronne et la gloire de la cité. On sait le zèle déployé par les révolutionnaires pour effacer toutes les traditions et les monuments de la France catholique. Ils ont montré contre saint Martin une rage particulière et un acharnement inouï...

Il y avait, en 1802, huit siècles que l'église avait été construite. Hervé, trésorier de Saint-Martin, auquel divers documents donnent le titre de saint et de bienheureux, était de la famille des seigneurs de Buzançais et

(1) Voir le chapitre XVIII, à la page 288 de ce volume.

d'Amboise, une des plus nobles des Francs, selon Raoul Glaber, et l'une des plus orgueilleuses. Hervé en était sorti, ajoute l'historien, comme la rose sort des épines. Il avait été, dit-il encore, élevé noblement, suivant la coutume des grands, et appliqué à l'étude des arts libéraux. Il n'est peut-être pas superflu de rappeler ces paroles d'un écrivain contemporain, sur les usages des grandes familles du dixième siècle. On est accoutumé à citer cet âge comme celui de l'ignorance et de la barbarie. Les œuvres cependant parlent. Le siècle qui éleva la basilique de Saint-Martin, est-il au-dessous de celui qui la détruisit? Les lettres, durant le dixième siècle, étaient cultivées avec soin, et les peuples de la France, à cette époque, s'appliquaient en outre à un travail de régénération et de réparation que nous pourrions envier.

Le progrès des mœurs éclaira et prépara le progrès des sciences. Malgré des calamités de toute sorte, les pestes, les disettes, les guerres, les désordres étranges des saisons qui accompagnèrent et suivirent les ravages des Normands, l'esprit public se releva, et l'on vit les arts et les lettres jeter un admirable éclat. Cluny est l'instigateur de tout ce mouvement; et saint Odon, qui, sans être le fondateur, a été la vraie gloire de ce monastère au dixième siècle, fut le principal instrument de cette renaissance littéraire et religieuse. Ce saint sortait de l'église Saint-Martin de Tours. Il s'y adonnait aux lettres et à la prière. Il prenait une grande délectation à la poésie antique, et il gardait avec Virgile, entre autres, un commerce familier, dont il fut repris par une vision qui lui présenta un beau vase artistement ciselé, tout rempli de serpents et d'animaux venimeux. Odon, désormais, s'appliqua surtout aux vertus; il aspira à une vie plus parfaite que celle des chanoines de Saint-Martin.

Il ne faut pas s'étonner du relâchement de la discipline en ces temps. Les églises, livrées aux attaques des Normands, avaient été plusieurs fois abandonnées. Les religieux en fuite erraient, chargés de leurs plus précieuses reliques, cherchant pour eux et pour leur trésor un asile et un abri assurés. Aux malheurs des guerres se joignaient ceux des intempéries des saisons. Des hivers rigoureux et prolongés, des étés pluvieux et froids occasionnaient des famines et des mortalités effrayantes : si bien que, selon la remarque d'un contemporain, toute la beauté des régions arrosées par la Seine et la Loire, qui étaient naguère comme un paradis, semblait alors perdue et détruite.

Malgré ces désastres, l'enseignement des lettres n'était pas délaissé. Au temps même où les chanoines, inquiets de leur sort, se préparaient des asiles loin des fleuves que remontaient les barques normandes, l'école de Saint-Martin de Tours subsistait. Un diacre du nom d'Amalric y avait rendu l'enseignement gratuit, en donnant de son bien de quoi subvenir à l'entretien des maîtres. D'autres écoles se soutenaient et jetaient de l'éclat. Saint Odon avait étudié à Paris ; il s'y était instruit de la dialectique et de la musique. On peut suivre dans les chroniques la filiation des divers maîtres ès arts de ces temps. Ainsi, au moment de la donation du diacre Amalric, Milon enseignait à Tours. Ce Milon, mort en 872, était un moine de Saint-Amand. Il avait un neveu, Hucbald, habile dans les sept arts, qui excellait surtout dans la musique, et que l'archevêque de Reims, Foulque, appela dans sa ville pour y diriger une des deux écoles qu'il y institua. L'autre fut confiée à Remy, moine d'Auxerre, qui avait déjà enseigné à Paris, où saint Odon avait été son disciple. C'est de Remy, disent les historiens, et de son école que la culture des lettres se répandit dans toute la France. Avant d'y enseigner, Remy avait lui-même étudié à Reims. Il y avait eu pour maîtres Loup et Haimon, sortis l'un et l'autre de l'école de Raban Maur. Le grand éclat de l'école de Reims fut l'enseignement de Gerbert. Saint Abbon de Fleury et Fulbert, le grand Fulbert de Chartres, passent pour avoir étudié sous ce maître. Gerbert avait été élevé au monastère de Saint-Géraud d'Aurillac par les disciples de saint Odon. Celui-ci, après avoir été repris de son ardeur trop grande pour les études profanes, s'était appliqué surtout à faire reluire en lui la discipline religieuse. Parti pour le pèlerinage de Rome, il passa au monastère de Gigny, et, admirant la vie qu'on y menait sous la conduite de l'abbé Bernon, il n'eut pas la pensée d'aller plus loin, et ne songea désormais qu'à s'avancer dans la perfection. Après la mort de saint Bernon, il devint abbé de Gigny et de Cluny. Il éleva Cluny à un degré de gloire incomparable. Là, brilla dans toute sa splendeur la vie monastique. De toutes parts on venait s'y ranger sous les lois de saint Odon. On lui demandait aussi d'étendre son zèle sur d'autres monastères, et d'y introduire le régime pratiqué avec tant de succès à Cluny. Il était le maître et le régulateur de la vie religieuse.

Il adressait les plus vifs reproches aux chanoines de Saint-Martin sur leurs vêtements somptueux et plus laïques qu'ecclésiastiques, et sur le peu de respect qu'ils gardaient, à son gré, pour le tombeau qu'ils desservaient. Le cœur de saint Odon, disent les historiens, était resté attaché à ce tombeau. Dans l'appréhension des guerres et des attaques, l'église et les maisons qui l'entouraient avaient été entourées d'un mur. Mais la clôture canonique s'était relâchée : les cavaliers et les femmes traversaient les cloîtres, de sorte, disait le Saint, que ce mur ne semblait pas plus élevé contre l'ennemi que contre la discipline ; et, pour parler plus énergiquement, ajoutait-il, l'âme des fidèles est attristée de ne plus trouver dans un lieu si vénérable l'ancienne manière de vie, si exacte et si sainte, qu'on disait naguère, à Rome même, de ceux qui avoisinaient le tombeau de saint Martin, qu'ils n'avaient pas besoin de faire le pèlerinage des saints Apôtres, tant ils pouvaient trouver d'exemples et de grâces auprès de ce saint tombeau.

Parmi les monastères réformés par saint Odon, il ne faut pas oublier celui de Fleury. Toute discipline en paraissait bannie. Les moines, apprenant la visite du Saint, loin de l'accueillir, protestèrent qu'ils ne le laisseraient pas entrer, et qu'ils ne voulaient rien changer à leur manière de vie. Leurs protestations étaient énergiques, et formidables les préparatifs pour les soutenir : ils avaient fait des provisions d'armes, et entassé dans leur monastère des pierres pour en accabler ceux qui voudraient y pénétrer malgré eux. Les évêques et les comtes cherchèrent à dissuader le Saint de cette dangereuse entreprise, l'assurant qu'il y allait peut-être de sa vie. Odon ne se laissa pas effrayer. Il se rendit à Fleury, seul et désarmé. Comme tous les saints, il avait le secret de gagner, de toucher et de changer les cœurs. Les rebelles, attendris par sa mansuétude, loin de lui faire résistance, furent promptement à ses pieds. Ils embrassèrent les réformes qu'il leur proposa, et entrèrent bientôt dans les voies de la perfection religieuse. Le monastère de Fleury ne tarda pas à répandre de toutes parts une admirable odeur de vertus et une merveilleuse lumière. Toutes ces églises réformées devenaient, en effet, des écoles. Celles de Fleury jetèrent un incomparable éclat, et lorsque saint Abbon y enseigna, il put y compter jusqu'à cinq mille auditeurs. Ils n'étaient pas enseignés gratuitement, comme à Tours : chacun des écoliers de Fleury apportait comme honoraires deux volumes au monastère. Ces écoles n'étaient pas seulement réservées au clergé. Tous s'y pressaient : les serfs comme les libres, les riches comme les pauvres, tous liés ensemble par un même lien de charité, dit l'historien de saint Guillaume de Dijon. Ce saint abbé avait remarqué que la connaissance du chant et de la lecture courait risque de se perdre parmi le peuple : il avait institué, près des monastères qu'il gouvernait, des écoles gratuites, destinées à répandre cette double instruction. Le fruit en fut admirable, dit le biographe; et, comme beaucoup de ceux ainsi convoqués pour apprendre à lire et à chanter n'y réussissaient pas toujours et voulaient cependant servir Dieu, le Saint, touché de compassion pour ces bonnes gens *(simpliciores vel idiotæ)*, leur enseignait une manière de prière qui consistait à répéter sur cinq tons différents les invocations suivantes : *Domine Jesu, Rex pie, Rex clemens, pie Deus*, auxquelles on ajoutait *miserere*, afin de demander à Dieu pardon de tous les péchés commis par chacun des cinq sens.

Les écoles de Fleury comprenaient les sept arts libéraux : saint Abbon excellait dans tous. Dès son enfance, il avait montré une intelligence extraordinaire des lettres. Il fréquenta les écoles, et voulut pénétrer jusqu'aux plus rares secrets de la science. Il parcourut les divers laboratoires de la sagesse, *sapientiæ officinas*, dit son disciple et biographe Aimoin : il s'était déjà pleinement instruit de la grammaire, de l'arithmétique et de la dialectique ; à Paris et à Reims, il étudia la philosophie et l'astronomie, et eût même voulu pousser plus loin cette dernière science ; à Orléans, il s'instruisit de la musique et de ses douceurs. Il surpassait ainsi ses contemporains par l'étendue des connaissances : car des sept arts libéraux, il n'y en eut que deux, la rhétorique et la géométrie, dont il ne pénétra pas la profondeur à son gré ; il était loin cependant de leur être étranger. Ce qui valait mieux encore, Abbon avait la science de la sainteté. Il suivait les traces de saint Odon, et s'appliquait comme lui à la réforme des monastères. Il mourut assassiné dans un voyage qu'il fit en Guyenne pour travailler à la restauration de la vie monastique à la Réole.

C'est ce maître dont Hervé suivit l'enseignement à Fleury ; mais, en étudiant les lettres, le jeune homme goûtait surtout les leçons de la piété. Aimoin, qui avait été son condisciple, parle de la grâce de son caractère : doux avec ses compagnons, soumis avec ses maîtres, toujours agréable à Dieu et aux saints. Ces qualités et cet heureux naturel le disposaient à la vie monastique. Il sollicita son entrée au monastère. La puissance de sa famille imposait des craintes. On lui promit cependant de l'accueillir volontiers, si elle ne mettait pas obstacle à ce projet, et, en attendant, on l'introduisit dans l'intérieur du cloître. Annonçant ce qu'il devait être un jour, il y donna tout d'abord de beaux exemples. Mais son père, ayant appris son dessein, parut bientôt à Fleury ; il en retira son fils, et, ne pouvant le convaincre, le conduisit vers le roi Robert, espérant que la vue et les promesses des biens de ce monde triompheraient de la résistance d'Hervé. Le roi Robert était pieux et religieux, dit l'annaliste : il exhorta doucement Hervé à maintenir son cœur dans son excellente résolution ; pour y accommoder du mieux possible les vues ambitieuses de la famille, le roi le nomma trésorier de Saint-Martin. Au dire d'un historien de la Touraine, cela se serait passé en 970. A cette époque, le roi Robert n'était pas roi ; il était même à peine né, si, selon l'opinion commune, en mourant en 1031, il avait soixante et un ans. Aimoin, d'ailleurs, qui fut le condisciple d'Hervé aux écoles de Fleury, n'y étudia qu'en 980.

L'église de Saint-Martin avait bien repris quelque lustre et quelque discipline depuis le temps de saint Odon ; et l'exemple du monastère de Saint-Julien, qu'avec le concours de l'archevêque Théotolon, le Saint avait réformé et où il était mort, n'avait sans doute pas été inutile. Cependant la règle des chanoines, telle que l'avait donnée saint Chrodegand, bien différente de celle de saint Benoît, était loin d'y être observée régulièrement. Dans son amour de la perfection, Hervé, revêtu de l'habit blanc et honoré du titre de chanoine, s'astreignit à toutes les observances de la vie monastique : *mentem et vitam pleniter possedit monachicam*. En vain voulut-on l'élever en dignité et faire briller ses vertus au sommet de quelque Église : il refusa énergiquement, s'attachant chaque jour davantage à sa vie de retraite, de prière et de pénitence. Le trésorier avait une riche dotation sur les biens de l'abbaye ; mais ce qu'Hervé prisait surtout de sa charge, c'est qu'elle lui conférait un devoir particulier de garde et de vigilance auprès du tombeau de saint Martin, dont les clefs lui étaient confiées. C'était là la part de ses privilèges qu'il retenait amoureusement. Tous ses revenus étaient distribués aux pauvres. Il donnait au delà de ses revenus même, si nous nous en rapportons au seul des actes du chapitre de Saint-Martin où son nom apparaisse. On y voit le trésorier ordonnant (*præcepit*) aux habitants de sa prévôté de Ligueil, qui n'avaient pas de terre à travailler pour vivre, de défricher une forêt (*ut silvam dissiparent*) qui lui appartenait, et d'y prendre de la terre chacun autant qu'il lui en faudrait pour subsister. Avons-nous tort de regretter le temps où de si larges charités s'accomplissaient? et les progrès du dix-neuvième siècle ramèneront-ils de pareils exemples? En tout cas, les historiens n'ont pas tort de vanter la largesse d'Hervé envers les pauvres. Pour la rendre plus facile, il vivait de peu. Il ne pratiquait pas seulement la frugalité, mais encore la pénitence et l'oraison, se couvrant d'un cilice et s'appliquant uniquement aux veilles, au jeûne et à la prière.

Cette retraite n'obscurcissait pas l'éclat de ses vertus. Saint Abbon, son ancien maître, le nomme un miroir de la bonne nature. Hervé, d'ailleurs, dans ses prières et ses méditations, n'oubliait pas les lettres. C'est à sa demande qu'Aimoin écrivit la vie de leur maître Abbon, et Amblard, abbé de Solignac, lui adresse sa *Vie de saint Éloi*, en le priant de la faire lire au roi Robert : ce roi, en effet, paraît avoir conservé des privautés assez intimes avec le trésorier de Saint-Martin. Amblard rappelle qu'au temps où il habitait auprès d'Hervé, et où il le voyait chaque jour croître en vertu, il avait eu souvent occasion d'entretenir le roi. Outre l'affection que le roi Robert pouvait avoir pour les vertus d'Hervé, la dignité de celui-ci le mettait, en effet, volontiers en rapport avec le roi, abbé de Saint-Martin. On sait que Hugues Capet avait porté ce titre sur le trône, et ses descendants l'y ont conservé jusqu'à la Révolution. Ces premiers rois de la troisième race, qui hésitèrent quelquefois, au rapport de Richer, sur la valeur de leur droit à la couronne, avaient soin de se ménager des protecteurs dans le ciel. Hugues Capet avait choisi pour patrons particuliers de son trône et de sa race saint Martin et saint Denis : lui portèrent-ils bonheur ?

Cependant la basilique élevée par saint Perpet, troisième successeur de saint Martin, en remplacement de la chapelle bâtie par saint Brice, sur le tombeau même du thaumaturge, dont saint Brice fut le successeur immédiat, après avoir été l'un de ses détracteurs, la basilique bâtie par saint Perpet subsistait encore à la fin du dixième siècle. Elle était sans doute assez peu semblable à la description qu'en avait donnée saint Grégoire. Dans ces temps héroïques de nos églises, les saints y racontent les actions des saints. Elle avait essuyé déjà beaucoup de dommages et plusieurs incendies, lorsqu'un nouvel incendie la détruisit, ainsi que tout le château de saint Martin, qu'on appelait la Martinopole. Hervé résolut de reconstruire la basilique : les travaux furent commencés en l'an 1001, et l'an 1014, au mois de juillet, on fit la dédicace de la nouvelle église. La rapidité des travaux, l'étendue des bâtiments et leur beauté, dont témoigne une tour qui subsiste encore, sont pour prouver que si les hommes du dixième siècle égalaient ou surpassaient en vertus et en véritables lumières intellectuelles nos progrès modernes, ils n'étaient pas non plus beaucoup inférieurs dans les arts mécaniques et plastiques.

Lorsque l'église eut été dédiée, Hervé, toujours affamé de retraite et de prière, se démit de sa charge de trésorier, et se retira à une petite distance de la ville, au prieuré de Saint-Cosme, où devait se retirer plus tard l'hérésiarque Bérenger, et que le poète Ronsard devait ensuite posséder. Là, le saint homme embrassa une vie encore plus mortifiée et plus suppliante que celle qu'il avait menée jusqu'alors. Son renom de sainteté était si considérable, que, lorsqu'on le vit décliner vers sa fin, on accourut vers lui, espérant voir à son dernier instant éclater quelque miracle de la vertu de Dieu ; mais le Bienheureux — j'aime à lui conserver ce titre, que lui donnait l'Église de Tours — le Bienheureux, connaissant leurs pensées, recommandait à ceux qui l'entouraient de songer à intercéder pour lui la miséricorde divine ; élevant au ciel ses yeux baignés de larmes, étendant les bras, il ne cessait de répéter, comme les pauvres gens, *simpliciores vel idiotæ*, dont avait eu compassion saint Guillaume : *Miserere, miserere, Domine Jesu, miserere, Rex pie!* Il expira de la sorte.

C'est son œuvre qu'il s'agit aujourd'hui de relever : puissions-nous lui rendre tout son lustre! Puisse saint Martin étendre de nouveau sur la France sa protection si invoquée! On sait le mot de Clovis, ce roi non seulement très chrétien, mais très français, que la science moderne a voulu retrancher de nos souvenirs nationaux, dont la mémoire a été accusée de crimes où la critique pourrait bien avoir quelque chose à démêler ; on sait le mot de Clovis : « Où sera l'espérance de notre gloire, si saint Martin est offensé ? » *Ubi spes victoriæ, si beatus Martinus offenditur?* N'est-ce pas une offense que la ruine de son église? Les actes de réparation se multiplient de nos jours. Lérins sort de son silence et va retrouver sa splendeur : comment oublier saint Martin ? *Ubi spes victoriæ?* Les dangers manquent-ils ? n'avons-nous pas toujours besoin des secours d'En-Haut ?

Lorsque le corps du glorieux pontife, déposé à Auxerre, fut, après trente ans, rapporté à Tours, saint Odon, qui a été l'historien de cette *Réversion*, assure que, bien qu'on fût au mois de décembre, les arbres, le long des chemins où passait le cortège, se couvraient de feuilles et de fleurs. Le monde a besoin d'un plus grand miracle : c'est de voir se couvrir du feuillage et des fruits de la foi les âmes desséchées par l'esprit du siècle.

Sancte Martine, ostende, quæsumus, pietatem : succurre miseris, alioquin et nos peribimus.

TABLE

	PAGES
Lettre de S. E. le cardinal Guibert	I
Préface	III
I. Premières Années	1
II. Retour en France. — Installation à Tours	13
III. Les Petites Dévotions. — La Médaille de Saint-Benoît et ses Prodiges	28
IV. Situation religieuse après 1830	39
V. La Réparation. — Saint Martin, la Prière et les Pèlerinages. — La Pénitence	50
VI. Les Petites Sœurs des Pauvres	69
VII. La Conférence de Saint-Vincent de Paul	83
VIII. Le Patronage des apprentis. — Les Écoles d'adultes. — L'Œuvre des soldats	93
IX. Le Prosélytisme protestant	103
X. La Révolution de février 1848 et la Conférence de Saint-Vincent de Paul à Tours. — Le Journal *l'Univers*	111
XI. La Salette. — Association réparatrice des blasphèmes et de la profanation du dimanche. — Le Curé d'Ars	120

TABLE.

XII.	Henriette Dupont	143
XIII.	La Sœur Marie de Saint-Pierre du Carmel de Tours	155
XIV.	L'Adoration nocturne	207
XV.	La Sainte-Face	225
XVI.	Réveil de la foi	246
XVII.	Le Manteau de saint Martin	257
XVIII.	L'Invention du tombeau	279
XIX.	La Basilique de saint Martin	303
XX.	Les Entraves et les Concours	313
XXI.	La Bienheureuse Jeanne-Marie de Maillé. — Le Sang de saint Maurice	326
XXII.	Le Levain. — La Correspondance	334
XXIII.	Le Drapeau de Loigny	352
XXIV.	Le Terme du pèlerinage	366
XXV.	L'Oratoire de la Sainte-Face	379

APPENDICE

I.	Pillage de la basilique par les huguenots en 1562	391
II.	Le Bienheureux Hervé	397

RENNES, ALPH. LE ROY

Imprimeur breveté.

AUX MÊMES LIBRAIRIES

OUVRAGES DE M. LÉON AUBINEAU

Augustin Thierry, son système historique et ses erreurs. *Nouvelle édition.* — Un vol. in-12 de 460 pages . . . . 3 fr.

Au Soir. Récits et souvenirs. — Un vol. in-12 de 400 p. 3 fr.

De la Révocation de l'Édit de Nantes. — Un vol. in-12 de 360 pages . . . . 3 fr.

Épaves. Récits et souvenirs. — Un vol. in-12 de 400 p. 3 fr.

La R. M. Javouhey, fondatrice de la Congrégation de Saint-Joseph de Cluny. — Un vol. in-12 de 150 pages. . . 1 fr. 25

La Vie admirable du saint Mendiant et pèlerin Benoît-Joseph Labre. Onzième édition, avec un beau portrait. Un vol. in-12 de 580 pages . . . . 3 fr. 50

Le même ouvrage. In-8. . . . . 6 fr.

Les Serviteurs de Dieu. Cinquième édition. — Deux volumes in-12. Ensemble 1110 pages . . . . 6 fr.

Les Serviteurs de Dieu au XIXe siècle. (Extrait de l'ouvrage précédent.) Édition de luxe, illustrations de M. Georges LAVERGNE, 13 beaux portraits. — Un vol. grand in-8 de 547 pages. Broché . . . . 8 fr.
— Relié dos chagrin, plats toile, tranches dorées. . . . 12 fr.

Parmi les Lys et les Épines. Récits et souvenirs. Seconde édition. — Un vol. in-12 de 400 pages. . . . . . . 3 fr.

Vie de la Vénérable Émilie de Rodat, fondatrice et première supérieure générale de la Sainte-Famille de Villefranche de Rouergue. *Quatrième édition.* — Un vol. in-12 de 676 p., avec portrait . . . . 4 fr.

RENNES, ALPH. LE ROY, IMPRIMEUR BREVETÉ.

www.ingramcontent.com/pod-product-compliance
Lightning Source LLC
Chambersburg PA
CBHW060546230426
43670CB00011B/1709